La batalla
de la mujer
por la gracia

CHERYL BRODERSEN

Unilit

Publicado por
Unilit
Medley, FL 33166

Primera edición 2023

© 2018 por *Cheryl Brodersen*
Título del original en inglés:
A Woman's Battle for Grace
Publicado por *Harvest House Publishers*
Eugene, Oregon 97408
www.harvesthousepublishers.com

Traducción: *Concepción Ramos*
Edición: *Nancy Pineda*

Producto: 495967
ISBN: 0-7899-2654-7/978-0-7899-2654-8

Categoría: Vida cristiana / Vida práctica / Mujeres
Category: Christian Living / Practical Life / Women

Impreso en Colombia
Printed in Colombia

Contenido

Este libro está dedicado al autor, fuente y dador de la gracia, el Señor Jesucristo, ¡y a todas las que se encuentran en necesidad de la gracia!

Uno

Una revelación de la gracia

Por la gracia de Dios soy lo que soy, y su gracia para conmigo
no resultó vana; antes bien he trabajado mucho más que
todos ellos, aunque no yo, sino la gracia de Dios en mí.

1 Corintios 15:10

Empezó como uno de esos días perfectos. Caminé por mi casa perfectamente ordenada, felicitándome por un trabajo bien hecho. Miré las maletas, empacadas a la perfección, lista para un largo viaje misionero a Inglaterra con mi esposo y cuatro hijos. Ya tenía la ropa lavada, y las preparaciones para la cena iban de maravilla. Sobre la cama había dos mensajes acerca de la gracia que daría al día siguiente en una conferencia para mujeres en nuestra iglesia. Aunque la presión de hablar en una conferencia a solo dos días de nuestra salida abrumaría a otros, a mí no parecía afectarme. Recuerdo mi sentido de satisfacción vanidosa mientras contemplaba todos mis logros.

Si me detestas hasta ahora por mi vida perfecta, no te preocupes; todo iba a cambiar... de manera drástica.

Mi esposo, Brian, entró a la casa con mi hija adolescente. Esa mañana salieron juntos para llevar a Kristyn a la peluquería, y ella solo estaba un poco molesta por sus mechones rubios y largos. Ahora, esa misma chica estaba casi irreconocible. Sus bucles sueltos desaparecieron, y en su lugar había pelos en punta de dos centímetros con círculos concéntricos rubios. Me le quedé mirando por un momento antes de que mi mente registrara que veía a mi hija.

Entonces, sucedió. ¡Dejé escapar un largo y fuerte chillido! Lo lamentable es que eso solo fue el principio de mi ataque. No recuerdo cómo respondió mi hija, pero desaté una letanía de comentarios que ninguna madre debe hacerle a una hija en el umbral de la adolescencia.

Cuando mi esposo me dirigió esa mirada que dice: «¿Quién eres y de dónde saliste?», como es natural desvié mi furia hacia él. ¿Cómo pudo permitir que alguien arara el cabello de mi hija y lo convirtiera en tales surcos espantosos?

Entonces, ese hombre tuvo la audacia de preguntarme si pretendía hablar en la iglesia al día siguiente con «esa actitud». Ahora, todo el alcance de mi ira se desató. Subí las escaleras y agarré los mensajes de la cama. De pie en el segundo piso, mirando por encima de la barandilla, los hice pedazos y dejé caer los pedacitos de papel sobre sus rostros llenos de asombro. Los mensajes majestuosos que elogiaban la maravillosa gracia de Dios habían desaparecido.

Brian trató de calmarme, pero sus palabras solo hicieron aumentar mi ira. Corrí a mi habitación y tiré la puerta con fuerza detrás de mí. Entonces me di cuenta de que yo, la mujer que debía hablar de esa gracia tan maravillosa, era un monstruo. Desesperada, quise recuperar el control que tuve horas antes de la llegada de mi hija, pero fue imposible. Me tiré de rodillas y le supliqué a Dios que me ayudara a recuperar el control. No quería ser «esa» mujer que me sentía por dentro: la mujer descontrolada que hacía temblar a todos a su alrededor.

Y aun mientras oraba, le explicaba al Señor que no era «esa» mujer; que ni siquiera la conocía. No era nada como la imagen que tenía de mí misma. Me arrepentí de nuevo, y esta vez le pedí al Señor que sacara a esa mujer de mi casa. La reproché. La odié. Luego de presentarle al Señor mi caso y arrepentirme, salí y le pedí perdón a mi familia. Cinco caras consternadas me miraban mientras me disculpaba por mi comportamiento espantoso. Les dije que me había sorprendido tanto como a ellos la muestra irracional de ira.

Sin embargo, mientras expresaba mi disculpa, la chica con el pelo corto con lunares dijo algo atrevido, ¡y la bestia volvió a la vida! Corrí de nuevo a mi habitación. Estaba tan aterrada de mí misma como mi familia; descontrolada por completo. No podía prever qué sería lo próximo que haría. Nadie estaba a salvo; especialmente yo.

¡Esta vez, mientras oraba, lloraba y luchaba con el Señor! Me sentía impotente contra mi propia ira e irracionalidad. Le dije que no me levantaría de mis rodillas, ni siquiera saldría del cuarto, hasta que me librara de mí misma. Estaba lista para sentir toda la condenación de su desencanto conmigo. Les había fallado a mi familia, a mi esposo, al ministerio y a la iglesia. No solo había actuado de manera inapropiada, sino feroz. Me merecía por completo la sentencia del Gran Juez, cualquiera que fuera. Estaba lista a dejar el ministerio y renunciar a cualquier posición en la iglesia que Él escogiera.

El mensaje que recibí del Señor fue muy diferente a lo que esperaba. Primero, fue bondadoso. Me hizo recordar la historia de Nabucodonosor en Daniel 4, y la experiencia humillante de aquel orgulloso conquistador militar y rey de Babilonia. Luego de tener un sueño perturbador, hizo llamar al profeta Daniel para que se lo interpretara. Cuando Daniel escuchó el sueño del rey también se perturbó y a regañadientes le explicó que el sueño significaba que Dios iba a humillar el orgullo de Nabucodonosor de forma drástica. Daniel le suplicó que se humillara delante de Dios para evitar el episodio.

Nabucodonosor dejó de lado este santo consejo. Quizá por un tiempo corrigiera su conducta, pero pronto volvió a su orgullo. Luego, un año más tarde, mientras se ocupaba de su reino y se jactaba de sus logros gloriosos, sucedió lo inevitable. Mientras las orgullosas palabras brotaban de los labios de Nabucodonosor, una voz de juicio cayó del cielo. En ese momento perdió toda la razón y lo llevaron a vivir entre las bestias del campo hasta que reconoció que el Altísimo gobernaba en el reino de los hombres.

Al igual que Nabucodonosor, yo me sentía como si hubiera perdido la razón. Estaba descontrolada por completo. Menos de una hora antes me había paseado por mi pequeño reino de buenas obras, felicitándome por todo lo que había hecho para merecer la gracia de Dios. Ahora sentía que Dios hablaba a mi corazón: *«Cheryl, esa eres tú sin mi gracia».* De inmediato, empecé a clamar para que la gracia de Dios se derramara en mí, sobre mí y en mí. Y así fue. Esta vez, a diferencia de lo que vino después de mis intentos previos, cuando me levanté y abandoné la habitación, la ira había desaparecido. No solo se había aminorado. Ni siquiera estaba ahí. ¡Se había ido!

Por la gracia de Dios, mi familia no solo fue capaz de perdonarme, sino de reírse conmigo cuando conté la historia de Nabucodonosor conmigo en el papel principal. Cuando me senté esa noche con el Señor y abrí mi Biblia, recibí dos mensajes acerca de la gracia diferentes por completo a los que tenía nítidamente escritos a máquina sobre la cama. Estos no contenían dedos apuntando ni ejemplos de mi vida «perfecta» para describir la calidad de la gracia. No. Esta ahora humilde esposa de pastor comentó acerca del tormento absoluto, la fealdad y las cualidades bestiales que suceden cuando la gracia de Dios está ausente de nuestra vida aunque sea por un momento.

¡Qué lección aprendí y conté ese día! Dios no permitiría que su maravillosa gracia estuviera presente en un espíritu de orgullo. La gracia, por naturaleza, es humilde, y se ofrece a todo el que la reciba sin importar su mérito, sus logros o sus éxitos. La gracia pone a toda la humanidad en el mismo nivel.

Una crianza cristiana

Al crecer en un hogar cristiano, pensé que conocía la gracia. Conocía muchos pasajes bíblicos acerca de la gracia. Me encantaba el concepto de la gracia: Las riquezas de Dios a expensas de Cristo. Me encantaba cantar acerca de la gracia, ya fuera el vehemente himno «Maravillosa gracia» o las palabras llenas de emoción de «Sublime Gracia» de John Newton.

Crecí durante el tiempo cuando los jipis se comenzaron a salvar y contaban testimonios alarmantes y persuasivos de la gracia de Dios. Sin embargo, hasta el día en que sentí la ausencia de la gracia de Dios en esa tarde de locura, nunca me había dado cuenta de mi desesperada dependencia de este regalo de Dios tan maravilloso y abundante. De ahí en adelante, nunca he querido experimentar un momento sin gracia. Si voy a ser sincera, he tenido tales momentos, pero ahora puedo diagnosticar el problema con rapidez y esconderme de nuevo en la gracia incesante de Jesús. Ninguna ha sido tan monumental, pero todas me han mostrado mi necesidad constante de la gracia de Dios y cómo apropiarme de ella. En realidad, he descubierto que verificar, aceptar y luego apropiarme de veras de la gracia de Dios es una batalla constante.

Es curioso que una vez que te das cuenta de tu necesidad de algo específico, eso comienza a resaltar. Es como cuando quieres un tipo de auto, y de pronto lo ves cada vez que conduces o estacionas el cacharro que tienes ahora. Cada vez que escudriñaba las Escrituras en mi tiempo devocional personal, o cuando escuchaba un estudio bíblico, leía un libro o cantaba una canción con referencia a la gracia, era como un relámpago. Comencé a ver, por decirlo así, un nuevo campo de batalla en mi vida. En el centro de la lucha estaba el gran premio de la gracia, mucho más abundante, preciosa y poderosa de lo que jamás me había imaginado. Si en verdad quería recibir y apropiarme de esa gran gracia, tenía que alistarme en la batalla, aprender las disciplinas de la gracia, practicar la gracia cada día y luchar con mis propios enemigos de la gracia.

He oído que cuando los jóvenes van al entrenamiento básico militar, los despojan de todo su conocimiento previo de la guerra, los llevan a extremos más allá de sí mismos y los entrenan en nuevas disciplinas para la batalla. Así es que se forman los soldados que perseveran en el conflicto y vencen. No hay diferencia cuando nos alistamos en la batalla de la gracia. Necesitas echar a un lado todo concepto preconcebido de la gracia que no está a tono con la definición bíblica. Te llevarán más allá de tu capacidad natural a lo que solo se puede lograr por gracia. Necesitarás recibir un entrenamiento totalmente nuevo y aprender nuevas disciplinas de la maravillosa gracia de Dios. No solo aprenderás con cuánta desesperación necesitas la gracia de Dios, sino a descansar también en ella en todo y para todo. Tu identidad será sinónima con el ejército de la gracia, y por gracia recibirás la gloria suprema de la gracia.

Ahora bien, si después de leer mi experiencia tus pensamientos son: «*¡Ah, Cheryl! ¡Tch, tch! Tu conducta fue abominable. No puedo identificarme contigo en absoluto*», quizá este libro *no* sea para ti. No les escribí a las Mary Poppins de este mundo, las mujeres que pueden sacar una cinta métrica de sus bolsos bien equipados y anunciar: «Sí. Esa soy yo, casi perfecta en todos los sentidos». ¡No! Este libro es para las que

- luchan con la condenación.
- nunca parecen lograr sus propios estándares de perfección.
- se sienten cargadas por lograr las expectativas de otros.
- nunca sienten que han hecho lo suficiente, ni lo han hecho lo bastante bien.
- a cada momento luchan con las inseguridades.
- siempre tratan de complacer a los demás.
- se sienten menos que otras mujeres.
- todavía luchan con la vergüenza del pasado.
- parece que no pueden controlar su temperamento.

- se sienten vencidas.

- anhelan ser una mejor persona.

- quieren más poder espiritual en su vida.

- quieren marcar una diferencia en su mundo.

Si esa eres tú, prepárate para tu iniciación en la batalla por la maravillosa gracia de Dios. La batalla por la gracia es la buena batalla. Es la batalla que vale la pena pelear. El premio es superior y mayor que cualquier cosa que jamás te hayas imaginado. El Gran Campeón de toda gracia ya te aseguró la victoria. Jesús prepara nuestras manos para la guerra y nos guía por el camino de este conflicto. Él, por gracia, te ha suministrado todo lo que necesitas para ganar el premio. La victoria está cerca.

¿Estás preparada para alistarte? ¿Deseas comprender de veras y apropiarte de la gracia de Dios en tu vida?

Antes de entrar en el campo de entrenamiento de la gracia, es importante entender el premio por el que luchamos. Sin una causa, un ejército perderá el conflicto. Es preciso tener un propósito y un premio. Para alistarse de todo corazón en la batalla por la gracia, y hacerlo con eficiencia, necesitamos definir y elaborar sobre las propiedades maravillosamente abundantes de la gracia. Eso lo haremos en el próximo capítulo. Una vez que comiences a comprender la gracia de Dios, estoy segura de que estarás ansiosa por alistarte en la batalla por la gracia.

....

Señor:

Revélame tu maravillosa gracia. Permite que la gracia sea más que un concepto lejano o un ideal elevado. Concédeme una nueva comprensión de la extraordinaria grandeza y necesidad de la gracia en mi vida. Te lo pido por las abundantes riquezas de tu gracia que me has dado por medio de tu Hijo Jesucristo. En su nombre, amén.

Para tu consideración:

1. ¿Recuerdas algún momento cuando sentiste la ausencia de la gracia de Dios?

2. ¿Cuál es tu percepción de la gracia?

3. ¿Te sientes vencida, descontrolada o impotente en algún aspecto de tu vida?

4. ¿Qué te atrae a saber más acerca de la gracia de Dios?

Dos

¿Qué es lo más maravilloso de la gracia?

*Pues de su plenitud todos hemos recibido, y gracia sobre
gracia. Porque la ley fue dada por medio de Moisés;
la gracia y la verdad fueron hechas realidad
por medio de Jesucristo.*

JUAN 1:16-17

¿Te gustaría saber por qué la gracia es tan maravillosa y la clave para la victoria en tu vida? Una de las facetas más importantes de ganar cualquier batalla es saber la grandeza del objetivo por el que luchas. Así que, para ganar la victoria por la gracia, debes entender algo acerca de la gloria de tu objetivo.

Se cuenta que durante la guerra civil de Estados Unidos, las tropas del norte estaban perdiendo cuando un día, la abolicionista Julia Ward Howe, escuchó a unos soldados cantando una canción llamada «John Brown's Body» [El cuerpo de John Brown]. La música era viva, pero la letra ere deprimente. Le mencionó su desagrado al Rvdo. James Clarke, quien le sugirió que le escribiera una nueva letra a esa conocida melodía.

Esa noche fue a su casa y oró, y en medio de la noche se despertó con la letra de lo que se conoce como el «Himno de Batalla de la República» recorriendo su mente. Según el recuerdo que tiene Julia de la experiencia, las palabras fluyeron de manera sencilla y divina de su pluma al papel[1].

Con mis ojos vi llegar la gloria de mi Salvador;
Con sus pasos va exprimiendo el lagar del detractor;
Con su espada como rayo cual terrible vengador,
Conquista con verdad.

En los campamentos arden las fogatas de verdad,
Y se pueden ver las huestes adorando con lealtad;
La sentencia es segura sobre toda la maldad,
Conquista la verdad.

Su trompeta ha sonado y jamás se rendirá,
Él separa corazones y su juicio premiará.
¡Oh, mi alma, nunca dudes! La victoria nos dará,
Conquista su verdad.

En lo hermoso de los lirios Cristo vino a Belén,
Con la gloria en su seno que transforma en Edén.
Él la vida santifica, anunciad tan grande bien,
Que hay en su verdad.

Coro: ¡Gloria, gloria, aleluya! ¡Gloria, gloria, aleluya!
¡Gloria, gloria, aleluya! Dios es quien vencerá.

Se dice que este himno cambió el curso de la guerra, pues inspiró a las tropas del norte para alcanzar la victoria al recordarles la gloria de su causa.

La gracia es tan importante como la emancipación, debido a que la gracia es la bendición y la emancipación divinas. Entonces, ¿cómo podemos describir tal glorioso objetivo? La gracia es tan gloriosa y tan divina que se necesita un sinnúmero de definiciones solo para tratar de comprenderla.

Gracia por gracia

Un grupo de nosotros se disponía a disfrutar de una deliciosa comida mexicana después del servicio matutino. La única mesa disponible para un grupo de ocho en el restaurante estaba en una esquina donde había un televisor con una pantalla inmensa. Pude ignorar la mayoría de las escenas que aparecieron en la pantalla hasta que hicieron una demostración de cierto producto para alisar el cabello. Perdí toda consciencia de la conversación a mi alrededor y me quedé hipnotizada con la maravillosa transformación de los diferentes tipos de cabellos. Con una prolongada caricia de aquel aparato, el cabello rizado de una mujer se convirtió en seda. Entonces, el cabello salvaje de otra modelo se convirtió en un peinado perfecto. Más adelante, una mujer con cabello lacio por completo, de pronto mostraba abundantes rizos.

Me di cuenta de que necesitaba ese aparato en mi vida. ¡Mi *cabello* necesitaba ese aparato! Antes de entrar en el restaurante, antes de tomar un bocado de mi enchilada de queso, no sabía que tenía esta necesidad en mi vida. Ni siquiera sabía que era posible cambiar la disposición de mi cabello con tal facilidad. En cambio, ahora que lo sabía, quería el aparato. Saqué una pluma del bolso y tomé la servilleta más cercana. Volviéndome a mis amigos, que me miraban perplejos, les expliqué que el artículo que anunciaban en la televisión me había intrigado. Me observaron mientras esperé para copiar el número de teléfono y la página web para comprar este maravilloso equipo.

Entonces, lo anunciaron... ¡el negocio era todavía mejor! Ya no solo tendría el aparato si llamaba al número en pantalla; había más. Junto con el alisador recibiría el mejor cepillo del mundo. Y eso no era todo. También me enviarían algunas horquillas hermosas. Y si llamaba dentro de los próximos quince minutos, rebajarían al precio por más de la mitad de lo que otros comerciantes cobraban por un artículo similar. ¡Mordí el anzuelo!

La mayoría de nosotras hemos visto estas ofertas una y otra vez, pero como pocas veces son el maravilloso negocio que nos anuncian, dudamos de cualquier cosa que parezca demasiado buena para ser verdad.

Lo mismo sucede con muchos cristianos. Viven fuera del reino de la gracia porque solo les parece demasiado bueno para ser verdad. Viven siempre bajo la tiranía de tratar de ser lo bastante buenos para merecer el favor de Dios. La vida abundante que Jesús prometió queda reducida a la monotonía de tratar de cumplir las reglas, las regulaciones y los rituales, que en realidad no tienen nada de abundante.

Sin embargo, la gracia nos ofrece un negocio mejor. Sí, he disfrutado mi aparato, el cepillo y las horquillas que vinieron con él, pero esto no se compara a la presencia de la gracia maravillosa e importante que he recibido por medio de Cristo Jesús. Así como con el aparato anunciado en la televisión, no me había dado cuenta de con cuánta desesperación necesitaba esta gracia hasta que comencé a verla aplicada a la vida de gente que conocía. Cuando vi el efecto transformador en otros, ¡supe que la necesitaba!

La gracia es tan enormemente maravillosa que a los que la han experimentado les cuesta trabajo definirla. ¿Qué podemos decir acerca de la gracia?

- La gracia es más que una actitud o una disposición, también es una actitud de bondad y generosidad.

- La gracia es aún más que el favor de Dios, también es la bondad activa de Dios puesta en nosotras.

- La gracia es más que solo un poder, también su poder es considerable.

- La gracia es más que el perdón de Dios, también por ella recibimos perdón.

- La gracia es más que las riquezas de Dios en Cristo, también contiene las más ricas bendiciones de Dios en Cristo.

- La gracia es más que la salvación, también es por la gracia de Dios que somos salvas.

- La gracia es más que nuestro pasado cancelado por Dios que no los recuerda más, también es por gracia que Dios cancela nuestros pecados y los echa a las profundidades del mar.

- La gracia es más que la disposición de Dios de no ver nuestras faltas y deficiencias, también es por la gracia de Dios que Él no ve nuestras faltas y deficiencias.

¿Qué es la gracia? Es todo eso y más.

La actitud de la gracia

Recuerdo la frustración de mi hija Kristyn cuando a los cinco años trató de aprender a montar bicicleta. La llevamos al callejón frente a nuestra casa y de manera ceremoniosa le quitamos las rueditas de aprendizaje a la bicicleta. Kristyn se sintió lista para montar como una niña grande, y sonrió mientras se montaba. Su padre sostenía la bicicleta y corría a su lado mientras que ella pedaleaba en grandes círculos. Sin embargo, su confianza se debilitaba en el momento que su papá la soltaba y se caía una y otra vez.

Su hermano de tres años observaba desde la acera. Después de ayudarla en una caída, tomó la bicicleta. «¡Mírame!», le dijo mientras se montaba y comenzaba a maniobrar la pequeña bicicleta rosada a la perfección. ¡Esto no le causó gracia a Kristyn! Había tratado tanto de seguir todas las reglas que había aprendido que era demasiado consciente y cuidadosa. Esto no le permitió disfrutar de la libertad de montar su bicicleta. Por otra parte, su hermanito más pequeño nunca había tenido ruedas de aprendizaje, nunca había aprendido las reglas de la bicicleta y nunca se había dado cuenta de que se podía caer. Solo tomó el manubrio y montó.

¿Regañamos a Kristyn cuando se cayó? ¡Por supuesto que no! La felicitamos y la agasajamos por sus intentos. ¿Nos dimos por vencidos de enseñarla a montar? ¡No! Continuamos esforzándonos hasta que ella ganó la confianza y la habilidad de montar sola en la bicicleta. Cuando llegó el día en que pudo sentarse por sí misma y montar como una profesional, ¡su padre y yo gritamos de alegría! Yo describiría nuestra actitud con Kristyn como gracia. Era una actitud de paciencia, amor, bondad y perseverancia. Al frente de nuestro corazón estaban el gozo y el bienestar de Kristyn.

La actitud de Dios hacia nosotros es una aún mayor de gracia. Él se ha dedicado a darnos la vida abundante que prometió. Jesús dijo: «Yo he venido para que tengan vida, y para que la tengan en abundancia» (Juan 10:10). Cuando Jesús dijo estas palabras, no solo se refería a la cantidad de vida, sino a la calidad de vida. Repito, el Evangelio de Juan registra a Jesús cuando dice: «Estas cosas les he hablado, para que mi gozo esté en ustedes, y su gozo sea completo» (Juan 15:11, rvc).

Dios es el Padre supremo, el buen Padre que se interesa por el bienestar y el gozo de sus hijos. Él nos mira con bondad absoluta. El salmista lo dijo en el Salmo 103:13-14: «Como un padre se compadece de sus hijos, así se compadece el Señor de los que le temen. Porque Él sabe de qué estamos hechos, se acuerda de que somos solo polvo».

Muchos tienen la idea equivocada y antibíblica de que Dios está esperando, y esperando, a que cometamos un error. Lo miran listo para tener una excusa para descalificarnos de su gracia. Sin embargo, la gracia, por su propia esencia, significa benevolencia o bondad. Es la actitud que Dios muestra siempre hacia nosotras. A Él le interesa mucho nuestro bienestar; quiere lo mejor para nosotras. Para darnos lo mejor, Dios envió a Jesús a pagar la pena que merecía nuestro pecado, a fin de que pudiéramos recibir las abundantes bendiciones que desea derramar sobre sus hijos. ¡Esa es una de las razones por las que vale la pena luchar por la gracia!

La gracia de Dios es favor

En la Biblia, la palabra *gracia* a menudo se traduce «favor». En Lucas 1:28 el ángel saludó a María diciendo: «Alégrate, favorecida de Dios. El Señor está contigo» (BLPH). También está diciendo: «Alégrate, muy *llena de gracia* de Dios. El Señor está contigo». El favor de María vino debido a que Dios la conocía y decidió traer a través de su vida su mayor tesoro: Jesús.

Es probable que María se sintiera insignificante y quizá hasta oprimida. Vivía en una aldea desconocida que menospreciaban las personas importantes de la sociedad judía. Estaba comprometida con un hombre que hoy en día se le conocería como un obrero de clase media: un carpintero. Aunque era del linaje de David, igual que su prometido, José, esa herencia era una carga. El gobierno romano, el rey Herodes y la familia del sumo sacerdote vivían bajo la amenaza de la profecía de un monarca eterno que se levantaría de la dinastía de David. La patria de María vivía bajo la bota opresora de Roma. Era, en sus propias palabras, de «humilde condición» (Lucas 1:48).

Hasta el momento de la visita de Gabriel, María no se había dado cuenta del favor que tenía con Dios. Él la había estado observando y haciendo planes para bendecirla y exaltar su vida. María describe esta gracia al decir: «He aquí, desde ahora en adelante todas las generaciones me tendrán por bienaventurada. Porque grandes cosas me ha hecho el Poderoso» (versículos 48-49). Entonces, les ofreció proféticamente esta misma gracia a todos los que temieran a Dios: «Y su misericordia es de generación en generación a los que le temen» (versículo 50, RVR60).

¿Deseas conocer el favor de Dios en tu vida? María lo conoció a través del anuncio del ángel. Sin embargo, a través de la Palabra, nosotras también podemos tener la seguridad de que la gracia de Dios está sobre nuestra vida. Por eso el apóstol Pablo comenzaba todas sus cartas con un saludo casi idéntico a: «Gracia y paz de nuestro Dios y Padre, y del Señor Jesucristo». ¡Gracia y paz son nuestro saludo celestial y nuestra seguridad constante! La gracia sobre la vida de María le permitió concebir y traer a Jesús al mundo. Este proceso milagroso tuvo lugar cuando el Espíritu Santo vino sobre ella y «el poder del Altísimo» la cubrió con su sombra (Lucas 1:35). De la misma manera, Dios nos favorece para que Jesús pueda vivir en nosotras, y nosotras también podamos mostrarle al mundo la vida de Jesús.

El conocimiento de que era favorecida sostuvo a María a través de muchas pruebas, amenazas y preocupaciones. Leemos que «guardaba» y «atesoraba» estas cosas en su corazón (Lucas 2:19, RVR60; Lucas 2:51). Su vida no fue fácil ni exaltada. La gente dudó de su moral y de su integridad. Roma le impuso impuestos a su prometido. Durante el último mes de embarazo tuvo que viajar 145 difíciles kilómetros al pueblo sobrepoblado de Belén. Ahí dio a luz a su primogénito, el Mesías, en un establo rodeado de animales, pues no había lugar en el mesón (Lucas 2:1-7). Cuando el niño Jesús era pequeño aún, tuvo que huir a Egipto con su familia para escapar de la amenaza del asesino rey Herodes. Después de la muerte de Herodes, junto a su familia se estableció en Nazaret por causa de una nueva amenaza de parte del hijo de Herodes (Mateo 2:13-15). María soportó todas estas circunstancias sabiendo que el favor de Dios estaba sobre ella.

Todos deseamos la seguridad del favor de Dios. Sin embargo, nuestras circunstancias nos pueden tentar a negar esta verdad radical. Sí, debemos luchar por reconocer el favor de Dios sobre nuestra vida cuando las circunstancias nos amenazan y nos dicen lo contrario. Si no reconocemos el favor de Dios, ¡andaremos derrotadas y sin propósito, sabiduría y victoria!

La gracia de Dios es poder

La gracia es el poder de Dios obrando en nosotras. Este es un concepto que exploraremos con más detalle en otro capítulo. Ahora, en cambio, quiero abrirte el apetito un poco. En Efesios 3:7, Pablo describe la gracia como «la eficacia de su poder» que Dios le dio. La gracia es la infusión de poder espiritual de Dios para hacer lo que no podemos hacer de forma natural. La intención de Dios nunca fue que tratáramos de vivir la vida cristiana en nuestra propia fuerza. Si la vida abundante fuera posible por nuestra propia fuerza, necesitaríamos muy poco, o nada, de Dios. El hecho es que Él nos llama a vivir una vida que es imposible vivirla de manera espiritual, física, mental y emocional sin el poder de su gracia obrando con eficacia en nosotras y a través de nosotras. Este poder espiritual es tan grande, tan perfectamente suficiente para toda necesidad, ¡que vale la pena la batalla para experimentarlo!

La gracia de Dios es perdón

La gracia es el medio que Dios usa para perdonar nuestros pecados. El fundamento de nuestro perdón ahora descansa en nuestra fe en Jesucristo, y no en los sacrificios que ofrecemos, los rituales que observamos ni en la metodología que practicamos. Pablo lo dijo en Efesios 1:7: «En Él tenemos redención mediante su sangre, el perdón de nuestros pecados según las riquezas de su gracia». ¿Te fijaste? Tenemos el perdón por lo que Jesús hizo por nosotras, no por lo que nosotras hacemos por Jesús. ¡Eso es gracia!

La palabra *perdón* significa cancelar una deuda. ¡Nada es más emancipador que cuando alguien nos cancela una deuda! Esto es exactamente lo que Dios, en su gracia a través de Jesucristo, hizo por nosotras. No merecíamos el perdón. No lo ganamos. Se nos concedió. Jesucristo vivió la vida perfecta y sin pecado que nosotras debíamos vivir. Entonces, Jesús sufrió la muerte que merecía nuestro pecado. La paga de nuestro pecado, la penalidad justa de los pecados que cometemos, es la muerte. Jesús canceló esa deuda muriendo en nuestro lugar. ¡Eso es gracia!

¿Has tenido alguna vez una gran deuda? ¿Quizá hayas quebrantado la ley? A los diecinueve años yo recibí una multa por exceso de velocidad que me merecía justamente. Con ansias, esperé la carta que me dijera el costo y los requisitos para lidiar con esa infracción. Cuando llegó, me enteré de que el costo lo determinaría una audiencia en un tribunal.

Mi padre accedió presentarse ante el juez conmigo. Me sentía muy culpable. Había estado en un viaje por carretera y estaba entusiasmada en compañía de amigas. No me di cuenta del exceso de velocidad. El agente de la policía que me detuvo fue muy amable. Según las leyes de California, podía haberme llevado a la cárcel, pero me dejó ir con solo una multa.

La cita llegó y mi padre fue conmigo al tribunal de Ventura a poco más de ciento doce kilómetros de nuestra casa. Incluso, tomó un día libre de su trabajo. Tuvimos que ir a cierto mostrador e inscribirnos. Esperamos en línea, pensando pagar la deuda y marcharnos, mientras que la mujer buscaba el documento apropiado. Papá sacó su chequera. Yo no tenía idea de que planeaba pagar mi deuda. La mujer regresó y dijo que debía comparecer ante el juez.

Entramos en la sala designada. Mi único consuelo era la presencia de mi padre a mi lado. Yo estaba temblando. Él extendió su mano y tomó la mía, y la sostuvo con fuerza hasta que llamaron mi nombre. Mientras caminaba para pararme ante el juez, papá se sentó lo más próximo al frente de la sala del tribunal para poder estar cerca de mí.

Mientras que el juez miraba las acusaciones, comenzó a regañarme. Si hubiera ido a ocho kilómetros de más me hubiera echado a la cárcel por tres noches. Me dijo: «Incluso ahora, mientras le miro, estoy tentado a echarla a la cárcel para que aprenda la lección». Las lágrimas corrieron por mi rostro. Me sentí destruida. Por fin, el juez pronunció una cantidad monetaria como penalidad por el crimen, y me dejó ir.

Mientras que el juez me regañaba, mi padre había estado llenando el cheque, y entonces escribió la cantidad requerida para pagar mi violación. De inmediato, se levantó para acompañarme fuera de la sala, y mientras tanto me susurró al oído: «Ya terminaste, mi niña. ¡Eres libre!».

Aunque papá fue bondadoso a través de toda la experiencia, aún esperaba un discurso fuerte, y hasta un buen regaño por la tontería, el gasto y los peligros de ir a exceso de velocidad. Sin embargo, no sucedió. En su lugar, me habló acerca de las vacaciones que tomaríamos pronto y todo lo que haríamos.

Mi padre era un hombre que conocía la gracia de Dios, y ese día me mostró gracia. ¡Vale la pena luchar por esa gracia!

La gracia de Dios es bendición

Ya hablamos de cómo la gracia es la riqueza de Dios a expensas de Cristo. Si esta fuera la única definición de la gracia, sería gloriosa. La gracia es el fluir de las bendiciones de Dios, pues Jesús lidió con los obstáculos para esas bendiciones.

Nuestro Dios es un Dios de bendición. Cuando estableció la nación de Israel, les ordenó a los sacerdotes que bendijeran al pueblo. ¿Sabes qué incluía esa bendición? ¡Lo adivinaste! Su gracia.

El SEÑOR te bendiga y te guarde;
el SEÑOR haga resplandecer su rostro sobre ti,
y tenga de ti misericordia;
el SEÑOR alce sobre ti su rostro,
y te dé paz (Números 6:24-26).

Dios desea bendecirnos. En su propia naturaleza está el bendecir. Efesios 1:3 nos dice «que nos ha bendecido con toda bendición espiritual en los lugares celestiales en Cristo». Dios desea bendecir nuestra vida por razón de su gracia. Él quiere derramar sobre nosotras todas las bendiciones que Jesús se merece. El Salmo 84:11 declara: «Sol y escudo es el SEÑOR Dios; gracia y gloria da el SEÑOR; nada bueno niega a los que andan en integridad».

Toma un momento para pensar en esta realidad conmigo. Dios es todopoderoso. No tiene imposibilidades. Es Dios Creador. La prueba de su obra la vemos a nuestro alrededor en la belleza del cielo, los árboles, las frutas, las flores, las montañas, los montes, los pájaros, los animales, los océanos, los lagos, los ríos y los arroyos. Como creación suya, por naturaleza nos atrae la belleza, ya sea en un paisaje como en un ser humano. Nos encanta observarla.

Hace poco, Bryan y yo nos alojamos en un hotel con vistas al mar Mediterráneo. Cada noche nos sentábamos en el balcón y observábamos el espectáculo de la artesanía de Dios mientras el sol se hundía poco a poco sobre el agua. Ah, ¡era glorioso! Estábamos embelesados con la belleza. Este Dios de la creación y la belleza está empeñado en bendecir nuestra vida, y desea llenarnos de la manifestación de su gracia. Ahora bien, ¿no vale la pena luchar para tener la bendición de Dios sobre nuestra vida?

La gracia de Dios es salvación

Podemos decir con seguridad que como una humanidad caída no merecemos la gracia de Dios que nos salvó. Lee la descripción que hace Pablo de nuestra condición caída en Efesios 2:1-3 (NVI®):

> En otro tiempo ustedes estaban muertos en sus transgresiones y pecados, en los cuales andaban conforme a los poderes de este mundo. Se conducían según el que gobierna las tinieblas, según el espíritu que ahora ejerce su poder en los que viven en la desobediencia. En ese tiempo también todos nosotros vivíamos como ellos, impulsados por nuestros deseos pecaminosos, siguiendo nuestra propia voluntad y nuestros propósitos. Como los demás, éramos por naturaleza objeto de la ira de Dios.

Dios quiso extender la gracia de la salvación a esta humanidad perdida. Esta salvación no vino como resultado de que los hombres reconocieran su condición perdida, ni clamaran por ayuda, ni siquiera querer ser salvos. Fue «Dios, que es rico en misericordia, por causa del gran amor con que nos amó, aun cuando estábamos muertos en nuestros delitos, nos dio vida juntamente con Cristo (por gracia habéis sido salvados)» (Efesios 2:4-5).

Dios fue el iniciador. Dios fue movido por su gracia para salvar al hombre. Su plan de salvación tenía que satisfacer su justicia y su amor. Su justicia exigía una penalidad por la rebelión y el pecado. Su amor lo llevó a rescatar a los rebeldes y pecadores. Dios satisfizo ambas demandas por el sacrificio de Jesús, su justo Hijo. Jesús, el Hijo de Dios, voluntariamente le hizo la guerra al pecado y dio su vida justa para pagar la penalidad que merecían los pecados del hombre. Este fue el supremo acto de gracia, pero no el último. Por medio de este acto de gracia salvadora, se realiza, se conoce y se experimenta toda la gran gracia de Dios. ¿No vale la pena luchar por ella?

La gracia de Dios cancela nuestro pecado

¿Con cuánta frecuencia escuchamos a alguien decir: «Te puedo perdonar, pero nunca olvidaré lo que hiciste»? ¿Qué significa esto? Significa que a la persona que cometió la falta siempre se le identificará por esa falta. Quizá no tenga que pagar el precio, pero la mancha siembre será visible. ¡No es así con Dios! Él promete perdonar nuestros pecados y no volver a traerlos a la memoria. Al profetizar del Nuevo Pacto que Dios haría por medio del Mesías, el profeta Jeremías menciona esta maravillosa provisión: «Yo les perdonaré su iniquidad, y nunca más me acordaré de sus pecados» (Jeremías 31:34, nvi®). Es maravilloso que nuestra deuda por el pecado sea cancelada y pagada por completo. Es aún más glorioso nunca más vernos asociados a ese pecado.

De niña, tuve el privilegio de escuchar a Corrie ten Boom hablar desde el púlpito del santuario principal en la iglesia de mi padre. Fue la cristiana holandesa que ayudó a muchos judíos a escapar del Holocausto nazi durante la Segunda Guerra Mundial escondiéndolos en su closet, y luego la encarcelaron. Para ella era común venir a la iglesia y sentarse en el primer banco. Cada vez que mi padre la veía, sabía que tenía una palabra para la congregación e inevitablemente la invitaba subir al púlpito y hablar.

Corrie nos recordó en más de una ocasión la divina facultad de Dios de «no acordarse de nuestros pecados», citando a Miqueas 7:18-19: «¿Qué Dios hay como tú, que perdona la iniquidad y pasa por alto la rebeldía del remanente de su heredad? No persistirá en su ira para siempre, porque se complace en la misericordia. Volverá a compadecerse de nosotros, hollará nuestras iniquidades. Sí, arrojarás a las profundidades del mar todos nuestros pecados». Después de leer este pasaje bíblico, ella miraba a todos los que estaban congregados y anunciaba: «Dios arroja nuestro pecado al fondo del mar y pone un cartel que dice: "¡Prohibido pescar!"».

Dios se resiste a identificarnos por nuestro pasado. Él hace nuevas todas las cosas. Nos da un comienzo nuevo y brillante. En 2 Corintios 5:17 encontramos un texto conocido y poderoso que nos recuerda esta verdad. «Si alguno está en Cristo, nueva criatura es; las cosas viejas pasaron; he aquí, son hechas nuevas». Así que, no solo se canceló la deuda del pecado, sino que se olvidaron nuestras maldades. Esa es la gracia maravillosa del Señor, ¿no crees?

Tuve una amiga que vivía siempre abrumada hasta que un día tuvo una revelación divina. Antes de ser salva vivió una vida turbulenta, que incluyó nueve abortos. Luchó por perdonar y olvidar su propio pasado. Un día, mientras leía acerca del perdón de Dios, se detuvo en el pasaje de Miqueas 7:18-19 y oró: *Dios, si tú lo has olvidado, ¿por qué yo lo recuerdo?*

El Espíritu del Señor le habló y le dijo: *Te permito recordar para que no olvides el daño causado por tu antiguo estilo de vida y vuelvas a él. Sin embargo, ¡decidí no recordarlo jamás ni traerlo a mi mente!* ¡Qué consuelo fue esto para ella! Cada vez que recordaba su pasado, lo usaba como catalizador para darle gracias a Dios por todo de lo que la había liberado y pedirle que no le permitiera nunca regresar a esos viejos caminos.

¿No vale la pena luchar por semejante gracia que nos da una nueva identidad?

La gracia de Dios pasa por alto nuestro fracaso

La *gracia* pone la expectativa sobre Dios, no nosotras. El salmista se dio cuenta de esto cuando dijo: «Oh alma mía, dijiste a Jehová: Tú eres mi Señor; no hay para mí bien fuera de ti» (Salmo 16:2, RVR60). Pablo se da cuenta cuando escribe: «Yo sé que en mí, es decir, en mi carne, no habita nada bueno; porque el querer está presente en mí, pero el hacer el bien, no» (Romanos 7:18). Lo que es más importante, Jesús dijo: «Yo soy la vid y ustedes son las ramas. El que permanece en mí, como yo en él, dará mucho fruto; separados de mí no pueden ustedes hacer nada» (Juan 15:5, NVI®).

Puede decirse mucho más acerca del tema, y lo exploraremos a más profundidad en otro capítulo. Sin embargo, lo menciono ahora para despertarte el apetito con la generosidad de la gracia. Dios conoce de qué estamos hechas. Conoce nuestras debilidades. Conoce nuestras buenas intenciones y nuestra incapacidad de llevarlas a cabo hasta el final. Parte de la gracia de Dios es su divina paciencia para con nosotras. Es como un Padre que no carga a sus hijos con expectativas irreales.

Cuando hace años me preparaba para ser maestra, leí un libro acerca de las expectativas apropiadas de las diferentes edades. Destacaba lo que los niños, según su edad, son capaces de aprender y absorber. Ciertos conceptos se captan mejor en una edad que en otra. Por ejemplo, a los cinco años, un niño puede aprender a reconocer las letras y sus sonidos, y leer. En cambio, debido a que los músculos de las manos no están desarrollados por completo, no están listos para aprender a escribir con letra cursiva. Era importante, como maestra, no poner expectativas irreales sobre mis alumnos.

En un momento Jesús les dijo a sus discípulos: «Muchas cosas me quedan aún por decirles, que por ahora no podrían soportar» (Juan 16:12, NVI®). Jesús sabía para qué estaban listos los discípulos y para qué no. Nunca los reprendió por su incapacidad de entender «las muchas cosas» que quería decirles. Él esperaba hasta que estuvieran maduros y tuvieran la suficiente experiencia para recibirlas.

La *misericordia* es una manera de definir esta característica de pasar por alto nuestras faltas y fracasos. Dios no nos descalifica cuando fracasamos. Él conoce nuestra debilidad y la compensa con su gracia. El Salmo 103:11-14 habla de este mismo asunto: «Como están de altos los cielos sobre la tierra, así es de grande su misericordia para los que le temen. Como está de lejos el oriente del occidente, así alejó de nosotros nuestras transgresiones. Como un padre se compadece de sus hijos, así se compadece el Señor de los que le temen. Porque Él sabe de qué estamos hechos, se acuerda de que somos solo polvo».

¿No vale la pena luchar por la misericordia de Dios?

Cuando hablo de luchar, le hago eco a la comisión de Pablo a Timoteo: «Pelea la buena batalla de la fe» (1 Timoteo 6:12). Existe una buena batalla. Una buena batalla es una causa que merece todo nuestro esfuerzo y disciplina. Vale la pena la oposición y la animosidad. Vale la pena el empeño. Vale la pena el tiempo. Vale la pena la dedicación. Vale la pena la lucha, pues la gracia es la riqueza de Dios derramada sobre nosotras a través de Cristo Jesús.

¿Te diste cuenta de que todos estos atributos de la gracia le pertenecen a Dios? Eso se debe a que la gracia es exclusiva para Dios. Nosotras ponemos muchas expectativas sobre nosotras mismas. La gracia no es natural a nuestra naturaleza. Podemos tener poquitos de gracia, reconocer nuestra necesidad de gracia y hasta admirar la belleza de la gracia, pero eso es porque aun en nuestra imagen caída todavía tenemos rasgos residuales de la imagen de Dios. Así que la verdadera fuente de toda gracia es Dios.

El apóstol Pedro pone esto muy en claro cuando dice que Dios es el Dios de toda gracia. En primer lugar, 1 Pedro 5:10 (NVI®) dice: «El Dios de toda gracia que los llamó a su gloria eterna en Cristo, los restaurará y los hará fuertes, firmes y estables». Podemos encontrar y recibir esta maravillosa gracia solo en un lugar: en el trono de la gracia. Nuestro Padre celestial desea infundir nuestra vida con esta gracia para que otros vean la magnificente gracia de Jesús a través de nosotras. ¿No anhelas ser más de lo que eres? ¿No quieres ver esta divina gracia operando en tu vida?

....

Amado Señor:

Abre mis ojos para ver las maravillas de tu gracia. Muéstrame las riquezas de lo que tú deseas que tenga y posea por medio de Cristo Jesús. Quita de mí todas las ideas equivocadas acerca de la gracia y sustitúyelas con las verdades que están en tu Palabra. Dame ojos para ver, oídos para oír, humildad para recibir y un corazón dispuesto a entender. Gracias por la maravillosa gracia que me has dado de manera tan abundante por medio de Cristo Jesús. En el nombre de Jesús, ¡amén!

Para tu consideración:

1. ¿Qué ideas equivocadas has tenido acerca de la gracia?
2. ¿Cómo la gracia es más de lo que pensaste?
3. ¿De qué aspecto de la gracia necesitas apropiarte más?
4. Lee el Salmo 103 y escribe todos los dones de la gracia de Dios que descubras.
5. Relaciona tres razones por las que vale la pena luchar por la gracia.

Tres

La batalla

Acerquémonos confiadamente al trono de la gracia para recibir misericordia y hallar la gracia que nos ayude en el momento que más la necesitemos.

HEBREOS 4:16, NVI®

Nací en 1960, cuando la televisión se convertía en parte de cada núcleo familiar estadounidense. Todavía recuerdo el día cuando fui con mi padre a comprar un televisor en color para sustituir nuestro viejo en blanco y negro. Lo compró usado de un hombre que restauraba televisores rotos y los vendía desde su garaje. Mamá lo puso abajo en la sala y de inmediato se convirtió en un importante mueble familiar.

Lo que más recuerdo mirar en televisión cuando era joven era los anuncios y sus canciones. «Rulos en la cabeza, ¡qué vergüenza!» o «¡Manchas en el cuello!». Parecía que los anunciantes siempre querían presionar a la audiencia a comprar sus productos por vergüenza.

Un anuncio de café mostraba a una pareja que visitaba a sus vecinos. La esposa quedó anonadada cuando el esposo pidió una segunda taza de café. Ella siguió a su amiga hasta la cocina, consternada. Su esposo nunca antes había pedido una segunda taza de su propio café. Allí, en la cocina, la anfitriona le mostró por qué. ¡Estaba usando un café equivocado! La siguiente escena mostraba a la mujer, tras cambiar de marca de café, sirviéndole una segunda taza de café a su esposo y sonriendo a la cámara, contenta.

Otros anuncios nos hacían conciencia de la pasta de dientes, la crema de afeitar, el champú, el jabón, el líquido para lavar los platos y hasta del detergente que usábamos.

Las que son más o menos de mi edad recordarán un anuncio de perfume en 1978 con una mujer bella, arreglada y vestida a la perfección, cantando con orgullo: «Yo puedo traer a casa el tocino, freírlo, y nunca dejarte olvidar que eres un hombre»[1]. Esta «mujer las veinticuatro horas» era lo que cada mujer estadounidense debía aspirar a ser. Podía ser todo y hacerlo todo. Podía tener éxito en su empleo, cocinar una cena exquisita y ser atractiva para su esposo, ¡todo eso mientras que siempre se veía arreglada a la perfección!

Estos tipos de anuncios deformaban la autoimagen de muchas niñas en crecimiento. Se veían presionadas a comprar el producto apropiado, usar el producto adecuado y cumplir con las expectativas de lo que les presentaban esos productos. ¡Uf! Estas exigencias dejaban a los consumidores desilusionados, insatisfechos y desmoralizados. Ningún producto podía llenar el vacío que todos tenían y tienen por aceptación, y de vivir contentos y realizados.

En esa época, los profesionales comenzaron a investigar cómo debíamos conducirnos en cada aspecto de nuestra vida. El Dr. Spock les enseñaba a los padres la buena y la mala forma de criar a sus hijos. Adelle Davis le enseñaba a la gente a comer de manera saludable. Jack LaLanne dirigía diariamente al público a través de una serie de ejercicios de calistenia para fortalecer sus músculos. Graham Kerr y Julia Child se apoderaron de nuestras cocinas con su sabiduría y sus recetas creativas. Mientras esta nueva era comenzaba, las mujeres empezaron a cuestionar todo lo que habían venido haciendo en su hogar.

Cada día escuchamos historias que nos dicen que no somos suficientes. La vida siempre ha sido una batalla, pero aún más en la cultura donde nos encontramos. Un sinfín de libros de autoayuda nos instruyen sobre la manera adecuada de ordenar cada aspecto de nuestra vida, basándose en gran medida en la necesidad de volver a capacitarnos, disciplinarnos y esforzarnos más para hacer lo que hacemos. Lo cierto es que ya el tiempo nos apremia, sabemos cómo hacer las cosas mejor y nos avergüenzan por sentirnos culpables por nuestros intentos fallidos de lograr la perfección. La intimidación que sentimos nos hace esforzarnos más, dejándonos con aún más inseguridades.

Una de las más grandes batallas que el mundo ha visto tuvo lugar en Kinsasa, Zaire, en octubre de 1974. Allí, en un estadio con sesenta mil personas, Mohamed Alí peleó con su rival, George Foreman por el título de campeón mundial de peso pesado. Ambos hombres estaban en excelentes condiciones físicas, y la predicción era que George Foreman ganaría por ser más joven. Sin embargo, mientras ambos estaban en Zaire entrenándose para la pelea, Alí comenzó una campaña de intimidación. Cada día caminaba dos tigres por la calle frente al hotel de Foreman. Alí usó esta táctica para mostrar su increíble fuerza, control y valentía. Antes de entrar a la lona, ya Mohamed estaba dándole a Foreman golpes psicológicos.

Si esta maniobra mental contribuyó o no al nocaut de George Foreman en el octavo asalto y la victoria de Alí, nadie puede decirlo con seguridad. Sin embargo, prueba la declaración de que gran parte de una batalla es la intimidación. El resultado final se puede determinar en el cuadrilátero, pero la batalla comienza mucho antes de ponerse los guantes.

¿Y cuál es esta batalla que estamos librando? Es la batalla por la gracia. Los recursos de la gracia ya los tenemos. Nuestra batalla es llegar al lugar de la gracia y apropiarnos de la gracia que Dios tiene para nosotras. Aunque no te des cuenta, la batalla ruge a tu alrededor y dentro de ti. El enemigo usa todo tipo de táctica para que no llegues al suministro de municiones. La batalla se libra en todo tipo de frente. Es psicológica. El enemigo quiere que pienses que el trono de la gracia no existe o que no tienes las debidas credenciales para ganar el acceso. Otras veces quiere que corras atemorizada del trono de la gracia. Lo presenta como algo diferente a lo que es o te dice que en otra parte hay mejor munición.

Otras veces la batalla tiene proporciones físicas. Te distraes. Estás ocupada. Aunque te quede poca motivación, amor, bondad, energía y fuerza, estás tan enfocada en el trabajo por hacer que descuidas el trono de la gracia. La distracción es una de las armas más poderosas del enemigo para mantenernos alejadas del trono de la gracia. Debes mantener el objetivo de la gracia siempre a la vista. Un ejército necesita armas y suministros si quiere ganar la guerra. Tú necesitas llegar al almacén de la gracia si vas a ganar la batalla por la gracia. Si quieres ver, sentir y experimentar el poder de la gracia operando en tu vida, debes mantener despejados los caminos que te llevan a la gracia.

No dejes que la intimidación te detenga

Como beneficiarias de la gracia nos enfrentamos a muchas batallas para obtener la gracia, mantenerla y conservarla. Nos vaciamos de ella y a cada momento necesitamos reabastecer el suministro. De nuevo, el enemigo quiere mantenernos alejadas de esa fuente de poder.

Una de las tácticas que usa para mantenernos alejadas del lugar de la gracia es la intimidación. En nuestro estado natural, no somos lo bastante fuertes para ignorar las burlas y los insultos del enemigo. Sucumbimos a la inseguridad y a la intimidación. Nos retiramos. Nos aislamos. Tenemos miedo, pues en lo profundo de nuestro corazón sabemos que no somos lo suficientemente fuertes, sabias, valientes, buenas o resistentes para ganar las batallas de la vida. Ah, pero es aquí donde la gracia se convierte en nuestra mayor aliada. La gracia es un suministro amplio de suficiencia divina para protegernos contra todas las tácticas del enemigo y triunfar con valentía sobre esas mismas tácticas.

El objetivo del enemigo es apartar nuestros ojos de la gracia de Dios y fijarlos en nuestras propias escasas provisiones y nuestra humanidad fracturada. ¿Por qué? Porque la gracia es el arsenal divino del que sacamos todas nuestras municiones para cada conflicto. El enemigo quiere desconectarte de esa poderosa línea de abastecimiento.

¿Qué hubiera sucedido si David hubiera escuchado y creído las burlas de Goliat? Sin duda, se hubiera enfocado en las amenazas del gigante, su tamaño amedrentador, sus éxitos militares y su aparente armadura impenetrable. Si David hubiera permitido que esas cosas lo distrajeran, nunca se hubiera ofrecido voluntariamente a confrontar a Goliat. Como es obvio, estas distracciones impidieron que los otros soldados y el propio rey lucharan contra el gigante, pero la atención de David estaba fija en el Dios de Israel. Debido a esto, las burlas de Goliat cayeron en oídos sordos.

No se puede hacer una comparación favorable entre el niño pastor y el héroe de los filisteos. David no midió su fuerza contra la fuerza de Goliat. No midió su experiencia militar contra la de Goliat. No midió sus armas contra las de Goliat. No miró el tamaño de Goliat (un gigante) contra el suyo (un simple joven). No. David midió a Goliat contra Dios, y Goliat se quedó corto. David le dijo al gigante:

> Tú vienes a mí con espada, lanza y jabalina, pero yo vengo a ti en el nombre del Señor de los ejércitos, el Dios de los escuadrones de Israel, a quien tú has desafiado. El Señor te entregará hoy en mis manos, y yo te derribaré y te cortaré la cabeza [...] para que sepa toda esta asamblea que el Señor no libra ni con espada ni con lanza; porque la batalla es del Señor y Él os entregará en nuestras manos (1 Samuel 17:45-47).

David pudo atravesar toda la intimidación del enemigo para llegar a la poderosa gracia de Dios, ¡pues le entregó la batalla a Dios!

Se dio cuenta de que la victoria no la determinaba el tamaño, la experiencia, las armas ni las palabras, sino el poder de Dios.

La única manera de romper la barrera de la intimidación y llegar al trono de la gracia es reconocer el poder, la compasión y la majestad de Aquel que está sentado en el trono. Recuerda que a ese poderoso gigante lo derribó una piedra de la bolsa de un pastor. La gracia es como una pequeña piedra. Golpea a los gigantes de la intimidación entre los ojos y los deja impotentes. ¡Con razón el enemigo quiere alejarte de la gracia!

No dejes que los déficits te dejen fuera

No me gusta el déficit. A medida que envejezco siento cada vez más el déficit de fuerza y energía. Siempre me ha molestado el déficit de dinero en nuestra cuenta bancaria para pagar las facturas. Casi siempre experimento el déficit de tiempo. Todos sentimos los déficits de la capacidad, la experiencia y la fortaleza. Muy a menudo, en vez de reconocer estos déficits y proseguir al trono de la gracia, tratamos de compensarlos, ignorarlos o encontrar otra fuente para satisfacerlos.

Recuerdo un evento en mi vida para el que no estaba preparada en absoluto. Me dejó deshecha. Las circunstancias parecían imposibles de manejar y mucho más allá de mi capacidad. Presenté la situación en oración con las mujeres con las que suelo orar los martes por la mañana. De pronto, este pasaje de Juan 6:6 me vino a la mente: «[Jesús] sabía lo que iba a hacer». Me sentí abrumada al darme cuenta de que Jesús había permitido estas circunstancias en mi vida. Es más, fue Jesús el que dirigió mi atención al déficit de mi incapacidad para arreglarlas. ¿Por qué lo hizo? ¡Porque tenía un plan! Ya Él sabía lo que iba a hacer, y me estaba llevando al trono de la gracia para poder darme un asiento al frente y ver su gracia obrar. Después de la oración volví a leer la historia en Juan 6.

Cuando Felipe se sentó junto a Jesús en la ladera que daba al mar de Galilea, el día empezó a declinar. Una multitud de cinco mil hombres junto a sus esposas e hijos continuaba deambulando alrededor de la presencia de Jesús. De pronto, Jesús se volvió a Felipe y le preguntó: «¿Dónde compraremos pan para que coman estos?» (Juan 6:5). En ese momento, Felipe se dio cuenta de todos los déficits a su alrededor. Era tarde, así que había un déficit de tiempo. La única comida disponible era el almuerzo de un muchacho de dos pescados y cinco panecillos de cebada. Esto significaba un déficit de alimentos. Felipe le comentó a Jesús que ni siquiera el salario de un año sería suficiente para comprar pan para toda la multitud. Eso representaba un déficit de dinero y, además, las tiendas estaban bastante lejos. Luego estaba el gran déficit del apetito de la multitud.

A menudo me he preguntado si Felipe era consciente de este déficit antes de que Jesús le llamara la atención. Sin embargo, este no es el final de la historia. La causa de la esperanza está en 6:6: «Decía esto para probarlo, porque Él sabía lo que iba a hacer». Jesús estaba midiendo el suministro de gracia de Felipe. ¡Y estaba bajo!

Jesús sabía lo que iba a hacer. Iba a llenar el déficit hasta que sobreabundara. Recibió el almuerzo del muchacho, les ordenó a los discípulos que organizaran a la gente en grupos de cincuenta y bendijo esa escasa comida. Entonces, partió el pan en pedazos y llenó cesta tras cesta. Lo mismo hizo con los pescados. Les dio las cestas a los discípulos para distribuir entre la multitud. Juan registra que todos comieron cuanto quisieron, ¡y todavía les sobraron doce cestas!

El trono de la gracia nunca tiene déficits, aunque a veces Dios usa los déficits para llevarte a su presencia. La intimidación no tiene que mantenerte fuera del salón del trono. ¡Puedes usarla como catalítico para hacerte entrar!

Para tener un suministro constante de gracia, siempre debemos mantener abierta la puerta de acceso. Esto significa que debemos ignorar, dejar de lado, negarnos a prestarle atención y resistirnos a que nos distraigan las burlas del enemigo. Entonces, usamos esas mismas intimidaciones para entrar en el salón del trono. ¿Cómo es posible? ¡Haciendo un viaje diario al trono para recibir la gracia que nos ayude en el momento de necesidad! Cuando creamos el hábito de ir a este refugio celestial, mantenemos claro el camino. Hebreos 4:16 (NVI®) dice: «Acerquémonos confiadamente al trono de la gracia para recibir misericordia y hallar la gracia que nos ayude en el momento que más la necesitemos». Este es el suministro del cual el enemigo te quiere mantener alejada.

Acércate confiadamente

Fíjate que Hebreos 4:16 nos implora que nos acerquemos «confiadamente» al trono de la gracia. La intimidación quiere robarte esa confianza. Se para delante de la puerta y trata de impedir que entres. La intimidación te da los motivos, pues no mereces entrar en el trono de la gracia. Uno de los puntos fuertes de esta intimidación es el hecho de que sabemos que no somos dignas de una cita ante el Gran Rey de los cielos. Somos muy conscientes de nuestras carencias y fracasos. Sin embargo, la gracia, por su propia naturaleza, acoge a las descalificadas. Así es. La gracia califica a las descalificadas por las calificaciones de Jesús. No entramos por nuestro propio mérito, ¡sino por los méritos de la perfección, los logros y el mandato de Jesús! El nombre de Jesús es lo que nos da la entrada confiadamente. Él es la contraseña para el salón del trono de la gracia.

Yo me acerco con confianza a este salón divino por mi relación con el Hijo de Dios. Gracias a Jesús, me acogen con alegría en este Lugar Santísimo de la presencia de Dios. Estoy calificada por completo debido a Cristo. Él ha eliminado todos los descalificadores con los que mi pecado me dañó. Luego me calificó con su justicia. La Nueva Traducción Viviente lo dice así en 2 Corintios 5:21: «Al que no conoció pecado, le hizo pecado por nosotros, para que fuéramos hechos justicia de Dios en Él».

Nada se compara con entrar confiadamente, pero una entrada así solo es posible cuando sabes que se han cumplido todos los requisitos, que te quieren, que te aman y que te esperan. Es como volver a casa para Navidad. Yo nunca vacilé en entrar en casa de mis padres la mañana de Navidad. Tenía la llave que me dio mi padre, y sabía que era querida y amada por los que vivían en la casa. A eso, añadimos el hecho de que esperaban mi llegada. El simple pensamiento de que me podían excluir de la casa de mi padre nunca me pasó por la mente.

Así, también, te reciben en el salón del trono de la gracia. Allí conocen tu nombre. Allí te quieren. Allí te aman. Allí se espera tu presencia. Allí Dios está esperando para encontrarse contigo y proporcionarte toda la gracia que necesitas. La vida cristiana nunca estuvo destinada a ser vivida solo con nuestras escasas reservas humanas. Isaías 30:18 (RVC) dice que Dios espera por nosotros para darnos gracia.

> Por lo tanto, el Señor esperará un poco y tendrá
> piedad de ustedes, y por eso será exaltado por la
> misericordia que tendrá de ustedes. Ciertamente
> el Señor es un Dios justo; ¡dichosos todos los que
> confían en él!

Dios espera que entremos en el trono de su gracia para darnos toda la gracia que necesitamos de los grandes almacenes de su gracia.

Acércate al trono de la gracia

Con esta confianza entramos en el salón del trono de la gracia y nos acercamos al trono. Así es. Nuestro suministro divino lo recibimos del trono de la gracia. No es un trono de intimidación, sino de acogida, accesibilidad y bondad. Dios dispensa gracia del trono de la gracia.

De Éxodo 13:21-22 sabemos que cuando se liberó a los hijos de Israel de Egipto, Dios les dio una columna de nube para cubrirlos durante el día, y esa misma nube se convertía en una columna de fuego en la noche. Durante el día la nube los protegía del calor insufrible del sol. Les daba sombra y humedad en el árido desierto. De noche, la columna de fuego les daba calor en el desierto frío y luz para guiarse.

Sin embargo, en Éxodo 14:19-20 leemos que esta misma nube que le proporcionaba la gracia divina a Israel, envolvía en tinieblas al campamento enemigo, «así que en toda esa noche no pudieron acercarse los unos a los otros» (NVI®). Dios les dio a los hijos de Israel precisamente lo que necesitaban para su peregrinación por el desierto. Él llenó todo el déficit que tenían con su suministro divino de gracia. También les permitió conocer el déficit para que pudieran darse cuenta de su suministro divino de gracia. Deuteronomio 8:3 dice:

> Te humilló, y te dejó tener hambre, y te alimentó
> con el maná que no conocías, ni tus padres habían
> conocido, para hacerte entender que el hombre
> no solo vive de pan, sino que vive de todo lo que
> procede de la boca del SEÑOR.

A través de la experiencia en el desierto, Israel aprendió que Dios supliría todos sus déficits con su suministro divino. Felipe aprendió que Jesús podía satisfacer todos y cada uno de los déficits de la multitud con su gracia majestuosa. Y cuando tú entres al salón del trono de la gracia de Dios, te encontrarás con un inmenso suministro de suficiencia para cualquier déficit que puedas tener.

Para quienes tienen una relación con Jesucristo, el salón del trono siempre está abierto y acepta a todo el que viene a través del amado Hijo de Dios, que vivió una vida justa y sufrió la muerte expiatoria por toda la humanidad. Para los que conocen a Jesús, el salón del trono es un aislamiento, una protección, un refugio y un almacén para miles de gracias.

Encuentra la gracia

En este salón encontramos el suministro divino para pelear con valentía la batalla por la gracia. Luchamos por la gracia por gracia. Recibimos y usamos la gracia de Dios para vencer cada necesidad, dificultad y deficiencia. Este es nuestro suministro divino para todo lo que la vida nos echa encima. Aquí está toda la sabiduría, toda la motivación, toda la fortaleza y todo el poder que necesitamos para salir victoriosas.

Esta es la única fuente de gracia, y no hay otro suministro ni otro lugar. Dios es la fuente de gracia y el salón de su trono es el almacén. Él es el Dios de toda gracia (1 Pedro 5:10). Él es el creador de la gracia, y solo Él tiene el suministro abundante que necesitamos.

Ninguna otra religión aparte del cristianismo presenta a un dios de gracia, mucho menos el concepto de la gracia. Todas las demás religiones basan la aceptación de una persona por sus obras y méritos. El cristianismo se destaca por salvar a hombres y mujeres por la gracia de Dios y por los méritos del Hijo unigénito de Dios. Por lo tanto, ninguna otra religión puede garantizar la salvación, la victoria o el cielo a nadie, pues nadie en la tierra puede confiar en su bondad, mérito u obras. La Biblia declara de manera justa y clara que «todos pecaron y no alcanzan la gloria de Dios» (Romanos 3:23). Solo Jesús cumplió con el estándar perfecto de la gloria de Dios. Al morir por nuestros pecados, nos ofrece la perfección que solo Él posee. Solo los que confían en la gracia de Dios pueden tener confianza en esta vida presente y en el futuro.

Nunca olvidaré el día en que estaba reprendiendo a mi hijo menor, Braden, por su mal comportamiento. Tenía solo cinco años y en nuestra familia era famoso por inventar su propia versión de las Escrituras. En esta ocasión trató de justificar sus acciones preguntando: «¿No dice la Biblia: "No culparás al que lo hizo"?». Estaba a punto de corregir su teología cuando dijo: «¡Alto! ¡Alto! Sé lo que dice la Biblia. Dice que todo pecado te hace bajo, y por eso sigo siendo mucho más bajito que mi hermano».

Aunque me reí mucho de su idea equivocada, ¡era importante aclarar las cosas! Comprendiendo que mi pequeñito estaba bajo la tremenda condenación de la culpa, le expliqué que todos nos equivocamos y todos debemos pagar por nuestros propios pecados. En otras palabras, la culpa caerá sobre el que lo hizo. Además, le expliqué que, como todos somos culpables y nos hemos quedado cortos, Dios mandó a Jesús para que cumpliera la norma

perfecta y pagara por nuestras malas acciones a fin de que pudiéramos tener acceso a Dios. Braden parecía estar aliviado ese día.
No solo se escapó del castigo, ¡sino que recibió una gran lección
acerca de la gracia!

Lo que fue cierto para mi hijo más pequeño es cierto para
nosotros. La única manera en que podemos escapar de la culpa
por lo malo que hemos hecho es a través de la gracia de Dios disponible en Cristo Jesús. Y eso es justo lo que recibimos por medio
de Cristo. Juan 1:17 dice: «La ley fue dada por medio de Moisés;
la gracia y la verdad fueron hechas realidad por medio de Jesucristo». La verdad nos recuerda nuestra culpabilidad y nuestro déficit
a causa del pecado. Entonces, la gracia viene, cubre el déficit que
nos dejó el pecado y nos justifica ante Dios. De esta plenitud de
gracia podemos sacar aún más gracia, o como declara Juan 1:16:
«De su plenitud todos hemos recibido, y gracia sobre gracia».

La batalla está en marcha

La batalla por la gracia es real. El resultado de esta batalla es
crucial para tu bienestar espiritual y social, así como para tu salud
mental, física y emocional. ¡La gracia influye en cada aspecto de tu
vida!

Sin gracia vivirás en constante temor y ansiedad. Llevarás la
carga perpetua de las mentiras y amenazas intimidantes a tu alrededor. Nunca conocerás el poder supremo de la gracia que te da la
confianza para entrar en el salón divino del suministro.

Sin gracia medirás todo esfuerzo por tu salud y condición física. Esto te limitará a hacer solo lo que te sientes capaz de hacer. Te
perderás oportunidades gloriosas y la posibilidad de experimentar
la vida abundante que prometió Jesús.

El obispo Phillip Brooks, que escribió la letra de «Oh aldehue-
la de Belén», escribió en una ocasión:

No oren para tener una vida fácil. ¡Oren para
ser hombres más fuertes! No oren por tareas que

se igualen a sus fuerzas. Oren por fuerzas que se
igualen a sus tareas. Entonces, su trabajo no será un
milagro, sino que ustedes serán el milagro.

La gracia de Dios nos lleva más allá de los límites de nuestra
humanidad hacia el ámbito de lo que solo Él puede hacer. ¡Él nos
convierte en su milagro de gracia!

Sin gracia nunca podrás lograr una total salud emocional.
Siempre estarás arrancando los pétalos de la proverbial margarita,
diciendo: «Me ama; no me ama». Nunca comprenderás la osadía
confiada de conocer el amor de Jesús y, por lo tanto, nunca podrás
comunicarles ni manifestarles por completo esa gracia a otros.

Sin el suministro divino de la gracia, nunca tendrás relaciones
saludables con los demás. Tendrás expectativas irreales suyas, serás
impaciente con sus errores, y a menudo te verás excluyendo a
personas de tu vida.

Para tener y vivir por la gracia de Dios, tendrás que luchar por
mantener los caminos despejados para el suministro de la munición
de gracia. Incluso ahora, aunque no te des cuenta, estás luchando. He
aprendido, día tras día, que estoy en guerra con fuerzas mayores que
yo. Para ganar la batalla de la vida, necesito la sobreabundancia de
gracia. Al igual que yo, tú batallas a diario por la gracia cada vez que

- te esfuerzas por vencer tus dificultades.
- deseas mejorar tu actitud.
- procuras ser bondadosa con otros.
- decides creer la Palabra de Dios.
- buscas a Dios más allá de ti misma.
- procuras vencer tu debilidad.

La victoria sobre tus dificultades y actitudes: ganar la habilidad
de ser bondadosa, mantener la fe espiritual y ser fuerte, solo viene

por la gracia de Dios. La buena noticia es que puedes tener toda la gracia necesaria que te ayude en tu tiempo de necesidad. La gracia está lista, disponible y accesible por completo en el salón del trono de la gracia. Esta fuente de gloria te está esperando. Vale la pena luchar contra todos los obstáculos y las trabas que se interponen en tu camino

¿Cuál es nuestra batalla? Nuestra batalla es llegar al salón del trono de la gracia y mantener las tropas abastecidas con las municiones de la gracia que gana la victoria sobre los gigantes y los déficits de la vida. Es una batalla constante para obtener la gracia, confiar en la gracia, mantener la gracia y vivir por el poder de la gracia de Dios. A menos que recibamos suministros diarios, ¡nunca podremos ganar la batalla por la gracia!

....

Amado Señor:
Aquí estoy delante de tu trono de gracia. Me he acercado confiadamente, no por mis propios méritos, sino por todo lo que Jesucristo hizo por mí. Vengo en su nombre y presento mi necesidad de gracia ante ti. Gracias por el poder vencedor de tu gracia. Gracias por el acceso que tengo a este suministro divino. Ayúdame a pedir una y otra vez, sin avergonzarme, esta gloriosa provisión. Nunca me dejes salir de tu presencia sin llevar las manos llenas de gracia para ayudarme en mi momento de necesidad. Por Cristo Jesús, amén.

Para tu consideración:

1. ¿Qué mentiras o intimidaciones han impedido que te acerques confiadamente al salón del trono de la gracia?

2. En lo personal, ¿qué significa para ti saber que te presentas ante un trono de gracia?

3. ¿Cómo describirías tu «momento de necesidad»?

4. Revisa y comenta acerca de estas palabras y frases de Hebreos 4:16:

   - acerquémonos
   - confiadamente
   - recibir misericordia
   - hallar la gracia
   - ayuda

5. ¿Cómo caracterizarías la batalla por la gracia?

Cuatro

Los enemigos de la gracia

Nuestra lucha no es contra sangre y carne, sino contra principados,
contra potestades, contra los poderes de este mundo de tinieblas,
contra las huestes espirituales de maldad en las regiones celestiales.

EFESIOS 6:12

Durante la Guerra Civil de Estados Unidos, tanto el Norte como el Sur emplearon los servicios de espías. Estos espías eran muy difíciles de detectar para cualquiera de los dos bandos, pues la gente en ambos lados hablaba el mismo idioma, compartían casi la misma cultura y no tenían rasgos físicos únicos o excepcionales.

Algunos de los espías más exitosos durante este conflicto fueron mujeres. A diferencia de los hombres, las mujeres tenían menos probabilidades de caer bajo sospecha. Mientras se ocupaban de las tareas del hogar, escuchaban las conversaciones del personal militar y luego transmitían la información a los mensajeros, quienes la entregaban a los puestos de mando.

Durante este tiempo de conflicto nacional, Rose O'Neal Greenhow era una viuda de alta posición social que vivía en Washington

D.C. y una de las más destacadas espías confederadas. Aunque sus simpatías por la causa confederada eran bien conocidas, se le consideraba por encima de toda sospecha debido a lo evidente de sus afectos sureños. Además de este hecho, la señora Greenhow tenía una de las vocaciones más sagradas de la vida: era madre de cuatro hijos.

Rose celebraba una variedad de veladas, donde recibía generales y comandantes del ejército de la Unión. No solo escuchaba sus conversaciones, sino que hacía preguntas acerca de maniobras militares específicas, y luego fingía ignorar y molestarse por cualquier charla de guerra. Usando sus artimañas femeninas, acumuló información importante para las fuerzas del Sur.

Le tomó mucho tiempo al ejército de la Unión sospechar cualquier mala conducta de Rose. Sin embargo, una vez que cayó bajo sospecha, los detectives federales la siguieron y rastrearon todos sus movimientos. La observaban en el acto de recopilar y enviar los secretos militares a los agentes confederados. Hasta que no se identificó, arrestó y encarceló a la Sra. Greenhow, la Unión estuvo perdiendo batallas clave. Su descubrimiento fue uno de los momentos decisivos más monumentales de la Guerra Civil[1], pues poco después de su exilio al Sur, el Norte volvió a tener ventaja y acabó ganando la guerra.

Al igual que fue difícil para las fuerzas del Norte reconocer e identificar a la matrona de la sociedad de Washington como una espía peligrosa, a menudo es difícil reconocer e identificar a los oponentes de la gracia. Sin embargo, hasta que no lo hagamos, corremos el riesgo de perder las batallas clave por la gracia.

Tenemos enemigos reales que no quieren que lleguemos a la fuente de poder de la gracia. Estos enemigos saben que sin la gracia de Dios, nos vencerán con facilidad. Hasta esas cosas que nos encanta hacer se convierten en tareas tediosas y abrumadoras cuando vivimos sin utilizar la gracia de Dios. He aprendido que para evitar el «síndrome de Nabucodonosor», debo viajar a diario al salón del trono de Dios. Allí recibo la gracia que con tanta urgencia necesito para ser esposa, madre, abuela, amiga, ejemplo y testigo de Jesús a este mundo agonizante.

A decir verdad, he llegado a depender de la gracia de Jesús para todo lo que hago. Hasta preparar la cena me enviará corriendo al trono de la gracia para pedir creatividad, energía, habilidad, bendición y gestión del tiempo. ¿Y sabes qué? ¡Las encuentro allí! Dios bendice y ha bendecido mi cocina de maneras extraordinarias cuando he ido primero a su salón del trono.

Recuerda, el enemigo tiene un objetivo: Mantenerte alejada del trono de la gracia. Para lograrlo, usará todo tipo de táctica, incluso la intimidación, las inseguridades, la arrogancia, la condenación, la distracción y las mentiras.

Así que en la batalla por la gracia, es imperativo que (1) reconozcamos que tenemos un enemigo, (2) comprendamos que el objetivo de todo enemigo es bloquear el acceso y el uso del suministro divino de la gracia, (3) sepamos quiénes son todos los enemigos, y (4) seamos conscientes de sus tácticas. Al enemigo no se le reconoce con facilidad y a menudo se hace pasar por un camarada.

Tú

La primera enemiga de la gracia es fácil de reconocer. La has visto un millón de veces. La has observado desde niña. Cada vez que miras al espejo, la ves bien. ¡Así es! Tú eres tu propia enemiga... ¡tu *peor* enemiga!

¿Cómo? Lo más probable es que seas más dura contigo misma que con cualquier otra persona. Pones expectativas sobre ti misma, sobre tu fortaleza, tu mente, tu corazón, tu vida y tus relaciones, y estas expectativas son más exigentes que las de todos los demás. Por eso te afectas tanto cuando fracasas. Como esposa de pastor que ha hablado, ministrado y orado con muchas mujeres, sé que el enemigo número uno con el que luchan las mujeres son ellas mismas, pero pocas veces reconocemos a esta enemiga como rival en vez de amiga. Cuando hablo con estas preciosas mujeres, siempre oro por gracia sobre sus vidas. Entonces, las exhorto: «¿Podrías tener un poco de gracia para ti?».

Una joven a quien tengo el placer de ministrar con frecuencia se sentía atraída a cierto joven con quien trabajaba. Oró y oró para que Dios le quitara esta atracción hacia él. Se reprendía a sí misma. Se prohibió verlo. Desechaba todo pensamiento suyo. Creó reglas acerca de la distancia que debía mantener de él. Hasta dio un suspiro de alivio cuando él se mudó del estado. Sin embargo, ¿sabes una cosa? Ese mismo hombre le escribió una carta confesándole su atracción hacia ella. Le dijo que había orado por ella desde que trabajaron juntos. Le preguntó si consideraría casarse con él. Ella escribió con un enfático: ¡Sí!

Hoy están casados y felices, y tienen dos hijos. Mi amiga casi se desconecta de la gracia. En vez de correr al salón del trono de la gracia, se condenó a sí misma, reprendió su deseo, se impuso reglas que cumplir y límites que respetar. Estas sanciones autoimpuestas casi espantan al hombre de sus sueños. No obstante, ¡gracias a Dios que su gracia prevaleció!

Aquí tienes una prueba de diez preguntas que te demuestran tu condición de enemiga:

1. ¿Cómo respondes cuando las cosas te salen mal? (¿Cuán fácil es para ti reconocer que te equivocaste? Si es fácil, estás creciendo en la gracia. En cambio, si luchas por solo reconocer que eres capaz de equivocarte a veces, tienes un problema de gracia).

2. ¿Cuántas cosas pondrías en tu lista de mejoramiento personal? (Más de diez te ponen enseguida en la categoría de ser tu propia enemiga).

3. ¿Cómo te sientes si te equivocas cuando hablas? (¿Te quieres morir? ¿Te quieres esconder de la gente que te escuchó? ¿Quieres pedir disculpas innecesarias y tratar de explicar una y otra vez lo que en realidad trataste de comunicar?).

4. ¿Qué te dices acerca de ti? (¿Es positivo o negativo? ¿Piensas siempre en tus equivocaciones pasadas y

presentes? ¿Cuál es el tono de los sermones que te predicas a ti misma?).

5. ¿Cómo categorizarías tu nivel de autocondenación? (¿Te culpas por todo lo que sale mal en la vida? ¿Te dices cosas como: *Si no hubieras dicho esto* o *Si no hubieras hecho aquello?* ¿Cuestionas constantemente tus intenciones?).

6. ¿Sientes a menudo miedo de avanzar? (¿Eres demasiado consciente de tus fracasos pasados? ¿Tiendes a insistir en tus debilidades? ¿Tratas de hacer solo las cosas en las que eres buena, tienes experiencia o te sientes cómoda? ¿Las cosas nuevas te desequilibran?).

7. ¿Cuánta influencia tienen las opiniones que otros tienen de ti sobre tus decisiones? (¿Cambias tus actividades, tu manera de hacer las cosas o los lugares a donde vas porque sabes que ciertas personas no estarán de acuerdo? ¿Reprimes tus sentimientos? ¿Tienes miedo de ser sincera con tus compañeros?).

8. ¿Te reprendes por tus fracasos, debilidades, lapsus e infracciones? (¿A menudo te sorprendes por tu fracaso? ¿Te preguntas: *Cómo pude hacer eso?* ¿O te dices: *¡No sé qué me pasó!* o *Esto no es propio de mí?* ¿Sientes la necesidad de hablar una y otra vez de tu fracaso con otras personas para tratar de comprenderte o hacerte sentir menos culpable?).

9. ¿Sientes la necesidad constante de pedirles perdón a los demás y de justificar siempre lo que dijiste, hiciste o quieres hacer? (¿Analizas conversaciones y acontecimientos pasados? ¿Sientes la necesidad de ensayar y reproducir ciertas palabras, escenas y acciones una y otra vez en tu mente? ¿Recuerdas

conversaciones pasadas con amigos y sientes la necesidad de calificar ciertas palabras o acciones a cada momento?).

10. ¿Permites que los fracasos del pasado te descalifiquen ante las oportunidades del presente? (¿Sufres de sentimientos de falta de mérito? ¿Estás lidiando con inseguridades que amenazan con erosionar tu confianza en el amor de Jesús por ti? ¿Luchas con la realidad de que Jesús te ama?).

Las respuestas a estas preguntas determinan a qué nivel estás falta de gracia. Si usas estas preguntas para condenarte aún más, no has entendido el punto principal. El verdadero asunto es que necesitas gracia, ¡y tienes que luchar con tu propia autoevaluación para llegar al salón del trono de la gracia y recibir tu suministro!

Durante mi primer año en la universidad, viví en un dormitorio lleno de mujeres bellas. Como la mayoría de las jóvenes que abandonan el hogar por primera vez, estaba llena de inseguridades. A menudo trataba de mitigar esas inseguridades comiendo. Subí tanto de peso que no me servía la ropa. Por supuesto, me culpaba a mí misma por mi apetito voraz. Mientras más comía, más me culpaba. Mientras más me culpaba, ¡más comía! Era un círculo vicioso.

Determinada a perder peso, escribí cuanto pasaje bíblico encontré acerca de comer más de la cuenta. A decir verdad, la Biblia no ofrece muchas opciones, pero esto no me detuvo de sacar fuera de contexto cuanto versículo encontré y pegarlo a la pared de mi habitación en el dormitorio.

Mirándome desde una pared estaba Proverbios 23:2, de una versión antigua de la Biblia: «Pon cuchillo a tu garganta, si tienes gran apetito» (RVR60). Prefería las versiones más antiguas para estos versículos, pues me parecían más críticos. Otro adorno de la pared declaraba: «No codicies sus manjares delicados, porque es pan engañoso» (Proverbios 23:3, RVR60). Cada pared, y hasta la parte interior de la puerta, tenían uno de mis carteles escritos a mano. Sin embargo, ninguno me detuvo de comer más de la cuenta. ¡Ni siquiera uno! Su efecto fue todo lo contrario. Me sentí aún más condenada e impotente por completo contra mi propio apetito.

Hoy esta historia me recuerda la advertencia de Pablo a los colosenses: «Tales cosas tienen a la verdad, la apariencia de sabiduría en una religión humana, en la humillación de sí mismo y en el trato severo del cuerpo, pero carecen de valor alguno contra los apetitos de la carne» (Colosenses 2:23). Esa lección la aprendí de primera mano. Ni una sola de mis sanciones autoimpuestas, esfuerzos propios ni amenazas me dio poder para resistir mi apetito o liberarme del desprecio que sentía por mí misma cuando fracasaba.

Mi reacción a mi fracaso fue más autocrítica y restricciones más estrictas, lo que me llevó a tener cada vez menos gracia. Mis propios intentos fracasados no dejaron que buscara la misma gracia que necesitaba para ayudarme en mi momento de necesidad. Pensé que tenía que detestar la comida, rechazar cualquier indulgencia de dulce y perder peso para entrar en el salón del trono de Dios.

Sin embargo, esta no era la disposición de Dios hacia mí. Él me vio y observaba mi constante condenación, y siempre me llamaba a entrar en su gracia. Tuvo que pasar un año entero de fracaso total antes de que me arrojara ante su trono.

Al volver la vista atrás, ahora puedo identificar con claridad a la enemiga que me mantuvo alejada de la gracia: yo. En mi propio esfuerzo para perfeccionarme, casi me destruyo. Todas tenemos una batalla diaria contra nosotras mismas por la gracia. Permíteme ser clara en esto: ningún esfuerzo, represión, restricción y sanción que te impongas a ti misma te dará una mejor actitud, una mejor perspectiva, una mejor imagen, un mejor corazón, un mejor apetito, un mejor estilo de vida o mejor fuerza. ¡Lo que necesitas es la gracia de Dios! Tus propias ideas y tu deseo obstinado de mejorarte te mantendrá alejada de esa misma gracia que te transformará y te hará una mejor persona.

Después de enseñar el estudio bíblico para mujeres en la iglesia un viernes por la mañana y luego de dirigirme hacia la puerta trasera, vi a una mujer que conocía llorando. Ella extendió su mano y me preguntó si tenía un momento para hablar. Me senté y me dijo que se sentía responsable por haber lanzado a su esposo a la deuda. Tenía que ver con la remodelación de una de las habitaciones de su casa. Pensaba que tanto algunas de sus decisiones como su indecisión habían causado los gastos adicionales. Estaba sobrecogida de culpabilidad y condenación.

Mientras escuchaba su historia, un pensamiento me vino a la mente: Esta preciosa hija del Dios Todopoderoso necesitaba gracia. Necesitaba la gracia de Dios para perdonarse a sí misma. Necesitaba la gracia de Dios a fin de tener la sabiduría para terminar el trabajo. Necesitaba la gracia de Dios para seguir hacia adelante. ¡Puedes imaginarte cómo oré por ella! Fue como si la tomara de la mano y la llevara a rastras hacia el salón del trono de la gracia. Oré gracia sobre su corazón, su mente y su cuerpo. ¡Oré gracia sobre ella de la cabeza a los pies! Cuando dije: «Amén», ¡la miré y vi que su semblante se había levantado visiblemente! Solo piensa, ¿dónde habría estado si no la hubiera llevado de prisa al salón del trono de la gracia?

¡No permitas que tu «yo» te mantenga alejada del salón del trono de la gracia! Mientras más mal te sientas contigo misma, más necesitas entrar y recibir su divina gracia. Todas nos equivocamos más a menudo de lo que acertamos. La vida es dura y la gente perfecta no existe. ¡Todas necesitamos gracia!

Orgullo

El orgullo es otro aspecto de nuestro ego, pero lo he puesto en su propia categoría. Aunque el orgullo puede ser una compensación excesiva por la inseguridad, la mayoría de las veces es una opinión exagerada de nosotras mismas. En tres ocasiones la Biblia dice que Dios resiste al orgulloso y da gracia al humilde (Proverbios 3:34; Santiago 4:6; 1 Pedro 5:5). El orgullo nos mantiene alejadas del salón del trono de la gracia, pues es la actitud que dice: *Puedo hacerlo sin Dios* o *Lo haré para Dios*. A los tres años, a mi nieto más pequeño le encantaba golpearse el pecho y decir en voz alta: «¡Lo puedo hacer solo!». Esto casi siempre venía en momentos inconvenientes, como cuando trataba de tomarlo de la mano para cruzar la calle, transitar con él a través de un grupo de gente o tratar de sentarlo en su asiento del auto con rapidez. Su orgullo nunca hizo que mi trabajo de abuela fuera fácil.

Justo así somos nosotras a veces. Sin intención, también incorporamos el orgullo en nuestro quehacer diario. Cada vez que pienso que voy a hacer algo para Dios en vez de por Dios o con Dios, estoy entrando en el área del orgullo. ¿Recuerdas mi experiencia de Nabucodonosor? Bueno, una cosa que recuerdo específicamente de ese día son todas las cosas que pensé que había hecho por Dios. No había pedido ni sentido su poder habilitador. Me había aventurado por mi cuenta y de seguro que me sentía orgullosa de mis logros, es decir, hasta que todo comenzó a desmoronarse.

Dios no quiere que hagamos nada sin su gracia. Él quiere que traigamos su presencia y su infusión a todas nuestras actividades. Dios es relacional. En la Biblia se presenta como Padre, Amigo, Salvador y Pastor. Todos estos son términos relacionales. Dios quiere nuestro compañerismo. Él quiere nuestra atención. Quiere obrar con nosotras, a través de nosotras y en nosotras.

Dios detesta nuestro orgullo, pues pone distancia entre Él y nosotras. El orgullo ignora y rechaza a Dios. Él resiste al orgulloso. Dios se mantiene alejado de quienes se alejan de Él. Sin embargo, Santiago 4:8 nos dice que si nos acercamos a Dios, Él se acercará a nosotros. El orgullo nos aleja, pero la humildad nos acerca a Dios.

Aunque la persona orgullosa sigue dependiendo de Dios para sus necesidades vitales (el latido del corazón, el aire en sus pulmones, la vida, el sol, la lluvia, la comida y otras necesidades básicas), vive ignorando a Dios, y nunca pide su presencia y ayuda. No pienses que esto se limita a los incrédulos. ¡No! Todas tenemos momentos cuando tenemos demasiada confianza en nuestras propias habilidades. A veces nos enfocamos tanto en nuestros objetivos que el orgullo se cuela por la puerta, nos distrae y no entramos al salón del trono de la gracia.

Una historia en los Evangelios que nunca deja de cautivarme está en Lucas 7. A Jesús lo invitaron a la casa de Simón el fariseo. Sin embargo, al llegar, Simón prácticamente lo ignoró. No le extendió la cortesía más común de la cultura. No le lavó los pies. No lo saludó con un beso. No lo ungió con la fragancia de su hogar. A la casa de Simón llegó otra visitante, una mujer famosa por su pecado. Al ver a Jesús, corrió hacia Él y cayó a sus pies. Atrajo la atención de toda la casa hacia Él. Lloró muy fuerte sobre Él. Derramó perfume sobre sus pies y comenzó a besarlos y a limpiarlos con sus cabellos. Se humilló literalmente ante Jesús. ¡Puedes imaginar la consternación de Simón! En su corazón, pensaba que si Jesús fuera de veras un profeta, nunca habría permitido semejante espectáculo. Después de todo, esta mujer era una pecadora.

Entonces, Jesús descubrió a Simón haciéndole una pregunta en forma de parábola. Tenía que ver con dos deudores. Uno tenía una gran deuda y el otro una más pequeña. El benefactor las perdonó ambas. Luego, Jesús le preguntó a Simón cuál de los dos deudores amaba más al benefactor.

Simón contestó bien al decir que la persona a quien se le perdonó más estaría más agradecida. Entonces, Jesús identificó la deuda de Simón. Simón no había mostrado la menor de las cortesías a Jesús, pero la mujer «que era pecadora» (versículo 37), le extendió toda la hospitalidad oriental que omitió Simón. Yo me encuentro en esta parábola una y otra vez. No porque sea esa mujer de mala fama. Soy más como Simón. He invitado a Jesús a venir a mi corazón y a mi vida, pero el orgullo ha hecho que lo deje solo y abandonado en mi hogar. Lo hago porque me olvido de que me ha perdonado una gran deuda. A diferencia de la mujer de mala reputación, no soy consciente de mi propia necesidad de Jesús.

Esta mujer experimentó la gracia de Jesús. Se le perdonaron todos sus pecados. El resultado fue que hizo de Jesús un espectáculo. La mujer no podía ignorarlo en su vida, todo porque reconoció su necesidad de gracia.

Lo lamentable es que yo pienso que puedo hacer bastante en mis propias fuerzas sin la bendición adicional de la gracia en mi vida. A menudo se necesita una «mujer notoria», alguien que hace un espectáculo de Jesús, o incluso que Jesús me llame en público, antes de que me dé cuenta de que mi orgullo me ha mantenido fuera de la sala del trono de la gracia.

El orgullo lo descontrola todo en nuestra vida. Nos mantiene alejadas del salón del trono de la gracia, pone distancia entre Dios y nosotras, y nos roba cuanta pizca de gracia tenemos. Las que están en las garras del orgullo miran a las demás personas por encima del hombro y se sienten superiores.

Es interesante cuánto espera la gente orgullosa de otros y cuán poco esperan de sí misma. Su actitud de derecho le hace sentir que los demás deben compensarla por los déficits que tiene. Cuando miran a los demás, se pierden la oportunidad divina de recibir la gracia de Dios, y tienden a vivir en un mundo de culpabilidad, amargura y egos dañados. Es un hecho que la gente, aun cuando tiene las mejores intenciones, nos defraudará, así que los orgullosos viven perpetuamente defraudados.

Dios reserva su gracia para el humilde. La persona que se da cuenta de con cuánta desesperación necesita la gracia de Dios, es la que recibe la gracia de Dios.

Una amiga mía estaba pasando por una tremenda prueba. Se sentía en extremo débil, sobrecargada y humillada por lo que estaba viviendo. Me pidió que orara. Le contesté que me emocionaba orar por ella porque teníamos garantizada la gracia de Dios. Le dije que Dios dice en su Palabra que Él no rechaza al corazón abatido (Salmo 34:18). Él se siente atraído por nuestro espíritu quebrantado. Además, Jesús prometió que los pobres en espíritu son muy bendecidos y tienen acceso a los almacenes del cielo (Mateo 5:3, NTV). Oramos, y la gracia de Dios se hizo evidente en su vida y en su situación casi de inmediato.

Lo más sabio que podemos hacer es reconocer nuestros déficits y nuestras insuficiencias ante Dios. Pedro, después de declarar que Dios resiste al orgulloso y le da gracia al humilde, incluyó esta exhortación: «Humíllense, pues, bajo la poderosa mano de Dios, para que él los exalte a su debido tiempo» (1 Pedro 5:6, NVI®).

Cuando reconocemos nuestras limitaciones y las llevamos al trono de Dios, actuamos en humildad. Nuestra confianza al entrar no es por nuestras cualidades, nuestro esfuerzo ni nuestra justicia; eso es orgullo. No, entramos por los logros, las buenas obras y la justicia de Jesús. La Biblia dice que lo mejor que tenemos es como trapo de inmundicia ante Dios (Isaías 64:6) Debemos luchar constantemente contra el orgullo en nosotros que se resiste a su ayuda.

La ley

Aquí tenemos a otro enemigo disfrazado de amigo. Se trata de la ley, y no es nuestra amiga. La ley es nuestra condenación. Nos pone delante un estándar imposible, uno que nadie puede alcanzar. La ley no nos ofrece ayuda alguna, poder o fortaleza para satisfacer sus demandas. La ley no tiene misericordia y nos condena sin emoción. ¡La ley es la ley!

Esta condenación aumenta cuando nos damos cuenta de que la ley no se limita a los Diez Mandamientos. No, es algo más profundo, amplio e incriminador de lo que podemos imaginar. Hace generaciones, la gente se medía por su capacidad de cumplir los Diez Mandamientos. Esa idea se echó a un lado mientras que cada vez más personas reconocían su incapacidad para cumplir diez simples mandamientos. Sin embargo, esos Diez Mandamientos eran más exigentes de lo que pensaba la gente, hasta que Jesús predicó el Sermón del monte.

Allí Jesús puso al descubierto toda la implicación de la ley. Los mandamientos no solo gobernaban nuestra actividad; estaban para ordenar nuestros pensamientos. De pronto, el mandamiento para no cometer asesinato no solo tenía que ver con tomar una vida, sino que incluía contemplar el asesinato en la mente. Los pensamientos de odio y venganza, y las malas intenciones eran los precursores del asesinato, y el que le daba cabida a esos pensamientos en su mente era culpable de asesinato.

De la misma manera, el adulterio no solo era cosa del acto físico de tener relaciones sexuales con alguien que no es tu esposo.

El adulterio era cosa del corazón. Si piensas en tener relaciones sexuales con alguien que no es tu esposo o si le das cabida a fantasías lujuriosas, ya pecaste en tu corazón. ¡Uf!

Jesús aportó una mayor aplicación a los Diez Mandamientos de lo que nadie jamás había imaginado. De repente, esos simples mandatos eran imposibilidades, y la humanidad completa era culpable, ¡según esos mandamientos!

Jesús no vino a invalidar la ley, sino a cumplirla, y lo hizo con su propia vida. Él dijo: «No penséis que he venido para abolir la ley o los profetas; no he venido para abolir, sino para cumplir» (Mateo 5:17). Jesús vino e hizo lo que nadie había hecho antes, ni hizo después. Jesús cumplió a la perfección las demandas más estrictas de la ley con justicia total.

Como dijimos antes, y lo diremos una y otra vez más, Jesús vivió la vida que tú no pudiste, pero que debiste vivir. Tu propia vida te condenó, pero la obediencia y vida perfectas de Jesús te han traído gracia.

¿Vives todavía bajo la ley? Quizá los Diez Mandamientos no gobiernen tu vida ni te condenen, pero sí tu propia opinión de lo que debes o no debes hacer.

Todos tendemos a vivir con nuestras propias leyes y regulaciones, y por ellas mismas juzgamos a los demás. Cuando tenemos un buen día, nos sentimos bien recibidas y entramos en el salón del tono de la gracia. Sin embargo, en nuestros días malos hasta tratamos de escondernos de la presencia de Dios y, como Adán y Eva, nos escondemos desnudas entre los árboles (Génesis 3:7-8).

Aquí tienes otra evaluación de la gracia. ¿Crees que deberías

1. ser más bondadosa con otros?

2. reaccionar con más lentitud?

3. tener más paciencia?

4. comer más saludable

   • sin gluten?

- sin cafeína?
- sin azúcar?
- ser vegana?
- vegetariano
- sin productos lácteos?
- sin nueces?
- sin alimentos?

5. estar en mejores condiciones físicas?
6. leer más que no sea de ficción?
7. aprender otro idioma?
8. esforzarte más en ciertos aspectos de tu vida como
   - las amistades?
   - la cocina?
   - la limpieza?
   - la decoración?

9. ir más a la iglesia?
10. administrar mejor tu dinero?
11. ahorrar más?
12. ser más responsable con el dinero?
13. cuidar mejor de tus posesiones?
14. ser más responsable?
15. ser mejor organizada?
16. orar más?
17. leer tu Biblia más?
18. diezmar más?

¿O crees que *no* deberías

1. decir nada desagradable?
2. enojarte con frecuencia?
3. comer golosinas dulces?
4. satisfacer tus apetitos?
5. comer nachos grasosos, llenos de queso (¡oh, esa es la mía!)?
6. ser impaciente?
7. preocuparte?
8. hablar tanto?
9. tener miedo?
10. divulgar tanta información?
11. usar tu tarjeta de crédito?
12. gastar dinero?
13. perder tiempo?

Quizá vivas bajo la tiranía de tu propia ley. Su poder, al igual que los Diez Mandamientos, solo te condena y pone al descubierto todas tus imperfecciones. Los debo y no debo hacer no te ofrecen ayuda alguna contra las indulgencias de la carne. Al contrario, se infiltran en el pensamiento, te atacan a cada momento y te roban el gozo. Tu propia ley es enemiga de la gracia.

Debes batallar contra tus propios estándares y hacer el viaje diario al salón del trono de la gracia. Recuerda, estos estándares que tú misma te impones quieren sustituir, sabotear y robar la gracia de Dios de tu vida. Tienen la apariencia de justicia y bondad, pero no te ofrecen ayuda para mejorar tu vida. Cuando sientes la presión de las reglas, las regulaciones, las sanciones autoimpuestas sobre ti, corre, no camines, hacia el salón del trono de Dios.

El mundo

En mi caso, trato de usar la ropa más vieja y gastada cuando estoy en mi modo creativo en la cocina, pues a menudo me mancho. No me veo bien. Sin embargo, en medio del caos de la creatividad, muchas veces me doy cuenta de que me falta un ingrediente clave. Ahí es cuando detesto de veras ir al mercado, pero me pongo las chanclas, tomo mi bolso y las llaves, y me voy.

En la caja registradora me acosan las imágenes de mujeres perfectas. No, no las que están detrás de mí en la línea. Me rodean en las portadas de muchas de las revistas. Son bellas. Tienen un cabello perfecto. Parece que nunca han sufrido con pintura de labios en los dientes, ni mascara debajo de los ojos. Sus figuras no tienen bultos indeseados ni protuberancias. No tienen arrugas. Son perpetuamente jóvenes. Visten el estilo actual en perfecto orden. En total contraste conmigo, dan testimonio de cómo debe ser una mujer de verdad.

Como si estas seductoras imágenes no fueran suficiente censura, las otras revistas destacan hermosas casas con jardines perfectos. Las cocinas brillantemente organizadas e impecables se destacan en marcado contraste con la cocina manchada de harina que dejé en absoluto desorden.

Estas portadas de revistas presentan artículos sobre cómo ser más tentadora para tu esposo o novio. Otro artículo sugiere una dieta para perder nueve kilos en veinte días, ¡con otro artículo debajo acerca del pastel de chocolate más seductor del mundo! Todas las publicaciones contienen varios artículos acerca de cómo hacer las cosas. Ofrecen más reglas, regulaciones y rituales con la promesa de que si los sigo estrictamente y me adhiero a ellos, mi vida será enriquecida en gran medida.

¡Tonterías! Nadie puede vivir a la par de las imágenes que nuestra cultura nos presenta a cada instante. ¡Nadie! Cada día los medios de comunicación parecen descubrir la adicción secreta de una modelo o una actriz, sus problemas o sus sufrimientos. Las vidas que le muestran al público son simples imágenes, llenas de fantasía.

Hace poco leí un artículo acerca de una hermosa actriz que ha actuado en muchos papeles con éxito. Durante una sesión de preguntas y respuestas, una joven le hizo una pregunta exploratoria: «Después de actuar en tantos papeles diferentes, ¿sabes quién eres en realidad?». Las lágrimas comenzaron a correr por el rostro de la actriz y parecía haberle sorprendido la pregunta. Movió la cabeza de manera negativa y susurró: «No estoy segura». Esta actriz no podía vivir a la altura de las imágenes que proyectaba. Había perdido su verdadera personalidad y la había mezclado, y hasta descartado, entre los muchos papeles que había asumido.

El mundo te dará imágenes que solo son eso: imágenes. Estas imágenes aparecen en la pantalla, en las portadas de las revistas y en carteles. Entonces, como lo dioses de antaño que describe el Salmo 115:5-8, «tienen boca, y no hablan; tienen ojos, y no ven; tienen oídos, y no oyen; tienen nariz, y no huelen; tienen manos, y no palpan; tienen pies, y no caminan; no emiten sonido alguno con su garganta. Se volverán como ellos, los que los hacen, y todos los que en ellos confían». Estas imágenes no nos pueden ayudar a ser mejores versiones de nosotras mismas.

La cultura presenta imágenes irreales a sus integrantes. Les exige que vivan a la altura de estos semidioses. Las imágenes son intimidantes, pero no son reales. Ni los más adorados de la sociedad pueden vivir a la altura de los ídolos que ellos mismos crearon.

Cuando tratamos de ser como ellos y vivir según los estándares de las imágenes que vemos, estamos condenadas a fracasar. La verdad es que todos envejecemos. Todos adquirimos líneas y arrugas. El cabello se emblanquece de forma natural. Las casas se llenan de polvo. Los muebles y la ropa pasan de moda. La gente sube de peso. Las formas del cuerpo cambian. La edad debilita a todos. Los virus infectan a todo el mundo. ¡Esa es la vida!

El mundo no te ofrece ninguna gracia. Te presenta un estándar imposible de alcanzar y, luego, se burla de quien trate de lograrlo. Los medios de comunicación son famosos por alabar el ascenso al estrellato de alguien, aplaudir sus formas autodestructivas y luego condenar su desaparición. La cultura ofrece eslóganes y filosofías que no dan resultado:

El poder está dentro de ti.

Si te sientes bien haciéndolo, hazlo.

Si lo sientes, es lo adecuado para ti.

Nunca lo sabrás hasta que no pruebes.

La satisfacción viene cuando te rindes a todos tus deseos.

Si sigues estos eslóganes, solo te llevarán a la destrucción, la adicción y la frustración. Te alejan del mismo almacén de la gracia que te salvará, te liberará y saciará la profunda sed espiritual que hay en ti.

Satanás

Sin duda, estabas esperando este próximo enemigo: Satanás. El enemigo absoluto de la gracia es Satanás. En Apocalipsis 12:10 se conoce como «el acusador de nuestros hermanos». Su constante preocupación es informarle a Dios cómo cada una de sus criaturas y sus súbditos cae, fracasa y merece la condenación. Uno de sus muchos títulos es *diablo*, que significa calumniador. Esto se refiere a solo uno de los muchos métodos que usa para que los cristianos no lleguen al salón del trono de la gracia.

El diablo te bombardea una y otra vez con dudas, amenazas, pensamientos condenatorios, tus pecados pasados y tus fracasos, a fin de mantenerte alejada del suministro de gracia. Sabe que el poder espiritual te espera en el salón del trono de Dios, y hace todo lo posible para que no entres por la puerta. Sabe que el arsenal divino de gracia te habilitará para la victoria, y la victoria no es lo que Satanás quiere que tengas ni quiere que camines en ella.

El apóstol Pedro era muy consciente de las tácticas del diablo. En una de sus últimas conversaciones con Jesús antes de su crucifixión, Jesús le advirtió las intenciones de Satanás. «Simón, Simón, mira que Satanás os ha reclamado para zarandearos como a trigo; pero yo he rogado por ti para que tu fe no falle; y tú, una vez que hayas regresado, fortalece a tus hermanos» (Lucas 22:31-32).

A Pedro, en efecto, lo zarandearon. Se quedó dormido en el huerto de Getsemaní después que Jesús le dijo que velara y orara. Tontamente arremetió con la espada cuando los soldados vinieron con Judas para arrestar a Jesús. Luego, se calentó junto a la hoguera que habían encendido los enemigos de Jesús y negó conocerle cuando una sirvienta abrió la puerta del patio del sumo sacerdote. Su segunda negación ocurrió cuando descartó su relación con Jesús a otra joven. Su última negación, antes de que el gallo cantara al amanecer del día, fue cuando le negó con maldiciones que conocía a Jesús a uno de los soldados del sumo sacerdote (Lucas 22:45-46, 54, 62; Juan 18:10).

Pedro conocía de primera mano las tácticas del enemigo. Pedro no solo se falló a sí mismo y a sus propias determinaciones, sino que cayó presa de la intimidación de Satanás y negó al Señor de la gloria. Así que con esta experiencia directa, Pedro nos alertó: «Sed sobrios, y velad; porque vuestro adversario el diablo, como león rugiente, anda alrededor buscando a quien devorar; al cual resistid firmes en la fe, sabiendo que los mismos padecimientos se van cumpliendo en vuestros hermanos en todo el mundo. Mas el Dios de toda gracia, que nos llamó a su gloria eterna en Jesucristo, después que hayáis padecido un poco de tiempo, él mismo os perfeccione, afirme, fortalezca y establezca» (1 Pedro 5:8-10, rvr60).

Pedro, tras haber sido presa del diablo, conocía a su enemigo. Habiendo sucumbido una vez, era sabio en sus tácticas y podía advertir a otros creyentes.

Satanás sabe también que a menudo no nos damos cuenta del infinito poder de la gracia de Dios con nosotras. La gracia poderosa de Jesús nos arrebató de la mano de Satanás. Su gracia borró nuestra condenación pasada. Su gracia nos vistió con ropas de justicia. Su gracia nos dio una posición celestial. Su gracia nos fortalece con toda bendición espiritual en Cristo Jesús. Su gracia nos da todo el poder que necesitamos para vencer sobre toda trampa del enemigo. ¿Es extraño que tengamos que luchar por la gracia?

Conoce a tus enemigos

Identificar a tus enemigos, entender sus tácticas y conocer su objetivo es de suma importancia. Tus enemigos son tú misma, el orgullo, la ley, el mundo y el diablo. Nunca estás a salvo solo en su compañía. Emplean la mentira, la intimidación y la condenación para tratar de bloquear e impedir tu paso hacia el salón del trono de la gracia. Cada día debes luchar contra estos enemigos y dirigirte hacia el salón del trono de la gracia, a fin de que puedas estar equipada por completo para la victoria.

....

Amado Señor:
Entiendo que yo he sido mi propia enemiga de la gracia. He procurado vivir por mi propia justicia. He intentado alcanzar la justicia mediante sanciones, reglas y rituales autoimpuestos que no han mejorado mi posición ante ti. Te pido perdón por mi enemistad con la gracia. Ayúdame a reconocer las fuerzas que se imponen contra tu gracia. Guárdame de cualquier intento de vivir bajo la ley en lugar de hacerlo en el salón del trono de la gracia. Ayúdame a acallar todas las voces de intimidación de la ley, la cultura y el diablo. Cuando parezcan impedir la entrada a la gracia, ayúdame a no retroceder por miedo, sino a avanzar con valentía hacia tu lugar santo. Gracias por tu gran amor, por tu victoria y por la gracia que tienes esperando por mí. Te lo pido por la gracia que es mía en Cristo Jesús. ¡Amén!

Para tu consideración:

1. Haz una lista de las reglas que te has autoimpuesto.

2. ¿Qué te parece sorprendente acerca de la identidad de los enemigos de la gracia? ¿De qué rivales esperabas leer?

3. Escribe acerca de un tiempo cuando tus propias leyes te mantuvieron alejada de la gracia.

4. ¿Qué frustraciones has sentido al tratar de cumplir tus propias leyes?

5. ¿De qué manera has sentido la condenación de la ley?

6. Haz una lista de algunas de las expectativas irreales que nuestra cultura impone sobre las mujeres.

7. Haz una lista de tres aspectos donde has sentido la intimidación del enemigo.

8. ¿Cómo describirías la batalla por la gracia?

9. Mientras repasas Hebreos 4:16, ¿qué descubrimientos haces en cuanto al trono de la gracia de Dios?

Cinco

Calificadas por la gracia

Les he escrito brevemente, para animarlos y confirmarles
que esta es la verdadera gracia de Dios.
Manténganse firmes en ella.

1 PEDRO 5:12 , NVI®

Billy Sunday era solo un recién nacido cuando murió su padre. Su madre, al no poder criar a Billy y a su hermano, los entregó a un orfanato cuando Billy tenía trece años. A los quince años se fugó del orfanato y terminó en Nevada, Iowa. Allí estuvo bajo la protección del coronel John Scott, quien le dio empleo, lo tuvo en su casa y lo envió a la escuela. En la escuela, Billy mostró excelencia en el béisbol. Era un magnífico corredor y se destacó entre los demás jóvenes con su habilidad para atrapar la pelota y lanzarla a las diferentes bases con la velocidad de un rayo.

En uno de sus juegos, Cap Anson, mánager del equipo Chicago White Stockings, lo vio y lo reclutó. Billy dejó la escuela, se mudó a Chicago y comenzó su carrera en el béisbol en 1883. Según su propio testimonio, era un joven endurecido. Apostaba duro, jugaba duro y vivía duro. De lunes a viernes practicaba el béisbol con su equipo. El sábado jugaba béisbol, y el domingo se iba a la cantina con sus compañeros. Solo se daba el gusto en ocasiones mientras que los demás jugadores se emborrachaban, pero estaba siempre con ellos.

En uno de esos lamentables domingos, Billy salió del bar «embriagado» y se dirigió a una de las esquinas de Chicago. Al otro lado de la calle, una banda, acompañada por cantantes, tocaba himnos con trombones, trompetas y flautas. Alguien invitó a Billy a seguir tras la banda a la misión Pacific Garden. Allí, Billy escuchó el evangelio de la gracia y le entregó su vida a Jesucristo.

Billy jugó béisbol profesional con los White Stockings hasta que se trasladó a los Alleghenies de Pittsburg y luego terminó con los Filis de Filadelfia. En 1891, los White Stockings le ofrecieron un lucrativo contrato de tres mil quinientos dólares al año para que regresara con ellos. Rechazó la oferta para dedicarse a evangelizar y aconsejar a jóvenes en la organización YMCA [Asociación Cristiana de Jóvenes] de Chicago por ochenta y tres dólares al mes.

En 1893, J. Wilbur Chapman le pidió a Billy que lo ayudara como coevangelista. Billy trabajó con Chapman por tres años, hasta que se independizó en 1896. Billy Sunday se convirtió en uno de los más famosos evangelistas del siglo XX. Sus sermones eran apasionados y estaban llenos de colorido y coloquialismos. En muchos de ellos destacaba las maravillas de la gracia de Dios con él. Billy testificaba de haber sido jugador, bebedor y matón antes de conocer a Cristo. Una de sus líneas más famosas era su propia paráfrasis de Hebreos 7:25: «Por lo cual Él también es poderoso para salvar para siempre a los que por medio de Él se acercan a Dios, puesto que vive perpetuamente para interceder por ellos». A Billy le gustaba decir que Dios lo había salvado de la perdición más completa.

Piensa en esto por un momento. ¿Qué poder puede transformar a un joven huérfano, endurecido, fugitivo, jugador y beisbolista profesional en evangelista para la causa de Cristo? La gracia limpió a Billy de las manchas de su pasado. La gracia lo calificó para convertirse en un siervo de Dios.

La gracia de Dios no solo llega a las profundidades de la depravación humana y llama a hombres y mujeres a salvación; ¡también perdona, limpia y califica a todos los que vienen a Jesús por fe! Llama a los que están «perdidos por completo», y por gracia los hace «salvos por completo», ¡todo a través de la gracia de Dios!

La generosidad de la gracia

> Por eso es por fe, para que esté de acuerdo con la gracia, a fin de que la promesa sea firme para toda la posteridad, no solo a los que son de la ley, sino también a los que son de la fe de Abraham, el cual es padre de todos nosotros (Romanos 4:16).

La gracia se le ofrece a pecadores y santos por igual, sin discriminar su posición social, trasfondo, herencia, éxito, riqueza, educación o talento. La gracia le ofrece los dones de Jesucristo a todos los que crean por fe. ¡Cualquiera que crea en la gran obra calificadora de Jesús, el Mesías, puede ser perdonado, limpio, llamado y usado por Dios en su servicio!

Cuando tenía doce años me apunté para cantar en el coro del Servicio del Amanecer de Resurrección de la comunidad. Colocada como segunda soprano, uní mi voz a la de los demás cantando el himno «Maravillosa Gracia». Estaba tan cautivada por el puro gozo de cantar la alegre melodía que casi me pierdo la gloria de la letra que estaba proclamando. Mientras practicaba la canción un día en el auto, mi papá se unió. Mientras cantábamos juntos con entusiasmo, la fuerza de las palabras comenzó a tener sentido.

> Maravillosa gracia de Cristo rico don;
> Que para describirla palabras vanas son.
> Encuentro en ella ayuda, mi carga ya quitó,
> Pues de Cristo divina gracia me alcanzó.

Coro

De Jesús el Salvador maravillosa gracia
Insondable es cual el ancho mar,
Mi alma su sed allí puede calmar.
Don precioso, rico e inefable,
Libre es para todo pecador.
¡Oh! ensalzad el nombre de Jesús el Salvador.

Maravillosa gracia única salvación;
Hallo perdón en ella, completa redención.
El yugo del pecado de mi alma ya rompió,
Pues de Cristo divina gracia me alcanzó.

Maravillosa gracia cuán grande es su poder;
El corazón más negro blanco lo puede hacer.
Gloria del cielo ofrece, sus puertas ya me abrió,
Pues de Cristo divina gracia me alcanzó.

¡Dios usa la gracia para salvarnos, perdonarnos, limpiarnos y transformarnos, a fin de que podamos estar capacitadas para ser sus instrumentos de gracia! Y la gracia es maravillosa debido a que es para todos. Jesús dijo: «Muchos son llamados, pero pocos son escogidos» (Mateo 22:14). El llamado de Dios es para todos.

Jesús ilustró el gran llamado de Dios con una parábola que se encuentra en Mateo 22:1-14. En la historia, un rey invita a todos sus amigos y a la nobleza a la lujosa boda de su hijo. Por varios motivos, los invitados rechazaron la invitación. Algunos no le dieron importancia. Otros no querían tomar tiempo lejos de sus negocios y granjas para asistir. Hasta otros se sintieron ofendidos por la invitación y maltrataron a los que les invitaron. El padre se enfureció con la respuesta y les ordenó a sus criados que fueran por las calles e invitaran a todos los que encontraran a la boda.

Los criados obedecieron y juntaron a los buenos y a los malos hasta que el salón de la fiesta estaba lleno de gente. El rey vino y saludó a sus invitados. Entre ellos había uno que no estaba vestido para la ocasión; no se había cambiado las ropas con las de fiesta que le dieron. El hombre no tenía excusa para su comportamiento. El rey se enfadó e hizo que lo echaran.

Jesús comunicaba la gracia y la generosidad del llamado de Dios. Va por los caminos de la vida invitando tanto a los buenos como a los malos a venir, ser perdonados, cambiar sus vestiduras viejas por otras hermosas y disfrutar la abundancia de su bondad.

Sin embargo, los que responden al llamado de Dios no pueden quedarse con las vestiduras viejas. La gracia nos viste con la vestidura de la justicia de Jesús. Por naturaleza, la gracia nos cambia para poder estar equipadas y calificadas para ser las invitadas en el gran reino de Dios y ser partícipes de su bondad.

La gracia no es para el digno, sino para el indigno. La gracia califica a los que nunca pueden calificar por sí mismos. La gracia hizo por Billy Sunday lo que Billy nunca pudo hacer por su cuenta. La gracia se encontró con Billy Sunday donde mismo él estaba, en la esquina de una calle de Chicago. La gracia lo atrajo tal y como era, un pecador, y lo llevó a la salvación. La gracia le ofreció a Billy Sunday el perdón de los pecados por medio de Jesucristo. Cuando creyó por fe en Jesús, la gracia de Dios perdonó a Billy, limpió a Billy, y comenzó a transformar a Billy de adentro hacia afuera. ¡Este poder transformador de la gracia para llamar, perdonar, limpiar y calificar es en verdad maravilloso!

La gracia: El transformador supremo

Las estadísticas de los infractores reincidentes en Estados Unidos son desconcertantes. Pasar tiempo en la cárcel no convierte a un criminal en un ciudadano obediente de la ley. La mitad de los que salen de la prisión regresan al sistema de justicia en el término de un año. Dos terceras partes de los que salen regresan en el término de tres años. Y una cantidad impactante de tres cuartas partes de todos los prisioneros que salen en libertad son encarcelados de nuevo en menos de cinco años[1]. La sociedad ha tratado por todos los medios de cambiar a estos hombres y mujeres, pero el castigo, el miedo a la cárcel, las amenazas, las leyes, las oportunidades, la educación y la rehabilitación han fracasado en cambiar al menos tres cuartas partes de todos los que cometen crímenes. Estos esfuerzos fracasan porque no pueden cambiar el corazón.

Por otra parte, la gracia es poderosa porque va directo al corazón. Hebreos 13:9 declara: «Buena cosa es para el corazón el ser fortalecido con la gracia». Las formas externas de castigo, educación y recompensa no hacen nada por cambiar ni por afirmar el corazón, pero la gracia sí. La gracia se apodera del corazón y lo afirma en Jesús. Este versículo explica que las reglas no nos pueden cambiar como necesitamos ser cambiadas. Es imposible que esas cosas nos cambien, pero la gracia, cuando se afirma en el corazón, nos transforma de adentro hacia afuera.

Debido a que la gracia perdona el pecado y le da indulgencia a nuestros fracasos, algunos han concluido de manera errónea que la gracia es una licencia para pecar. He oído a gente decir: «Si le das gracia a alguien, tendrás un *gran* problema de pecado». Judas hizo referencia a esto en Judas 4 al escribir: «Algunos hombres se han infiltrado encubiertamente, los cuales desde mucho antes estaban marcados para esta condenación, impíos que convierten la gracia de nuestro Dios en libertinaje, y niegan a nuestro único Soberano y Señor, Jesucristo». ¡Fíjate que estos hombres que quisieron convertir la gracia en libertinaje también negaron el señorío de Jesús!

Por su naturaleza, la gracia no puede ser libertinaje. ¿Por qué? Porque la fuente de gracia es Dios. ¡Él es el Dios de toda gracia (1 Pedro 5:10)! Él no es el Dios de alguna gracia ni de gran parte de la gracia, sino de *toda* gracia. Él es la fuente divina. Dios, por su naturaleza, solo puede dar buenos dones. Como dice en Santiago 1:17: «Toda buena dádiva y todo don perfecto» vienen de Él. La justicia de Dios no le permitirá darnos algo que nos lleve a pecar o a cometer injusticia.

A veces me han dicho: «Bueno, no importa lo que haga, Dios me perdonará por su gracia». Pues bien, en Lucas 4:12, Jesús le recuerda a Satanás que la Escritura dice: «No tentarás al Señor tu Dios». El apóstol Pablo también habla de esta idea equivocada de la gracia en Romanos 6, y abre el capítulo preguntando: «¿Continuaremos en pecado para que la gracia abunde?» (versículo 1). Luego, contesta la pregunta con: «¡De ningún modo!» (versículo 2). La gracia no es libertinaje. No es licencia para pecar. Al contrario. Es la libertad que nos da el poder de Dios para que no nos domine el pecado. En Romanos 6:14, Pablo escribe: «El pecado no tendrá dominio sobre ustedes, porque ya no están bajo la ley» (NVI®).

La gracia convierte la vida en un aula. La gracia usa los errores, los fracasos y la debilidad como oportunidades para la transformación. La gracia quita la terrible presión para cumplir, para ser perfectas, para nunca equivocarnos. No sé tú, pero a mí esa presión me hace más consciente de mí misma y más propensa a fracasar. La gracia me da la libertad de equivocarme y de aprender de mi error.

¡La gracia es una atmósfera tan llena de amor, paciencia y misericordia constantes que puedes reconocer libremente tus faltas, tus debilidades y tu ignorancia! Solo en una atmósfera de gracia tenemos la libertad y la capacidad para cambiar. Si te quedas en un lugar donde no puedes reconocer que has fallado, nunca aprenderás a hacer bien las cosas.

Una vez un médico me habló acerca de su frustración con pacientes que se negaban a reconocer que tenían algún problema. Nunca podía ayudarlos como es debido, pues no hablaban con sinceridad de sus síntomas. Este médico no tenía evidencias para tratar de pronunciar un buen diagnóstico. Sin transparencia, un mal diagnóstico no solo era posible, sino probable.

¿Tuviste alguna vez en la escuela una maestra que te hacía temblar? Yo tuve una. La recuerdo hasta el día de hoy. Exigía perfección de sus alumnos y estaba siempre dispuesta a poner en ridículo a cualquiera que le hiciera una pregunta, no entendiera un concepto o se olvidara de una instrucción. Yo le tenía tanto miedo que no podía aprender en su clase. Tenía que ocultar toda mi ignorancia y fingir comprender solo para complacer su ira. Me ponía tan nerviosa que sudaba sobre el papel, manchándolo de grafito. ¡No era raro que me devolviera mi trabajo con la palabra *sucio* escrita con letras grandes y rojas!

Dos años después tuve a la Sra. Hartford. Era una de las mujeres más bondadosas que he conocido. Jamás una pregunta se consideraba tonta. Es más, nos invitaba a preguntar y siempre hacía un esfuerzo adicional para asegurarse de que entendiéramos el concepto que estaba enseñando. Llenaba la clase de gozo y creatividad.

Tenía en mente a la Sra. Hartford cuando estaba enseñando una clase de doctrina a mujeres jóvenes en un instituto bíblico. El tema de la doctrina puede intimidar a los estudiantes de la Biblia, pero la doctrina es el componente esencial para comprender los maravillosos principios de la Biblia. Acabábamos de terminar el examen final del curso y les dije a las estudiantes que iban a calificar sus propios trabajos. Una de ellas, Jennifer, se opuso de inmediato.

—Eso no es justo. ¿Y si alguna no es sincera?

—Bien, ese sería su problema, no el mío —le respondí.

Ella se quedó insatisfecha con mi respuesta y continuó desafiándome. Yo estaba decidida.

—Calificar sus propios exámenes es en sí una prueba para ver cuánto han entendido de la clase, cuánto han absorbido y cuánto han aplicado. Lo que saques de esta clase es tu responsabilidad.

Juntas, como clase, revisamos las diferentes preguntas, y yo les di la respuesta correcta. Una pregunta era un poco oscura y más de la mitad de la clase se equivocó. Usé esto como una oportunidad para explicar la respuesta correcta en detalle. Entonces, la hice de otra manera, y esta vez toda la clase supo la respuesta.

—Muy bien —les dije—, quiero que todas marquen la respuesta correcta a la pregunta cinco y tachen la respuesta incorrecta.

Todas tuvieron la respuesta correcta, nadie la incorrecta. Al instante, Jennifer, la joven que discutió conmigo antes, levantó la mano.

—¡No, yo me equivoqué! Muchas nos equivocamos. Debí haberla marcado mal en el papel. No está bien.

—Jennifer —le dije—, mi objetivo es que sepas la verdad. ¿Sabes cuál es la respuesta correcta ahora?

—Pues, sí —me dijo dudosa.

—Entonces, no te equivocaste. ¡Eso es gracia!

Lo irónico es que la doctrina en cuestión era la gracia. Pensé que Jennifer y el resto de la clase necesitaban un poco más de luz en el asunto y les dije:

—Dios usa el fracaso para enseñarnos el buen camino.

Continué hablando de la parábola del hijo pródigo en Lucas 15. Este era un joven que se equivocó en todo. Exigió su herencia con antelación; abandonó la casa de su padre; vivió una vida desenfrenada; gastó toda la herencia en derroches y terminó comiendo de las sobras de los cerdos. Sin embargo, esos mismos factores le hicieron «volver en sí» (versículo 17). Solo después de sus fracasos se dio cuenta de todo lo que había desechado. Solo entonces pudo apreciar la casa de su padre. Su fracaso lo llevó a volver a casa en humildad.

¿Recuerdas el padre en la parábola? Está en el camino esperando a su hijo que había fracasado de manera tan desdichada. No lo saludó con un «Te lo dije», con un regaño, con represión, ni siquiera lo castigó. ¡No! Este padre corrió hacia su hijo perdido. Lo abrazó y lo besó. Llamó a los sirvientes para que le trajeran el mejor vestido y las mejores sandalias, y le puso el anillo familiar en el dedo. Hizo traer el becerro gordo e hizo una fiesta para darle la bienvenida (versículos 20-24).

El pródigo fue atraído a la casa de su padre por la gracia que sabía que había allí. La gracia que el padre le mostró al hijo lo transformó. Sabía que la vida del pródigo no era buena y que nunca volvería a caminar en esa dirección. Aprendió la lección.

Esa es la lección que quise comunicar a mis alumnas ese día. La gracia es la mejor aula para el cambio y transformación. ¡La gracia nos permite equivocarnos para proveer corrección al final!

En una carta a su pupilo, Tito, Pablo escribió: «Dios ha manifestado a toda la humanidad su gracia, la cual trae salvación y nos enseña a rechazar la impiedad y las pasiones mundanas. Así podremos vivir en este mundo con justicia, piedad y dominio propio» (Tito 2:11-12). Así es. La gracia de Dios nos enseña. Nos da la mejor atmósfera en el aula. Nos provee el mejor ambiente para aprender, usa los mejores métodos y lleva las lecciones a las profundidades del corazón.

Capacitada para el servicio

¿Has pensado alguna vez: *Dios no me puede usar?* ¿Cuál fue el descalificador? ¿Tu falta de experiencia? ¿Tu educación? ¿Tu personalidad? ¿Tu herencia? ¿Tu nacionalidad? ¿No tener el aspecto adecuado? A decir verdad, he pensado en numerosas ocasiones que Dios no me puede usar por varias razones. Parece que siempre me estoy descalificando a mí misma. Claro que no estoy sola en esto. Moisés, uno de los más grandes líderes de Dios, no se consideró capacitado para el trabajo que Dios lo llamaba a hacer. Cuando Dios llamó a Moisés al servicio, se negó diciendo: «Por favor, Señor, nunca he sido hombre elocuente, ni ayer ni en tiempos pasados, ni aun después de que has hablado a tu siervo; porque soy tardo en el habla y torpe de lengua» (Éxodo 4:10). ¿Cuál fue la respuesta de Dios? «¿Quién ha hecho la boca del hombre? [...] Ahora pues, ve, y yo estaré con tu boca, y te enseñaré lo que has de hablar» (versículos 11-12).

Dios le dijo a Moisés con palabras claras que Él sería el calificador. Dios, que hizo la boca de Moisés, lo calificaría para el servicio. Dios proporcionaría la elocuencia, las palabras y la autoridad necesarias para llamar, liberar y conducir a los israelitas fuera de Egipto.

Dios es quien capacita. Así como capacitó a Billy Sunday y lo convirtió en uno de los más poderosos evangelistas estadounidenses, calificó a Moisés, ¡y lo hará contigo también! ¡Dios capacita al incapacitado para su servicio! Pablo tiene en cuenta esta maravillosa realidad cuando le escribió a Timoteo, un joven pastor. En la primera epístola a Timoteo, Pablo reveló el poder capacitador de la gracia de Dios para él. Dios transformó a Pablo de un hombre «blasfemo, perseguidor y agresor», a «fortalecido» y lo puso en el ministerio (1 Timoteo 1:12-13). En cuanto a esta obra capacitadora de Dios, escribe: «La gracia de nuestro Señor fue más que abundante, con la fe y el amor que se hallan en Cristo Jesús» (versículo 14).

Si Dios pudo hacer eso por Pablo, que se consideró el peor de los pecadores, ¡solo piensa en lo que quiere hacer en tu vida! Pablo continuó: «Por esto hallé misericordia, para que en mí, como el primero, Jesucristo demostrara toda su paciencia como un ejemplo para los que habrían de creer en Él para vida eterna» (versículo 16). Pablo escribió que Dios lo escogió para darle esperanza a cualquiera y todos los que vinieran a Jesús por fe. En otras palabras, la lógica de Pablo era: Si Dios me puede salvar a mí y capacitarme para el servicio, ¡puede capacitar a cualquiera!

¿Qué has dejado que te descalifique del servicio de Dios? ¿Una palabra desalentadora? He encontrado a un montón de mujeres que han recibido palabras desagradables, de forma directa o indirecta. Por años se identificaron por esas palabras en vez de por la gracia de Dios. ¡Qué estafa!

Tengo una amiga que por años se negó a involucrarse en el ministerio. Sentía el llamado de Dios en su corazón, pero cada vez que daba un paso a favor del ministerio recordaba una palabra amenazante que un pastor le habló cuando era joven. Le dijo: «Nunca harás nada grande para Dios». ¿Te imaginas a alguien decir algo así? Bien, ella se lo creyó, y a causa de esa palabra limitó su participación.

Un día, por accidente, fue impulsada al ministerio y usada casi de inmediato de una manera tremenda. Esta oportunidad abrió la puerta a cada vez más servicios. Pronto estaba dirigiendo una reunión de oración, enseñando en retiros y hablando en varios lugares. Me confió que durante mucho tiempo dejó que esta palabra negativa definiera los límites de su actividad espiritual.

Mientras hablaba conmigo, otra mujer escuchó por casualidad, y ella también contó acerca de una palabra negativa que una vez le impidió el ministerio activo.

¿Te han dicho alguna vez una palabra negativa? ¿Has dejado que esa palabra defina los parámetros de tu calificación para el servicio de Dios? ¡La gracia de Dios es mayor y te dice palabras mayores!

A una mujer de mi iglesia le gustaba criticar cada estudio que enseñaba. Siempre acompañaba sus cartas con un hermoso ramo de flores, pero la crítica era demoledora. Encontraba defectos en mi ropa, en mi comportamiento, en mi entrega y, por supuesto, en mi mensaje. Cada misiva comenzaba con: *Queridísima Cheryl*. En una de sus comunicaciones, me dijo que yo no era salva de verdad y que nunca lo sería a menos que me sometiera a su estricta tutela. Aunque sabía que esta mujer no estaba mentalmente sana, sus palabras me estremecían. Podía aceptar críticas sobre mi ropa, mi cabello, mi comportamiento o cualquier otra cosa, pero no podía imaginar que Dios me descalificara. Si amar a Dios, a su Palabra y la obra de Jesucristo no era suficiente, ¿qué era?

Al día siguiente de recibir una de sus cartas, mi devocional personal me llevó al primer capítulo de Colosenses. Mientras leía, toda mi tristeza me dio gran gozo. Allí, en Colosenses 1:12, Pablo escribió: «Dando gracias al Padre que nos ha capacitado para compartir la herencia de los santos en luz». Esa fue la palabra que Dios me dio. El Padre, por medio de Cristo, me ha capacitado, y nadie puede quitarme eso. Mi calificación no está en el vestido apropiado, en mi elocuencia ni en mi conducta perfecta; me han calificado por fe en la obra perfecta de Jesucristo por mí.

Igual te sucede a ti. No estás capacitada porque recibieras la educación perfecta, fueras a la escuela perfecta, tengas las amistades perfectas, siempre te comportes a la perfección, uses la ropa perfecta o siempre digas las cosas perfectas. Tu calificación está en que crees en la obra perfecta del Hijo del Hombre perfecto por ti. Esta es la gracia que nos capacita por fe en la obra perfecta de Dios por nosotras.

Hebreos 10 explora los modos por los que Jesús nos ha capacitado para Dios. Lo hizo por su propia sangre perfecta. Murió en nuestro lugar, ofreciendo su cuerpo como sacrificio por nuestros pecados. Entonces, llevó esa sangre perfecta al Lugar Santísimo, al mismo trono de Dios, y lo presentó como expiación por nuestros pecados. La sangre de Jesús no solo cubre nuestros pecados; perdona nuestros pecados. Su don fue tan perfecto que nos perdonó, nos purificó y nos capacitó para Dios. La evidencia está en que el velo del templo que no daba acceso al Lugar Santísimo se rasgó. ¡Jesús nos dio acceso al trono de la gracia! No nos capacitamos a nosotras mismas, ni tampoco podemos. Nuestra confianza en nuestras calificaciones no está en lo que somos ni hemos hecho, ¡descansa por completo en quien es Jesús y lo que Él ha hecho!

La gracia transformadora

¿Estás lista para una prueba? Veamos si puedes adivinar la respuesta. ¿Qué canción se canta más de diez millones de veces al año alrededor del mundo y se ha grabado más de once mil veces? ¡Es «Sublime Gracia» escrita por John Newton! Sin duda, es el himno más conocido, más cantado y más amado de todos los tiempos. Su atracción es el poder transformador y capacitador de la gracia.

Quizá hayas leído el testimonio de John Newton[2]. Nació en Londres en 1725. Su madre, quien le enseñó a leer la Biblia, murió cuando él tenía siete años, y su padre, un marinero estricto, lo crio. A los once años, John comenzó a acompañar a su padre en los viajes, y a los diecinueve lo obligaron a enrolarse en la Marina Real. John trató de desertar, pero lo atraparon y azotaron. Entonces, logró que lo transfirieran a un barco de trata de esclavos. Durante los años siguientes, aumentó su inmoralidad, pobreza y degradación.

Entonces, durante un viaje tormentoso de Brasil a la isla de Terranova, Newton estaba seguro de que lo echarían por la borda. Clamó a Dios por misericordia y Él le respondió. Sin embargo, ni siquiera así este pecador endurecido se arrepintió. Continuó en ese comercio maldito por nueve años, y estuvo a punto de morir muchas veces más: rebeliones de los esclavos, fiebres, tormentas y muchas recaídas. A menudo Newton se retractaba de su fe, solo para reclamarla cuando algo amenazaba su vida.

Finalmente, la convicción de Dios empezó a abrumarle, y comenzó a aborrecer su oficio y todo lo relacionado con él. Aunque dejó su ocupación marítima, seguía sintiéndose maldecido por su antiguo oficio. Entonces, conoció a George Whitefield, el famoso predicador al aire libre de Inglaterra. Newton acompañó a Whitefield tantas veces como pudo. Cuando no estaba con él, estaba leyendo su Biblia y congregándose en diversas iglesias pequeñas, buscando crecer y establecerse en la fe. En 1764, a Newton lo ordenaron y se estableció en una pequeña iglesia en Olney, Inglaterra. Allí permaneció hasta que en 1779 lo invitaron a ser párroco de St. Mary Woolnoth en Londres.

Durante su estancia en Olney, John Newton escribió varios himnos que usaba en muchos de sus sermones para afianzar la asimilación del principio que enseñaba. Descubrió que los himnos tenían una eficacia especial para enseñarles a los niños el evangelio, que era una de sus mayores pasiones. Uno de los últimos himnos que escribió en Olney fue «Sublime Gracia». No solo era un testimonio de su vida, sino una declaración doctrinal acerca de la cualidad divina de la gracia.

Sublime gracia del Señor
Que un infeliz salvó;
Fui ciego más hoy miro yo,
Perdido y Él me halló.

Su gracia me enseñó a temer;
Mis dudas ahuyentó,
¡Oh cuán precioso fue a mí ser
Cuando Él me transformó!

En los peligros o aflicción
Que yo he tenido aquí;

Su gracia siempre me libró
Y me guiará feliz.

Y cuando en Sion por siglos mil
Brillando este cual sol;
Yo cantaré por siempre allí
Su amor que me salvó.

John Newton no tuvo un pasado perfecto. Escribió en su propio epitafio:

John Newton, empleado, antes un infiel y libertino,
un siervo de esclavos en África, fue, por la misericordia
abundante de nuestro Señor y Salvador Jesucristo,
preservado, restaurado, perdonado y designado para
predicar la fe que por tanto tiempo se había empeñado en
destruir.

Incluso después que John Newton hizo su primer compromiso con Cristo, continuó fracasando terriblemente hasta ese trascendental día en que Dios lo llamó a rendir cuentas y a seguirlo por completo.

Quizá tú hayas tenido una serie de recaídas o fracasos. Piensas que has ido más allá del alcance de la gracia de Dios. Recapacita. La maravillosa gracia de Dios es más alta que los montes y más profunda que el mar, ¡y nos alcanza a ti y a mí!

Ya sé lo que estás pensando: *Billy Sunday, el apóstol Pablo y hasta John Newton hicieron todas esas cosas antes de encontrar a Jesús. Sin embargo, yo he hecho algunas cosas horribles después de conocerlo; cosas que me descalificarían.* ¿Y qué? La gracia de Dios no tiene límites para perdonar, limpiar, transformar y capacitar. Considera al apóstol Pedro. Después que Jesús lo llamó para ser su discípulo, Pedro lo rechazó diciendo: «Apártate de mí, Señor, que soy hombre pecador» (Lucas 5:8, parafraseado). La Biblia registra las veces que Pedro se equivocó y hasta trató de reprender a Jesús (Mateo 16:22).

¿Te imaginas? Jesús le dijo: «¡Apártate de mí, Satanás!» (versículo 23, BLPH). ¡Cielos! Es un error bastante grande, ¿no lo crees? Otra vez leemos en Mateo 17, cuando en un momento de gloria absoluta Pedro habló fuera de tiempo. Allí estaba, en presencia de Moisés y Elías disfrutando de la gloria de Jesús (Mateo 17:1-5). Marcos registra que Pedro dijo esto «porque él no sabía qué decir, pues estaban aterrados» (9:6). Luego, en el versículo 7, Dios le habló a Pedro como un trueno desde una nube: «Este es mi Hijo amado; a Él oíd».

Pedro fue uno de los discípulos que trató de evitar que los niños vinieran a Jesús (Mateo 19:13-14). También estaba en el grupo que criticó a María cuando ungió los pies del Señor (Mateo 26:6-13). Fue el primero que no quiso que Jesús le lavara los pies (Juan 13: 1-10). Además, se jactó de ser mejor que los demás discípulos y que nunca abandonaría a Jesús (Marcos 14:29-31, NVI®). Se quedó dormido en el huerto de Getsemaní después que Jesús le pidió que orara y velara (Marcos 14:37-41). Cuando arrestaron a Jesús, Pedro le cortó la oreja al siervo del sumo sacerdote (Juan 18:10). También fue el discípulo que no solo negó a Jesús una vez, sino tres veces (Juan 18:15-27).

Sin embargo, ninguno de estos fracasos, esos lapsos y pecados descalificó a Pedro del servicio. Jesús sabía que Pedro fracasaría; hasta le advirtió de su inminente fracaso: «Simón, Simón, mira que Satanás ha pedido zarandearlos a ustedes como si fueran trigo. Pero yo he orado por ti, para que no falle tu fe. Y tú, cuando te hayas vuelto a mí, fortalece a tus hermanos» (Lucas 22:31-32).

Jesús conocía a Pedro mejor de lo que Pedro se conocía a sí mismo. Sabía que fracasaría, pero ese fracaso no lo alejaría de la comisión que tenía para él. Después de todo, cuando regresara a Jesús, la comisión de fortalecer a sus hermanos estaría esperando para ser cumplida por la gracia de Dios.

Pedro debió haber sabido mejor las cosas. Debió haber hecho mejor las cosas. Después de todo, había caminado en presencia de Jesús por tres años y lo había visto hacer un milagro tras otro. Hasta caminó sobre el agua hacia Jesús (Mateo 14:29). Sin embargo, Pedro fracasó desastrosamente en más de una ocasión.

Quizá tú también debiste haber sabido mejor las cosas; haber hecho mejor las cosas. Después de todo, vienes caminando con el Señor por largo tiempo y has sido beneficiaria de la bondad de Dios. Aun así, has fracasado de manera terrible. La buena noticia es que la gracia de Dios continúa perdonando, limpiando, transformando y capacitándote para la comisión que Dios tiene para ti. ¡No estás fuera del alcance de la gracia de Dios!

Un día, alguien tocó a mi puerta. La abrí para encontrar a una querida amiga llorando. Luego de decidir dejar a su esposo, había venido caminando hasta mi casa. ¡No lo podía creer! La invité a que se sentara en el sofá y le ofrecí una taza de té, la cual aceptó con gusto. Entonces, comenzó a contarme la historia de las últimas semanas de su vida. Hacía ya tiempo que no estaba satisfecha en su matrimonio. Su esposo era conocido por su coqueteo con otras mujeres en la iglesia, y al mismo tiempo nunca se cohibía de hacer comentarios humillantes acerca de ella. Su único ejercicio, según él, era mover el dedo pulgar en el control remoto del televisor.

Como las finanzas estaban apretadas, mi amiga había aceptado un empleo en una tienda local. Allí conoció a un joven cristiano maravilloso. Era todo lo que un hombre de Dios debe ser, y comenzó una amistad entre ellos. Pronto ella se vio envuelta en pensamientos acerca de él y se comenzó a sentir atraída por él. A la larga, se sintió obligada a confesarle esa atracción, y él se disgustó profundamente. No solo la reprendió, sino que la amenazó con contárselo a su esposo. Mi amiga sabía que debía confesárselo todo a su esposo. Cuando lo hizo, él se enfureció. La llamó por todo tipo de nombre degradante. Su hostilidad fue tal que mi amiga huyó de la casa temerosa por su vida y vino a la mía.

Le dije que comprendía por qué se había sentido atraída a su colega de trabajo, sobre todo debido a la condición de su matrimonio. Ella me miró sorprendida: «¡No!», declaró, «yo siempre he sido una buena y fiel esposa, ¡no sé qué se apoderó de mí!».

Me eché a reír. Quizá se debiera a la tensión del momento. Entonces, le dije: «No, nunca has sido tan buena. Solo que la gracia de Dios te ha mantenido y te ha sostenido. Tu buen carácter y tu buena conducta son solo por la gracia de Dios. Él solo te soltó por un momento para que supieras de lo que es capaz tu naturaleza humana y quizá atemorizar a tu esposo para que te apreciara más».

No sé si mis palabras fueron proféticas, pero en cuestión de horas, su esposo estaba llamando a mi casa pidiendo con humildad hablar con su esposa. Le pidió perdón profusamente. Al parecer, mientras ella y yo hablábamos y orábamos, Dios estaba lidiando con él en términos muy claros. Se dio cuenta de lo mal que la había tratado, y ambos comenzaron a esforzarse para mejorar su matrimonio.

Todo esto para decir que nunca estás fuera del alcance de tu naturaleza pecaminosa. Siempre está ahí, lista para aprovecharse de tus debilidades. Nunca alcanzarás la perfección en la tierra. Al igual que Pedro, lo arruinarás una y otra vez. Sin embargo, tal como sucedió con Pedro, la gracia de Dios estará esperando para perdonarte, limpiarte, transformarte, restablecerte y capacitarte para su buena obra.

Sí, ¡vale la pena pelear por la gracia de Jesús! Vale la pena batallar contra todas las voces que nos descalifican. Vale la pena batallar contra nuestros propios sentimientos de indignidad y, en su lugar, proseguir hacia su sublime gracia.

La gracia de Dios puede capacitarte para su servicio. Su gracia te llama, te perdona, te limpia, te transforma y te califica para sus planes gloriosos.

....

Señor:
Gracias por el poder de tu gracia. Gracias porque por tu gracia me has perdonado y me has limpiado de todo mi pecado. Ayúdame a permitir que la gracia continúe cambiando y transformando mi vida. Acalla todas las voces que me condenan

y tratan de limitar el poder de la gracia en mí. Gracias por haberme capacitado mediante la vida perfecta y el perfecto sacrificio de Jesús para ser usada para tu gran gloria. En el nombre y por la gracia de Jesús, amén.

Para tu consideración:

1. Haz una lista de las razones por las que te has sentido descalificada para el servicio a Dios.

2. ¿Qué evidencia has visto en tu propia vida de la gracia transformadora de Dios?

3. ¿Por qué crees que la gracia es mejor maestra que la ley?

4. ¿En qué aspectos de tu vida necesitas ver la gracia transformadora de Dios?

5. Lee 1 Timoteo 1:12-17 y haz un breve recuento del testimonio de gracia de Pablo. Escribe cualquier similitud que encuentres entre el testimonio de Pablo y el tuyo.

6. Si fueras a escribir un himno acerca de la gracia de Dios en tu vida, ¿cuál sería el título?

Seis

La armería de la gracia

Que la palabra de Cristo habite en abundancia en vosotros,
con toda sabiduría enseñándoos y amonestándoos unos a otros
con salmos, himnos y canciones espirituales, cantando a Dios
con acción de gracias en vuestros corazones.

COLOSENSES 3:16

A partir de la década de 1700 y hasta la década de 1900, se construyeron más de veintidós armerías para la milicia voluntaria en la ciudad de Nueva York. Estas estructuras estaban tan bien construidas que la mayoría de ellas, aunque ya no se usan para almacenar armas, siguen en pie. En el momento de su construcción, los líderes de la nación reconocieron la necesidad de contar con edificios fuertes, fortificados y bien vigilados para almacenar, mantener y abastecer a la milicia local en caso de un ataque enemigo.

Mucha gente decide construir armerías personales en sus casas en caso de un evento catastrófico. Los dueños las han llenado de armas, alimentos, agua, ropa y otras necesidades de la vida, y las guardan, acumulan y mantienen con cuidado.

Todos tenemos una armería interna. La vigilamos. Mantenemos los suministros. La cuidamos. ¿Cuál es esta armería? El corazón, ¡por supuesto! El corazón contiene un suministro de recuerdos, principios, mecanismos de defensa y planes. En el corazón es donde guardamos todo lo que es importante para nosotros. El corazón no solo es el suministro físico de oxígeno para nuestro cuerpo, sino que, desde el punto de vista espiritual, es el suministro divino de todo lo que necesitamos para la vida y la piedad.

Entonces, ¿dónde está el problema? ¡El problema está en lo que guardas en el corazón! A algunas de las viejas armerías en Nueva York las han convertido en viviendas. Otras, aunque vacías, son inhabitables por la naturaleza química de algunas de las armas que una vez estuvieron almacenadas allí.

El corazón es el almacén supremo de nuestra vida. Algunos corazones contienen un arsenal de armamentos letales. Estas armas envenenan sin cesar el corazón y lo hacen inhabitable. La Biblia nos da una advertencia clara acerca del arsenal del corazón. Proverbios 4:23 dice: «Con toda diligencia guarda tu corazón, porque de él brotan los manantiales de la vida». ¿Está tu corazón lleno de suministros que te sostienen y te darán fortaleza en caso de un evento catastrófico?

Los problemas del corazón

Tengo malas noticias para ti: Tu corazón, como el mío, por naturaleza se aparta de Dios y de la bondad, en vez de acercarse a ellos. Dios se lo dijo de esta manera al profeta Jeremías: «Más engañoso que todo, es el corazón, y sin remedio; ¿quién lo comprenderá?» (Jeremías 17:9). Hablando del corazón, Jesús dijo: «Porque de adentro, del corazón de los hombres, salen los malos pensamientos, fornicaciones, robos, homicidios, adulterios, avaricias, maldades, engaños, sensualidad, envidia, calumnia, orgullo e insensatez. Todas estas maldades de adentro salen, y contaminan al hombre» (Marcos 7:21-23). Esto no parece ser una armería saludable, ¿verdad?

Todas tenemos una inclinación natural para almacenar en el corazón las cosas que no son saludables para nosotras de manera emocional, mental y hasta física. El almacén en el corazón gobernará nuestros pensamientos y, en consecuencia, nuestra perspectiva de la vida y nuestras respuestas a los acontecimientos de la vida. Entonces, ¿cuál es la buena noticia? Jesús quiere limpiar el almacén del corazón. Quiere que nos deshagamos de todas las armas peligrosas, el veneno y todos los artículos vencidos. Quiere limpiar nuestra armería y botar todo residuo de las toxinas que una vez guardó.

Vuelve conmigo a las buenas noticias de 1 Juan 1:9: «Si confesamos nuestros pecados, Dios, que es fiel y justo, nos los perdonará y nos limpiará de toda maldad». Dios no solo está dispuesto a perdonar el pecado de nuestro corazón, quiere lavarlo. Dios quita cada residuo de injusticia de nuestro corazón. Su limpieza es completa. Entonces, ¡va un paso más allá y lo llena con su gracia!

Una nueva armería

Antes de conocer a Jesús, necesitabas protegerte del mundo. Cada vez que herían tus sentimientos, cada vez que violaban tu confianza, cada vez que alguien te desechaba, tu corazón lo guardaba. Por lo tanto, comenzó a construir una armería contra los agresores de la vida. El problema es que el corazón comenzó a perder la habilidad de discernir entre el enemigo y el amigo. Usabas las armas del corazón sin discriminación. Las reservas del corazón no daban vida ni la mantenían. Lastimaban a otros, y te dañaban a ti también.

¿Has oído la frase «cuatro frescas»? Todos sabemos lo que significa regañar, degradar, arremeter de palabras contra alguien. No sé tú, pero yo nunca le he dicho a nadie «cuatro frescas» sin querer más tarde rescatar esas células del cerebro. La gratificación fue corta, y solo le abrió la puerta a una pena y una vergüenza inmensas, y a un montón de condenación.

Esa era tu vieja armería. Necesitabas esas armas para sobrevivir. En cambio, una vez que vienes a Jesús, Él asume la responsabilidad de protegerte. Uno de los himnos favoritos de mi padre era «Día en día». Este himno contiene estas bellas estrofas:

> Cerca está tu brazo cada día
> Y por él recibo tu favor,
> ¡Oh Señor, mi alma en ti confía,
> Eres tú mi gran Consolador!
>
> Protección prometes a tus hijos
> Porque son tesoro para ti;
> Hallo en ti constante regocijo,
> Sé que tú velas por mí.

¡Oh, cuánto me encanta esa letra! ¡Qué consuelo es para mí! Jesús protege nuestro corazón. Él puso esa carga sobre sí mismo. Ya no tenemos que endurecer el corazón ni guardar toxinas defensivas ni ofensivas. Debido a que Jesús es el soberano de nuestro corazón, Él quiere llenar nuestra armería con nuevos suministros. En 2 Corintios 10 se habla de estas nuevas armas: «Pues aunque andamos en la carne, no luchamos según la carne; porque las armas de nuestra contienda no son carnales, sino poderosas en Dios para la destrucción de fortalezas; destruyendo especulaciones y todo razonamiento altivo que se levanta contra el conocimiento de Dios, y poniendo todo pensamiento en cautiverio a la obediencia de Cristo» (2 Corintios 10:3-5).

Vaciemos el viejo arsenal

Nunca olvidaré el día de mi boda. Como la ceremonia fue en la noche, el día estuvo lleno de diligencias de última hora. Mi tía E.C. se ofreció para ir de un lado a otro conmigo para terminar los detalles, recoger mi vestido, ya arreglado y planchado. También se ofreció para traerles hamburguesas a todos los que estaban en casa de mis padres en los preparativos.

E.C. quería hablarme acerca de mi novio. En el auto, me dijo: «Cariño, quiero una respuesta directa. ¿Por qué te quieres casar con Brian Brodersen?». Desde luego que me sentía atraída a Brian y lo amaba. Sin embargo, E.C. estaba preguntando algo más que eso. Buscaba el motivo por el que quería unir mi vida para siempre con la de Brian. Yo estaba lista con la respuesta: «E.C., cuando estoy con Brian, puedo ser la mujer que siempre quise ser. Puedo ser real y puedo ser bondadosa».

Antes de conocer a Brian, yo había erigido un muro a mi alrededor. Me habían herido muchas veces, y había creado una coraza protectora alrededor de mi corazón. A menudo era ruda y fría con pretendientes que no me interesaban. No es que pensara mal de ellos, sino que sabía que no eran adecuados para mí. Ahora que Brian estaba en mi vida, podía vaciar el arsenal de mi corazón de todas esas armas defensivas. Ahora podía tener la seguridad de identidad como la esposa de Brian.

De la misma manera, un pacto con Jesús nos da gracia para ser la persona que anhelamos ser. Unidos a Él, ya no necesitamos protegernos de las crueldades de la vida. Él nos protege. Él vacía nuestro almacén de las armas, lo limpia y lo prepara para ser el depósito de su gracia.

Llenas de gracia

Sucedió durante una crisis específica, cuando recibí una noticia terrible acerca de una de mis hijas. Traté de tranquilizarme para poder lidiar de forma racional, calmada y eficiente con ella y con la ofensa. Busqué en mi cuerpo el botón de calma y descubrí que solo había botones de pánico. Mientras más trataba de tranquilizarme, más aumentaba la frustración. En ese estado, no tenía forma de lidiar con la situación de manera productiva. En total desesperación, clamé al Señor: «No tengo nada en el inventario del corazón para lidiar con esto. Estoy vacía». Dios escuchó mi oración. Por medio de su gracia, Él calmó mi espíritu.

Fue un proceso. Comenzó mostrándome lo que me causaba el pánico. La base de todo era el miedo. Tenía miedo por mi hija. Luego, estaba mi deseo de controlar. Quería tener algún medio físico de arreglarla. Quería un discurso, una puerta cerrada, una restricción o algún castigo que le hiciera cambiar de idea y de caminos. Los había tratado todos antes, y no solo fueron ineficaces, sino contraproducentes. Como mis trucos fracasaron, me sobrecogió el pánico. El temor se apoderó de mí, y no me dejaba descansar.

Dios me habló y me dijo que le entregara estas cosas que estaban en mi corazón. Lo hice. No solo le entregué mi miedo, sino toda mi fracasada metodología y mi deseo de control. Dios no dejó el espacio vacío. No. Lo llenó con su gracia. Su gracia me tranquilizó. Su gracia llenó mi corazón y me hizo recordar todo lo que Él había hecho. Su gracia me aseguró que Él obraría.

Mi actitud cambió. El pánico disminuyó. Ya no buscaba con desesperación alguna manera de remediar la situación. Más bien, me llené de la gracia que necesitaba para soportar, hablarle con gracia y actuar con gracia. Dios no solo cambió la atmósfera de mi corazón; Él cambió la atmósfera en mi hogar. Este cambio de atmósfera también influyó en mi hija. Puedo decir que la gracia le dio la oportunidad de cambiar también.

Dios quiere llenar tu corazón de su gracia. Quiere que tu corazón se convierta en una armería de gracia. En Lucas 6:45, Jesús dijo: «El hombre bueno, del buen tesoro de su corazón saca lo que es bueno; y el hombre malo, del mal tesoro saca lo que es malo; porque de la abundancia del corazón habla su boca». Si nuestro corazón está lleno de pánico, ira y frustración, nuestro hablar reflejará esas actitudes, y esas actitudes le darán color a la atmósfera a nuestro alrededor. No obstante, si nuestro corazón está lleno de gracia, echaremos mano a esa gracia y hablaremos gracia, y la gracia permeará la atmósfera.

Uno de mis versículos favoritos está en Proverbios 11:16: «La mujer agraciada alcanza honra». No hay nada más humillante que perder la honra. La perdemos cuando las armerías de nuestro corazón están llenas de cualquier otra cosa que no sea la gracia de Dios.

Poder sacar de las reservas de la gracia es maravilloso. La gracia es el suministro divino para todo lo que necesitas en cualquier situación. Al escribir acerca de la gracia, Pablo dijo: «Dios puede hacer que toda gracia abunde para vosotros, a fin de que teniendo siempre todo lo suficiente en todas las cosas, abundéis para toda buena obra» (2 Corintios 9:8). Observa la totalidad de la gracia. La gracia es la póliza de seguro que cubre toda inevitabilidad. La gracia no omite nada. Todo es gracia. Ningún elemento de la gracia se deja fuera.

¿Qué necesitas para tu situación? ¿Amor? La gracia lo suple. ¿Sabiduría? La gracia te la dará. ¿Paz? Allí está en la gracia. ¿Fe? La gracia te la dará. ¿Gozo? Lo descubrirás en la gracia.

La gracia de Dios no solo suple la necesidad; abunda para con nosotras. La gracia produce más gracia. La versión de la Nueva Traducción Viviente de la Biblia traduce Juan 1:16 así: «De su plenitud todos hemos recibido gracia sobre gracia». Pedro abre sus epístolas con: «La gracia y la paz os sean multiplicadas» (1 Pedro 1:2) y «Gracia y paz os sean multiplicadas» (2 Pedro 1:2). ¡Sí! La gracia se multiplica. La gracia hace crecer la gracia.

La gracia siempre da resultado. La gracia nunca falla. Nunca podrás ir a la armería de la gracia y encontrarla vacía. A diferencia de un arma vieja, la gracia de Dios nunca es defectuosa. Su gracia obra de manera continua y eficaz en toda situación.

Todo lo que trates de hacer, hazlo por gracia y con gracia. Que todo lo que te suceda esté permeado de gracia. Este es el almacén de «toda suficiencia». Como el himno «Maravillosa gracia» dice en el coro: «Insondable es cual el ancho mar». La gracia de Dios suple toda necesidad. Es la solución perfecta, el arma perfecta y el suministro perfecto para todas tus necesidades.

La gracia no solo satisface la necesidad o la cubre. ¡No! La gracia va mucho más allá para que «toda buena obra abunde» (2 Corintios 9:8, NVI®). La gracia rodea, reviste y llena la atmósfera. Cuando Jesús alimentó a las multitudes, como registra Mateo 14 y 15, todo el que comió se llenó. Todo apetito se sació. Más aún, quedaron doce cestas llenas cuando alimentó a cinco mil con cinco panes y dos pescados, y siete cestas cuando alimentó a cuatro mil con siete panes y algunos pescaditos (Mateo 14:13-21; 15:32-38). La gracia de Jesús sacia la necesidad y deja sobras de gracia... más que suficientes para que todos participen, se satisfagan, ¡y se lleven a casa!

Hubert Mitchell tomó nota de esa gracia antes de mudar a su familia de cinco miembros a Indonesia en 1934. Iban de camino a evangelizar a la tribu Kubu, una obra grande, sobre todo en esa época. El área a la que iban era desconocida para los extranjeros y peligrosa. Ni Hubert ni su esposa, Helen, conocían el idioma de la tribu. Los acompañaban sus tres hijos, y esto solo los hacía más vulnerables a enfermedades, heridas y distracciones. Aun así, habían oído y obedecido el llamado de Dios, y allá fueron. La travesía por barco sería larga y complicada, con muchas horas en el mar. No era posible volver con facilidad a las comodidades de Estados Unidos. Una vez que llegaron a Indonesia, hasta sus comunicaciones con el mundo externo se obstaculizaría y retardaría.

Antes de salir, Hubert visitó a un pastor. Allí, en la pared de la oficina del ministro había un cuadro de un poema de Annie Johnson Flint llamado: «Su gracia es mayor». Hubert se conmovió tanto por el poema que fue directamente a un piano que había cerca, y la música a esas hermosas palabras comenzaron a fluir de su corazón a sus dedos. Se quedó con una copia del poema en un pedazo de papel doblado con mucho cuidado, y lo llevaba consigo a todas partes y en todo tiempo, y a menudo lo sacaba para volver a leer las palabras, hasta que se lo supo de memoria.

Hubert y su familia llegaron sin percances a Sumatra Meridional, donde establecieron una frágil base misionera. Dios le dio a Hubert favor con la tribu Kubu, y comenzó a aprender el idioma y a comunicarles el evangelio de gracia.

En 1940, Helen dio a luz a su cuarto hijo en la casa de una familia danesa local que tenía acceso a médicos. Dos días después que Jean Marie nació, Helen comenzó a tener severos dolores de cabeza, y murió dos días más tarde. Hubert estaba desconsolado.

Sin embargo, en este remoto lugar, con su pequeña recién nacida y otros tres pequeñitos que consolar, Hubert sintió el consuelo de la gracia de Dios[1]. En el servicio fúnebre de Helen, el mismo día de su muerte, Hubert cantó las palabras de aquel poema con la música que compuso. Hoy lo conocemos como el himno: «Su gracia es mayor».

Su gracia es mayor si las cargas aumentan,
Su fuerza es mayor si la prueba es más cruel.
Si es grande la lucha mayor es su gracia,
Si más son las penas, mayor es su paz.

Su amor no termina, su gracia no acaba,
Un límite no hay al poder de Jesús;
Pues de sus inmensas riquezas en gloria,
Abundan sus dones, abunda su amor.

Si nuestros recursos se habrán agotado,
Si fuerzas nos faltan para terminar,
Si al punto ya estamos de desanimarnos,
El tiempo ha llegado en que Dios obrará.

Pero aunque las luchas fatiguen mi alma
En nombre de Cristo las he de vencer,
Su gracia constante me ayuda en la vida
Pues si Él es mi guía seguro estaré.

En la hora más oscura de su vida, Mitchell encontró el secreto de la gracia abundante de Dios. El dolor de sus circunstancias no cambió. Sin embargo, entre el dolor, la tristeza y la agonía, Hubert encontró la gracia de Dios. En una carta que les escribió a su hermana y su cuñado, Hubert les contó la historia y la gracia que recibió esa noche. La gracia de Dios continuó sosteniendo a este padre enlutado. La gracia de Dios consoló a su pequeña familia y los envolvió.

Hubert pudo sacar fuerzas de su armería de gracia. La gracia estaba disponible. La gracia era abundante. ¡La gracia era apropiada para la necesidad!

Tú necesitas una armería de gracia para la vida. No hay mejor fuente de donde sacar todo lo que necesitas en la vida que la armería de la gracia. ¡Dios desea abastecer tu corazón con gracia!

Llenas de toda gracia

Antes de que te puedas defender con la armería de la gracia, ¡necesitas llenarla! Esto requiere que eches fuera a los inquilinos que estaban en el almacén de tu corazón. Ya testifiqué acerca de cómo tuve que vaciar mi corazón de las armas de miedo y de deseo de arreglar las cosas, a fin de hacerle espacio a la gracia.

Limpiar algo siempre es una batalla, ¿verdad? Mi primera reacción a la limpieza nunca es positiva. Limpio porque hay que limpiar y porque me gusta el resultado, pero no puedo decir que disfruto lavar la ropa, los platos, sacudir o pasar la aspiradora. Tengo amigas que disfrutan estas tareas, pero lo lamentable es que yo no comparto sus respuestas emocionales a la limpieza. Limpiar significa no poder hacer lo que quiero hacer, pues tengo que hacer lo que necesito hacer. Me gustaría mucho más sacar a caminar a mi perro, conversar con una vecina, salir con una amiga o jugar con mis nietos.

A veces tengo que luchar con mis emociones cuando se trata de limpiar. Por ejemplo, tengo una barbacoa fenomenal, pero es preciso limpiarla todas las semanas. El proceso puede ser complicado. Primero, tengo que sacar la parrilla y ponerla en el fregadero. La parrilla está sucia de aceite y llena del residuo negro que tiende a regarse por toda mi encimera, el fregadero y las persianas. Para esto, necesito guantes de goma, mucho jabón, esfuerzo físico y tiempo. Luego, una bandeja dentro de la barbacoa está cubierta con papel de aluminio, rasgada y llena de los residuos de comidas anteriores. Esto hay que sacarlo y sustituirlo con nuevo papel de aluminio. Ahora bien, a ustedes que les gusta limpiar, esto les puede parecer divertido, pero para mí es pura monotonía y lo pospongo lo más posible. No obstante, si lo demoro demasiado tiempo, mi barbacoa se hace inoperable. (¡Una vez esperé tanto, que se incendió y consumió el pollo como un sacrificio quemado!).

De la misma manera, limpiar el corazón no trae disfrute. Debemos reconocer y lidiar con la suciedad diaria que se acumula en él. Debemos enfrentar lo que hay en el corazón y reconocerlo, ¡pero también entregárselo a Dios para que lo limpie!

Nunca olvidaré una batalla que tuve que librar para reconocer el pecado de mi corazón. Quería que Brian llevara mi auto a que le dieran servicio. Estaba segura de que había pasado más de un año desde la última vez, y ya se comenzaban a encender algunas de las luces en el salpicadero. Sin embargo, la agenda de Brian estaba más que ocupada y dijo que no tenía tiempo esa semana para llevarlo.

Discutimos, y esta fue una pelea que deseaba ganar a como diera lugar. ¡Quería resolver la situación de inmediato! Mientras discutíamos, sentí que perdía la batalla. Él estaba seguro de que le habíamos dado servicio al auto hacía menos de un año. Yo le contradije: «¡No! Tengo el recibo que fue hace más de un año».

Él me miró a la cara y me dijo con suavidad: «Cheryl, sé que lo que me dices es mentira. No tienes el recibo». Estaba en lo cierto, no lo tenía, pero yo estaba segura de que existía. Me excusé y en silencio bajé para encontrar el escurridizo recibo. Busqué por todas partes, pero no estaba con los demás recibos en la guantera, no estaba en la puerta del auto, no estaba en el maletero y no estaba en la caja fuerte de la casa donde tenemos los documentos importantes.

Mientras buscaba sentí la convicción fuerte de mi mentira. El Señor me habló con claridad: *Cheryl, sé que mentiste. Brian sabe que mentiste. Tú sabes que mentiste. ¿Por qué no lo confiesas?*

Déjame decirte algo: fue una gran batalla confesarle a Brian lo que ambos sabíamos. Una locura, ¿eh? Sin embargo, ¡qué batalla se libró en mi corazón contra reconocer mi pecado! Me resistía a admitirlo, pues quería sentir que estaba por encima de la mentira. Como es obvio, no lo estaba. ¡Uf! Quería darle servicio a mi auto y creía que era una motivación justa. Finalmente, quise ganar la discusión. Al resistirme a la limpieza que Dios quería dar, en realidad estaba trabajando en contra de lo que yo quería.

Se lo confesé a Dios. Después se lo confesé a Brian, quien me perdonó enseguida. Sabía todo el tiempo donde estaba el recibo. Estaba en una gaveta en su oficina. Se le había dado servicio hacía nueve meses.

Como nota aparte, Brian condujo mi auto cuando fuimos a recoger al perro de una cita con el veterinario. Mientras estábamos dentro de la consulta, alguien dejó una tarjeta para darles servicio a los autos en el parabrisas. Brian lo consideró una señal divina y llevó el auto al taller. (Funciona bien, pero necesita neumáticos).

Todo esto es para decir que no es fácil reconocer el pecado. Queremos pensar que estamos por encima de él. No queremos reconocer las armas del corazón como pecado. Mentir es pecado, pero cada pecado es contra Dios y enemigo de la gracia.

Es difícil limpiar el viejo almacén, pues es pesado deshacerse de lo viejo, lo corroído y las toxinas que residen en nuestro corazón. A veces hay que buscarlos y desmantelarlos poco a poco. La suciedad se esparce y el trabajo se vuelve más grande incluso mientras limpiamos.

A menudo confiamos en estas armas destartaladas. Acudimos a las mentiras, las trampas y otros pecados cuando las circunstancias se dificultan y queremos arreglarlas con rapidez. Debemos deshacernos de las viejas armas que nunca funcionaron con eficacia. También estas armas tienen la capacidad de dispararse por error y hacer explotar toda la armería.

Debemos pedirle a Dios que venga y nos limpie el corazón. David, el salmista, oró: «Crea en mí, oh, Dios, un corazón limpio, y renueva un espíritu recto dentro de mí» (Salmo 51:10, RVR60). David hizo esta petición cuando se descubrió su pecado y no lo confesó hasta que el profeta Natán lo llamó a contar. David se dio cuenta de la necesidad que tenía su corazón de estar limpio, de modo que un espíritu recto pudiera renovarse dentro de él. Antes de poder tener el espíritu adecuado de gracia, la armería de nuestro corazón necesita una buena limpieza. Una vez que el corazón está limpio, ¡puede reabastecerse con gracia! Debemos encontrar el almacén de la gracia y comenzar a llenar el corazón.

Primero, debemos ir al trono de la gracia. Este es el trono que se destaca en Hebreos 4:16 (NVI®): «Acerquémonos confiadamente al trono de la gracia para recibir misericordia y hallar la gracia que nos ayude en el momento que más la necesitemos». Es el mismo trono del cual los enemigos de la gracia te quieren alejar con las diversas tácticas que mencionamos en un capítulo anterior.

La línea de suministro de la gracia es la oración, que nos lleva ante el mismo salón del trono y pone al descubierto nuestra necesidad. Cuando oramos, Dios nos da un suministro amplio de gracia para llevar al corazón. Sin embargo, la oración es una batalla, ¿verdad? No siempre tenemos deseos de orar. A menudo pensamos en un millón de cosas que tenemos que hacer. La oración lleva tiempo. La oración es confesión. La oración es una conversación con Dios. Esto significa que necesitamos tiempo en oración para escuchar intensamente lo que Dios nos dice después que le hablamos. Batallamos para orar a fin de llenarnos de la gracia de Dios.

Otro suministro de gracia viene de la Palabra de Dios. La Biblia está llena de gracia. Lucas 4:22 dice que los ciudadanos de Nazaret se maravillaron con las «palabras llenas de gracia» que dijo Jesús. La Palabra de Dios le imparte gracia al corazón. Colosenses 3:16 nos enseña a llenar el corazón de la Palabra de gracia de Dios: «Que la palabra de Cristo habite en abundancia en vosotros, con toda sabiduría enseñándoos y amonestándoos unos a otros con salmos, himnos y canciones espirituales, cantando a Dios con acción de gracias en vuestros corazones». Así es que llenamos el corazón con la Palabra de gracia de Dios:

Primero, permitimos que entre la Palabra de Dios. No solo la escuchamos; la ingerimos. Santiago 1:21 nos exhorta a aceptar «con humildad la palabra que Dios les ha sembrado en el corazón, porque tiene el poder para salvar su alma» (NTV). Para que la Palabra entre, debemos recibirla con humildad. La humildad es la actitud de receptividad, el implante de la Palaba de Dios en nuestro corazón. La leemos a diario y procuramos llenar con ella nuestra mente y nuestro corazón.

Segundo, usamos la Palabra de Dios. Vamos al almacén de la gracia para obtener el suministro de gracia que se encuentra en la Palabra de Dios, a fin de ejercitar la sabiduría, enseñar, alertar a otros. No solo suplimos y volvemos a suplir el corazón con la Palabra de Dios, sino que vamos a esta armería y usamos los suministros que hay en ella. Aprendemos usando la Palabra que se nos ha dado. En cuanto a mí, mientras más uso mi computadora, más la entiendo y más la quiero usar. Lo mismo sucede con la Palabra de Dios. Mientras más usamos la Palabra que se nos ha dado, más queremos conocerla y más queremos usarla.

Tercero, aprendemos la Palabra con salmos, himnos y canciones espirituales. ¿No es maravillosa la forma en que una canción te llena el corazón? ¿Alguna vez te has sentido fortalecida por una canción? Yo sí, en numerosas ocasiones.

Una noche, llegando a la iglesia, me sentí abrumada por una de mis hijas. Había tomado una serie de malas decisiones que estaban poniendo en peligro su futuro, y había abandonado el hogar en un ataque de enojo. En realidad, no quería estar en la iglesia esa noche, pero no tenía a donde ir. Quedarme en casa no era una opción; sería aislarme. Así que, allí estaba, en la iglesia. Comenzó la alabanza, y a regañadientes canté con la congregación, sin poder fingir o aparentar una respuesta emocional a la música. Entonces, vino el coro de la segunda canción: «¡Nuestro Dios salva! ¡Nuestro Dios salva!». De pronto, se me llenó el corazón de esperanza al recordar la gracia salvadora de Dios. ¡Esa canción se convirtió en mi himno hasta el mismo día de la salvación de mi hija!

Puedo recordar muchas veces cuando Dios usó un cántico para llenar la armería de mi corazón con su gracia. Fíjate que en Colosenses 3:16 Pablo menciona tres tipos diferentes de canciones. Primero, los salmos. Los salmos son oraciones, y cada salmo es una oración. En los salmos de la Biblia, a menudo el autor está procesando sus pensamientos, enmendando su perspectiva y, luego, llenando su corazón con la gracia de Dios. Muchos de los salmos comienzan con un dilema, pero terminan con una explosión de gloria cuando el autor derrama su corazón delante de Dios.

Otros salmos son conocidos como salmos declarativos. Estos salmos cuentan la obra de Dios en la historia de la vida de las personas. Al declarar la obra fiel de Dios en la vida del salmista, ¡nuestras propias armerías se llenan de gracia!

Por último están los salmos imprecatorios. Estos me gustan en especial. Son salmos de batalla. Claman por la ira de Dios sobre el enemigo, mientras que proclaman la certeza de la victoria de Dios.

Así que los salmos llenan la armería de nuestro corazón con la gracia de Dios. Nos permiten expresar nuestros problemas en canción, nos recuerdan su fidelidad pasada y proclaman la seguridad de su victoria en nuestra vida.

Pablo entonces menciona un tercer tipo de canción: las canciones espirituales. Estos son los coros de la iglesia. Tienden a ser más personales. Suelen ser instructivos. Nos inspiran con temas bíblicos como el amor, la fe y el gozo. Por lo general, tienen menos palabras y repiten frases que necesitamos guardar en la armería del corazón.

Un cuarto tipo es el de los himnos. Yo crecí cantando himnos. No era raro volver a casa de la escuela y ver a mi madre al piano tocando un himno tras otro. A menudo me invitaba a cantar mientas me acompañaba. Algunas de las más grandes declaraciones doctrinales de la Escritura están en esos himnos y en los himnos de la iglesia primitiva. En esa época, el papel era caro, gran parte de la sociedad era analfabeta y no todo el mundo podía tener un ejemplar de las Escrituras. Los patriarcas de la iglesia grabaron las doctrinas esenciales de la Biblia en himnos para que todo el mundo pudiera tener la Palabra de Dios en el corazón.

El compañerismo

El compañerismo es una manera esencial de llenar los almacenes del corazón. Cuando nos reunimos con otros, tenemos la oportunidad de extender y de recibir la gracia de Dios. Contamos testimonios, nos animamos unos a otros con la Escritura y cantamos.

Muchas veces Dios ha usado a otra persona para hacerme recordar su gracia para conmigo. Yo puedo caer con facilidad en la autocondenación. En momentos así necesito a un hermano o una hermana en el Señor que me levante con una palabra de gracia. Fíjate que en Colosenses 3:16 Pablo dice que debemos enseñarnos y amonestarnos unos a otros.

Alguna gente se separa de los demás hijos de Dios. Sin embargo, mientras más aislada estés del compañerismo, más excluida y falta de gracia te verás. El compañerismo nos permite ejercer la gracia, usar los recursos de gracia del corazón y recibir gracia por montones a fin de reforzar nuestro suministro. Proverbios 18:1 declara: «El que vive aislado busca su propio deseo, contra todo consejo se encoleriza». Nuestra armería de gracia también necesita recopilar suministros de otras personas. A menudo ellos nos dan la gracia que falta en nuestro propio almacén.

Pablo define el compañerismo en Romanos 1:11-12 cuando escribe: «Tengo muchos deseos de visitarlos para llevarles algún don espiritual que los ayude a crecer firmes en el Señor. Cuando nos encontremos, quiero alentarlos en la fe pero también me gustaría recibir aliento de la fe de ustedes» (NTV). Tenemos compañerismo cuando nos reunimos con otros creyentes para impartirnos algún don espiritual unos a otros. Esto fortalece nuestras armerías, cuando juntos nos animamos mutuamente en la fe de Cristo Jesús.

A veces el compañerismo mismo puede ser una batalla, ¿verdad? En ocasiones, parece que todo en la vida conspira para que no vayas a la iglesia. No encuentras la ropa que esperabas ponerte, tus hijos se pelean, el auto no arranca, no estás de acuerdo con tu esposo, te enteras de que alguien que no te gusta va a estar allí, te sientes demasiado cansada o alguna otra distracción que te impide ir. Es una batalla debido a que Satanás no quiere que recibas el suministro de gracia que necesitas y que está esperando por ti cuando tengas compañerismo con los santos. Uno de sus principales recursos para vaciar las armerías de gracia es evitar que estés con otros creyentes.

Los beneficios de una armería llena de gracia

Dios quiere llenar la armería de tu corazón de gracia para que siempre tengas lo que necesitas en toda situación. En vez de sacar las armas viejas, obsoletas y peligrosas cuando vas a la reserva de gracia, encontrarás fortaleza, consuelo, gozo, amor, esperanza y toda la ayuda que necesitas en tu momento de necesidad.

Annie Johnson Flint, la mujer que escribió el poema «Su gracia es mayor», fue ella misma una historia de gracia. Nació en 1886 en Vineland, Nueva Jersey, hija de Eldon y Jean Johnson. Tres años después, su madre murió mientras daba a luz a su segunda hija. Al mismo tiempo, su padre contrajo una enfermedad incurable y tuvo que entregar la custodia de sus hijas. Annie y su hermana fueron adoptadas y llevadas al hogar de los Flint. Allí crecieron y maduraron en una atmósfera llena de gracia, amor y la Palabra de Dios. Después de graduarse del instituto, Annie estudió para maestra. Cuando todavía era maestra, sus padres adoptivos murieron. Durante su tercer año de docencia, empezó a sufrir un dolor incapacitante. Se le diagnosticó una artritis precoz, y se vio obligada a renunciar a su carrera y quedar inválida a una edad temprana. Todos los días necesitaba de la provisión de gracia de Dios para lograr hacer las tareas más simples. Sin embargo, sacando de la armería de la gracia de Dios, escribió poemas y cartas de ánimo, y publicó folletos de inspiración. Su vida de gracia le ministró gracia a mucha gente, y sus poemas eran el testimonio personal de extraer de las riquezas de la gracia de Dios. Mucha gente todavía es ministrada por la provisión que vino de la armería de su corazón lleno de gracia.

Estoy segura de que Annie Johnson Flint batalló siempre para mantener la armería de su corazón libre de las toxinas del resentimiento, la amargura y la frustración. No obstante, su batalla fue recompensada con reservas de gracia que la sostuvieron y ministraron a otras personas[2].

¿Deseas tener una armería de gracia en el corazón? Cuando la frustración, las circunstancias difíciles y las dificultades te tocan a la puerta, ¿no deseas enfrentarte a ellas con los recursos de la gracia de Dios?

Tendrás que batallar. Tendrás que hacer un inventario de todo lo que tienes en tu armería actual. Tendrás que dejar que Dios la limpie. Se requerirá un esfuerzo cooperativo con Él para volver a llenar el corazón con su gracia a través de la oración, su Palabra y el compañerismo con otros creyentes.

....

Querido Señor:
Te ruego que obres en mí, como dice Filipenses 2:13, el querer y el hacer según tu buena voluntad. Concédeme el deseo de tener gracia en mi corazón. Decido abrirte mi corazón de par en par y permitirte entrar, eliminar y limpiar las toxinas presentes allí. Condúceme a los suministros de las riquezas de tu gracia. Abre mis brazos para recibir montones de gracia a través de la oración, de tu Palabra y del compañerismo. Por favor, ¡llena y haz de mi corazón un arsenal de tu gracia! En el nombre de Jesús, amén.

Para tu consideración:

1. ¿En qué se parece tu corazón a una armería?

2. ¿Cómo describirías algunas de las cosas que están en tu armería?

3. ¿Cuál es tu reacción normal cuando te irritas?

4. ¿Qué es lo que encuentras más convincente acerca de la gracia?

5. ¿Puedes contar un momento cuando Dios usó lo siguiente para ministrarte su gracia?

   • La oración

   • La Biblia

- Una canción
- Otro cristiano

6. ¿Qué pasos necesitas dar para llenar la armería de tu corazón con gracia?

Siete

El Campeón de la gracia

De su plenitud todos hemos recibido, y gracia sobre gracia.
Porque la ley fue dada por medio de Moisés; la gracia y la
verdad fueron hechas realidad por medio de Jesucristo.

JUAN 1:16-17

En la década de 1980, cierta canción se elevó al puesto número dos de las canciones populares en Gran Bretaña. En Estados Unidos, la misma canción llegó al top cuarenta y la grabaron al menos tres veces por tres artistas diferentes. Se ha escuchado en once programas de televisión distintos, se utilizó en seis películas diferentes y es la música de fondo de dos videojuegos. ¿La canción? «Esperando a un héroe».

La canción la escribieron Jim Steinem y Dean Pritchard. Aunque sean hombres, se trata del sueño o la petición de una mujer de tener la compañía de alguien que está más allá de cualquier persona que haya visto, conocido o que se encuentre. Captado en la letra de esta canción está el profundo deseo de toda mujer por un campeón.

Si somos sinceras con nosotras mismas, debemos reconocer que todas hemos anhelado un héroe. Queremos a alguien que sea maravilloso. Debe ser divino y que no lo aflijan los fracasos de los hombres. Queremos que sea fiel, amante, heroico, bondadoso y amable, ¡pero también fuerte y valiente!

Sin embargo, en lo más profundo de nuestro corazón, creemos que no somos dignas de tal héroe. Un héroe se merece perfección y nosotras estamos lejos de ser perfectas.

No obstante, hay esperanza. Tenemos a ese héroe en Jesucristo. Isaías 9:6 describe nuestro héroe como «Admirable, Consejero, Dios Fuerte, Padre Eterno, Príncipe de Paz» (RVR60). ¡Ese es el héroe que necesitamos! ¡Ese es el héroe que tenemos!

Es admirable. Es divino. Nos deja sin aliento. Nada hay como la cualidad de admirable. Es más que bueno, más de lo que esperábamos, ¡nuestro Jesús es admirable!

Es consejero. ¡Él escucha! ¿Quién no ha deseado un hombre que nos escuche? Hay algo cautivador acerca de alguien que te escuche, que escuche la misma historia una y otra vez, y nunca te diga: «Ya me la contaste... ¡un millón de veces!».

Es Dios fuerte. Él tiene poder y fuerza absolutas. Es divino. ¡Es absolutamente bueno!

Es el Padre eterno. Él es eterno. Es constante. No existe el momento cuando no esté presente y disponible. Siempre ahí por nosotras. Tiene todos los atributos de un buen padre. Es fiel. Provee. Es bondadoso. Es amable. Es generoso. Es dador.

Es el Príncipe de paz. Él es realeza. Es noble. Nos trae calma en toda situación. Ahuyenta el miedo y deja a su paso serenidad.

Ese es el héroe que necesitamos. Ese es el héroe que tenemos en Jesús. ¡Él es nuestro campeón!

La palabra griega para campeón es *archegos*. Se usaba en la mitología griega para hablar del imperfecto héroe, Hércules. La misma palabra se usa en el Nuevo Testamento en referencia a Jesús (Hechos 3:15; 5:31; Hebreos 2:10; 12:2), y se traduce «príncipe», «capitán» y «autor».

Aunque Jesús era el Hijo de Dios y absolutamente calificado para dirigir la batalla de la gracia, tuvo que pasar por el entrenamiento de la gracia. Jesús fue «perfeccionado», o completado, a través del sufrimiento. No recibió su rango solo debido a que Él era Hijo de Dios. Aquí no hay nepotismo. Jesús es el Campeón por todo lo que sufrió. Vivió una vida de absoluta obediencia y justicia. A través de su justa vida de verdad nos manifestó la gracia de Dios.

En Filipenses 2, Pablo dice que aunque Jesús fue «igual a Dios», Él «se despojó a sí mismo tomando forma de siervo, haciéndose semejante a los hombres [...] se humilló a sí mismo, haciéndose obediente hasta la muerte, y muerte de cruz» (versículos 6-8). Este acto de obediencia absoluta fue lo que calificó a Jesús para recibir la orden de Campeón. Pablo añadió: «Dios también le exaltó hasta lo sumo, y le confirió el nombre que es sobre todo nombre, para que al nombre de Jesús se doble toda rodilla de los que están en el cielo, y en la tierra, y debajo de la tierra, y toda lengua confiese que Jesucristo es Señor, para gloria de Dios Padre» (versículos 9-11). Jesús es nuestro Campeón y nuestro Señor.

En este capítulo veremos la escuela de gracia de Jesús. Por todo su ministerio en la tierra, Él no dejó de ejercer la gracia para calificar por completo como el Campeón de nuestra salvación. Al explorar las diferentes interacciones de Jesús, observaremos la constancia de su gracia.

Jesús y sus discípulos

Uno de los aspectos más notables de la gracia de Jesús está en los que escogió como los Doce, sus discípulos más íntimos. En su gracia, no escogió hombres perfectos, al contrario. Escogió de entre la clase más ordinaria de los hombres. Marcos escribe que Jesús escogió a estos hombres para que lo acompañaran, y para enviarlos a predicar y ejercer autoridad para expulsar demonios (Marcos 3:13-15).

Considera estos tres factores cruciales en la elección de estos hombres:

1. Jesús iba a pasar tiempo con ellos. Ahora bien, piensa en la gente que tú escogerías para que te acompañen todos los días durante tres años. ¡Apuesto a que eso reduce bastante el espectro para ti! Tres años es mucho tiempo para estar con el mismo grupo de personas día tras día. No cabe duda de que elegirías a las personas que te aportaran el mayor beneficio.

2. Jesús quería enviar a estos hombres como sus representantes. ¿No crees que escogería hombres con una personalidad dinámica, de buen parecer y nobleza?

3. Jesús iba a invertir en estos hombres su poder y autoridad. Deberían ser hombres que pudieran lidiar con el poder, ¿cierto?

Un examen más detallado de las elecciones de Jesús revela que estos doce no eran el tipo de hombres con los que la mayoría de la gente elegiría pasar el tiempo, tener que representarlos, e invertir su poder y autoridad.

Pedro era un pescador de clase trabajadora. Era mordaz (Mateo 26:74). Reprendió a Jesús (Mateo 16:22). Hablaba sin saber (Juan 13:8). A veces era irrespetuoso (Marcos 8:32). Era insensible en momentos espirituales (Lucas 9:33). Competía con los demás discípulos (Mateo 26:33). Incluso, negó haber conocido a Jesús (Mateo 26:69-74).

Andrés era el hermano de Pedro, y venía de su misma clase trabajadora. No se escribió mucho acerca de él en los Evangelios, excepto que trajo a Pedro, al niño con los cinco panes y los dos pescados, y algunos griegos a Jesús (Juan 1:41; 6:8-9; 12:21-22).

A Jacobo y a Juan Jesús los llamó «hijos del trueno» (Marcos 3:17). Estos jóvenes eran conocidos por su mal carácter. En un momento quisieron hacer bajar fuego del cielo para destruir una aldea samaritana (Lucas 9:54-55). En mi opinión, no me parecían que fueran los hombres más seguros en quienes invertir el poder y la autoridad divinos. Estos hermanos también eran ambiciosos. Para el desagrado de los demás discípulos, le pidieron a Jesús puestos importantes a su derecha cuando Él viniera en su reino (Marcos 10:35-45). Fueron al punto de conspirar con su madre para que intercediera ante Jesús por ellos para estos puestos (Mateo 20:20-21).

Luego tenemos a Felipe. Después de tres años con Él, todavía no entendía la relación de Jesús con su Padre. Como es obvio, ¡no observaba ni escuchaba! Jesús le dijo: «¡Pero, Felipe! ¿Tanto tiempo llevo ya entre ustedes, y todavía no me conoces? El que me ha visto a mí ha visto al Padre. ¿Cómo puedes decirme: "Muéstranos al Padre"?» (Juan 14:8-9, NVI®). ¡Cuán frustrante es invertir tanto tiempo, energía y poder en alguien que no te conoce después de tres años!

Se cree que Bartolomé es otro nombre para Natanael. ¿Lo recuerdas? Cuando Felipe le habló de Jesús a Natanael, su respuesta fue: «¿Puede algo bueno salir de Nazaret? Felipe le dijo: Ven, y ve» (Juan 1:46). Jesús lo identificó como un hombre «en quien no hay engaño» (versículo 47). Esa es una manera amable de decir que Natanael era un hombre que siempre decía lo que pensaba.

Mateo (o Leví) era cobrador de impuestos (Lucas 5:27). No había una profesión más odiada en Israel. Los cobradores de impuestos eran conocidos por su falsedad, traición y engaños. Los amigos más íntimos de Mateo eran otros cobradores de impuestos y gente muy pecadora (Mateo 9:9-10).

Durante siglos, la iglesia ha apodado al discípulo Tomás como «Tomás el incrédulo». El motivo es obvio: Tomás era lento para darse cuenta. Cuando Jesús anunció que iría a «despertar» a Lázaro, queriendo decir que lo iba a resucitar, Tomás respondió: «Señor, si se ha dormido, se recuperará» (Juan 11:12). Cuando Jesús habló de su partida durante la última cena, Tomás le dijo: «Señor, si no sabemos adónde vas, ¿cómo vamos a conocer el camino?» (Juan 14:5). Tomás también dudó de la realidad de la resurrección física de Jesús. Sin importar de dónde venía el informe, aun así declaró: «Si no veo en sus manos la señal de los clavos, y meto el dedo en el lugar de los clavos, y pongo la mano en su costado, no creeré» (Juan 20:25).

Tadeo (también llamado Judas, pero que no era Judas Iscariote) fue otro de los elegidos por Jesús. Este es el discípulo que en el discurso de la Última Cena preguntó: «Señor, ¿y qué ha pasado que te vas a manifestar a nosotros y no al mundo?» (Juan 14:22). Este es un discípulo que, después de observar a Jesús, pasar tiempo con Jesús y escuchar a Jesús, todavía no entendía el plan de Jesús. ¿Cuán frustrante es esto? Era como uno de esos individuos a quienes le lees las instrucciones una y otra vez, y te miran diciendo: «Dime de nuevo, ¿qué tengo que hacer?» o «No recuerdo que me hayas dicho nada de esto».

Otro discípulo que Jesús escogió fue Simón. Le llamaban el Zelote (Lucas 6:15). En esa época, los zelotes eran patriotas obsesionados. Tenían una causa: ver a Israel libre de sus opresores. Los zelotes creían en usar cualquier medio necesario para lograr su objetivo, y se les conocía por su naturaleza violenta.

No se sabe mucho sobre Jacobo, el hijo de Alfeo, excepto que era uno de los discípulos y, por lo tanto, formó parte en todas sus experiencias y debilidades.

Por último, llegamos al notorio Judas Iscariote. Jesús supo desde el principio que Judas lo traicionaría (Juan 13:11), pero lo escogió como uno de los Doce. Invirtió en él su palabra, tiempo, poder y autoridad. Hasta le confió la bolsa del dinero (Juan 12:6). ¡Eso es gracia increíble!

Todos los hombres que Jesús escogió eran imperfectos. Discutían entre sí acerca de quién era el mayor (Marcos 9:34); criticaban la forma de adorar a Jesús de una mujer (Mateo 26:6-9); y aun después de todo el tiempo que pasaron con Jesús, les faltaba la fe para echar fuera a un demonio (Marcos 9:17-19). Todos le abandonaron cuando arrestaron a Jesús en el Getsemaní (Marcos 14:50).

Aun así, Jesús amó al máximo a esos discípulos imperfectos y, sin duda, humanos (Juan 13:1).

Jesús no escogió a sus discípulos por su estatus social, su educación, su riqueza, la pericia, el valor, el carácter o la disciplina. Solo los escogió para estar a su lado, usarlos como sus embajadores e invertir en ellos. Al escoger a sus discípulos, Jesús se basó en lo que Él podía hacer y haría en ellos, no en quienes eran o lo que habían hecho.

El Campeón de nuestra salvación se basa en su gracia para escoger. Pablo, hablando de la manera de elegir de Jesús, dijo esto:

> Hermanos, consideren su propio llamamiento:
> No muchos de ustedes son sabios, según criterios
> meramente humanos; ni son muchos los poderosos
> ni muchos los de noble cuna. Pero Dios escogió lo
> insensato del mundo para avergonzar a los sabios,
> y escogió lo débil del mundo para avergonzar a los
> poderosos. También escogió Dios lo más bajo y
> despreciado, y lo que no es nada, para anular lo que
> es, a fin de que en su presencia nadie pueda jactarse
> (1 Corintios 1:26-29, NVI®).

De nuevo, en 2 Timoteo 1:9, Pablo escribe acerca del Señor como «quien nos ha salvado y nos ha llamado con un llamamiento santo, no según nuestras obras, sino según su propósito y según la gracia que nos fue dada en Cristo Jesús desde la eternidad». Jesús llamó a los discípulos para el propósito de lo que Él podía hacer por ellos y no por lo que ellos podían hacer por Él. Incluso, escogió a Judas y le dio la misma enseñanza, la misma oportunidad y el mismo amor que les dio a los demás discípulos.

Hoy en día, el Campeón de nuestra salvación escoge hombres y mujeres con quienes Él quiere morar. Escoge a estos individuos para bendecirlos con su semejanza, y para invertir en ellos su poder y autoridad. ¡Eso es gracia!

Jesús y los pecadores

La gracia del Campeón de nuestra salvación se puede ver en su actitud bondadosa con los pecadores. Jesús buscó y perdonó a los pecadores. Después de llamar a Mateo, el cobrador de impuestos, para que fuera su discípulo, Jesús fue a su casa, se sentó y comió con pecadores y cobradores de impuestos conocidos. Les proclamó que no eran los sanos quienes necesitaban un médico, sino los enfermos.

En otra ocasión, Jesús buscó al peor recaudador de impuestos de Jericó: Zaqueo. Este hombre odiado, y de baja estatura, quería ver a Jesús a pesar de la multitud que lo rodeaba, así que se subió a un árbol sicómoro. ¡Imagínate su sorpresa cuando el Mesías caminó directamente hacia el árbol en el que estaba encaramado y lo llamó por su nombre! «Zaqueo, date prisa y desciende, porque hoy debo quedarme en tu casa» (Lucas 19:5). Después de pasar tiempo en la casa de Zaqueo, Jesús anunció: «Hoy ha venido la salvación a esta casa, ya que él también es hijo de Abraham; porque el Hijo del Hombre ha venido a buscar y a salvar lo que se había perdido» (versículos 9-10).

María Magdalena, quien una vez estuvo poseída por siete demonios (Lucas 8:2), fue una seguidora cercana de Jesús. Lo siguió a todas partes durante su ministerio terrenal.

Una vez, cuando Jesús estaba predicando en el atrio del templo, los fariseos lo interrumpieron. Estos eran un grupo de hombres que procuraban cumplir la ley de manera escrupulosa, y le habían añadido mandamientos a la Ley de Moisés que iban más allá de la justicia de la ley. Se consideraban superiores a otros hombres, y pensaban que se habían merecido el buen favor de Dios por sus obras y sus esfuerzos. También se apresuraban a condenar a los demás.

En este día, tenían en sus garras a una mujer que había sido sorprendida en «el acto de adulterio» (Juan 8:3, NTV). Exigieron que Jesús pronunciara sentencia diciendo: «En la ley, Moisés nos ordenó apedrear a esta clase de mujeres; ¿tú, pues, qué dices?»

(versículo 5). Jesús actuó como si no hubiera oído sus acusaciones. En silencio, se inclinó y escribió en el suelo con el dedo. Luego, se levantó y anunció: «Aquel de ustedes que esté libre de pecado, que tire la primera piedra» (versículo 7, NVI®). Inclinándose de nuevo, continuó escribiendo en el suelo. No se registró lo que escribió; pero es interesante notar que el dedo de Dios escribió tanto los Diez Mandamientos en Éxodo 20 como las palabras de juicio dadas a Belsasar (Éxodo 31:18; Daniel 5:5). Solo Jesús tenía el derecho de condenar a esta mujer, pero eligió perdonarla y, en el proceso, hasta desafiar y traer a convicción a sus perseguidores (Juan 8:1-11).

En los tiempos del ministerio de Jesús, una mujer con trastornos de menstruación era considerada inmunda, sucia. Ni siquiera le permitían salir en público cuando menstruaba. Sin embargo, una mujer que por doce años sufrió de sangramientos constantes logró llegar hasta Jesús, irritando a montones de personas, extendió la mano y tocó el borde de su manto. En el momento de hacer contacto, se sanó de su enfermedad. De inmediato, Jesús se detuvo y dijo: «¿Quién es el que me ha tocado?» (Lucas 8:45). La mujer sabía que según la ley podían condenarla por su infracción. Temblando, cayó delante de Jesús y le confesó todo. Sin duda, esperaba la reprensión pública, pero no fue eso lo que recibió. Jesús la miró y le dijo: «Hija, tu fe te ha sanado; vete en paz» (versículo 48).

¡Mira este despliegue de gracia! Jesús no regañó a esta mujer. No la censuró por tocarlo en su estado sucio. No le quitó la sanidad. En vez de condenarla, Jesús le devolvió la dignidad como hija de Abraham, le devolvió el gozo, la felicita por su fe y la envía en paz.

La gracia de Dios es visible en todos los Evangelios. Por su gracia, el Campeón de nuestra salvación perdona al que no merece perdón, sana al enfermo, limpia al inmundo y les da libertad a los cautivos. Deja que las multitudes lo presionen. Continúa enseñando, ministrando, llamando y proveyendo a los que vienen con motivos inadecuados y a los que vienen con sinceridad. Él les ofrece gracia a todos.

Las palabras de gracia de Jesús

Ah, cuántas palabras de gracia habló Jesús. Cuando fue a la sinagoga en Nazaret, los que estaban allí «se maravillaban de las palabras llenas de gracia que salían de su boca» (Lucas 4:22). En Lucas 4:18-19, Jesús leyó una porción de Isaías que, por lo general, se identifica con el Mesías. Dijo: «El Espíritu del Señor está sobre mí, porque me ha ungido para anunciar el evangelio a los pobres. Me ha enviado para proclamar libertad a los cautivos, y la recuperación de la vista a los ciegos; para poner en libertad a los oprimidos; para proclamar el año favorable del Señor».

Jesús vino con las buenas nuevas (el evangelio). Se presentó como el que enriquecería al pobre, sanaría al quebrantado de corazón y daría libertad al oprimido. Le ofreció sus servicios al pueblo de Nazaret. Lo que decía era: «Aquí estoy, y esto es lo que haré por ustedes». Era una oferta de gracia y la gente se maravilló; no estaban acostumbrados a tal oferta. La élite religiosa de Jerusalén le exigió su tiempo, su actividad y su dinero. Roma les oprimía a menudo con nuevas leyes y nuevos impuestos. Jesús no les pidió nada; al contrario, les ofreció esperanza, sanidad y salud.

Sin embargo, aunque se maravillaron de sus palabras, se negaron a recibirlo como su Mesías. Incluso, trataron de empujarlo desde la cima de una colina, pero Jesús pasó en medio de ellos ileso (Lucas 4:16-30).

Jesús ofreció descanso y paz a las multitudes: «Venid a mí, todos los que estáis cansados y cargados, y yo os haré descansar. Tomad mi yugo sobre vosotros y aprended de mí, que soy manso y humilde de corazón, y hallareis descanso para vuestras almas. Porque mi yugo es fácil y mi carga ligera» (Mateo 11:28-30).

Jesús ofreció vida abundante. «El ladrón solo viene para robar y matar y destruir; yo he venido para que tengan vida, y para que la tengan en abundancia» (Juan 10:10).

Aunque la palabra de Jesús es suficientemente poderosa para calmar los mares, echar fuera legiones de demonios y controlar la fuerza de la creación, Él les habló gracia a los hombres. El Campeón de nuestra salvación (como el Hijo de Dios, el único justo de verdad) pudo haber exigido lealtad, pero en su lugar ofreció una invitación a la gracia.

Jesús y sus enemigos

Piensa con cuánta facilidad Jesús pudo haber destruido a sus enemigos; a esos que lo odiaban, que siempre lo interrogaban, lo criticaban, lo condenaban y conspiraban en su contra. Sin embargo, Jesús fue paciente con ellos. Nunca se escondió de ellos. Nunca habló en secreto. Razonó con ellos y les dio cuanta oportunidad tuvo para que se arrepintieran. Contrarrestó sus acusaciones con sabiduría y verdad. Cuando trataron de hacerle caer en una trampa, los desafió con las Escrituras y les advirtió acerca de la dureza de su corazón (Lucas 20).

¿Cuántos campeones actúan con la gracia con que actuó Jesús? Los que rechazaron a Jesús lo odiaron, tergiversaron sus palabras, trataron de atraparlo, lo calumniaron en público y lo atacaron con saña. Isaías 26:10 dice: «Aunque al malvado se le tenga compasión, no aprende lo que es justicia». Una cosa es mostrarle gracia a alguien que esperas que se arrepienta, pero es casi imposible manifestarle gracia a alguien que se ha endurecido contra el arrepentimiento. Jesús, en cambio, le ofreció gracia inquebrantable aun a los que nunca se arrepentirían.

Jesús en su sufrimiento

La gracia de Jesús puede verse con claridad cuando se negó a desatar su poder contra los que lo atormentaban. Juan registra el poder de la palabra de Jesús en el huerto de Getsemaní. Cuando los soldados y el sumo sacerdote vinieron a arrestarlo, Él dio un paso al frente y dijo: «Yo soy» (Juan 18:5). Con estas palabras, toda la compañía que vino a arrestarlo cayó al piso. Jesús esperó a que recuperaran las fuerzas. Les permitió que lo ataran y lo llevaran a la casa de Anás. Soportó el falso testimonio, las falsas acusaciones, los escupitajos y los puñetazos. No dijo nada hasta que el sumo sacerdote le ordenó que hablara.

Lo llevaron ante Pilato, el gobernador romano. Allí permaneció en silencio mientras que sus acusadores mentían y exigían su crucifixión. Jesús mantuvo la calma. Tenía el control total mientras que a sus oponentes les salía espuma por la boca, le gritaban y lo injuriaban. Pilato se quedó pasmado por su serenidad. «¿No sabes que tengo autoridad para soltarte, y que tengo autoridad para crucificarte?» (Juan 19:10). Jesús fue como ningún otro acusado que Pilato había visto jamás. No discutió con sus enemigos. No se defendió. No suplicó para que le salvaran la vida. No maldijo a sus acusadores.

Jesús no había perdido su poder ni su autoridad. Legiones de ángeles pudieron haber venido a rescatarlo en cualquier momento. El Campeón mismo pudo haber clamado para que bajara fuego del cielo y devorara a sus enemigos. Jesús, solo con su palabra, pudo haberlos desplomado. Sin embargo, contuvo su poder.

Jesús dejó que los soldados de Pilato lo azotaran. Guardó silencio ante Herodes. No ofreció resistencia a los hombres que lo vistieron con un manto púrpura y se burlaron de Él. Aceptó la cruz de madera que pusieron en su ya débil espalda. La cargó en público ante las masas en Jerusalén.

Lo clavaron a una cruz y, allí, nuestro Campeón libró la guerra de la gracia. La Escritura nos dice: «Dios les dio vida con Cristo al perdonar todos nuestros pecados. Él anuló el acta con los cargos que había contra nosotros y la eliminó clavándola en la cruz. De esa manera, desarmó a los gobernantes y a las autoridades espirituales. Los avergonzó públicamente con su victoria sobre ellos en la cruz» (Colosenses 2:13-15, NTV).

El Campeón de nuestra salvación llevó nuestras enfermedades. Cargó con nuestros dolores. Lo hirieron por nuestras transgresiones y lo molieron por nuestras iniquidades. El precio de nuestra paz fue el castigo que cayó sobre Él (Isaías 53). ¡Este sacrificio de Jesús puso la gracia a disposición de todos los hombres! Él murió por nuestros pecados para que pudiéramos recibir el regalo de la gracia de Dios. En Romanos 5, Pablo hace énfasis en lo que el sufrimiento de Jesús logró para nosotros:

> Entonces mucho más, habiendo sido ahora justificados por su sangre, seremos salvos de la ira de Dios por medio de Él. Porque si cuando éramos enemigos fuimos reconciliados con Dios por la muerte de su Hijo, mucho más, habiendo sido reconciliados, seremos salvos por su vida [...] mucho más, la gracia de Dios y el don por la gracia de un hombre, Jesucristo, abundaron para los muchos. Tampoco sucede con el don como con lo que vino por medio de aquel que pecó; porque ciertamente el juicio surgió a causa de una transgresión, resultando en condenación; pero la dádiva surgió a causa de muchas transgresiones resultando en justificación. Porque si por la transgresión de uno, por este reinó la muerte, mucho más reinarán en vida por medio de uno, Jesucristo, los que reciben la abundancia de la gracia y del don de la justicia (Romanos 5:9-10, 15-17).

El Campeón de nuestra salvación fue decidido en su sufrimiento, se negó a liberarse para poder llevarles la gracia a todos los que creen en su nombre.

La resurrección

Nuestro Campeón, habiendo vencido la muerte, regresó a sus discípulos y se mostró a sí mismo vivo con muchas «pruebas convincentes» (Hechos 1:3). Se encontró con dos de ellos en el camino a Emaús. Caminó a su lado mientras ellos estaban tristes y recordaban los extraños acontecimientos en Jerusalén ese día. Sin identificarse, Jesús entró en la conversación. Con gracia, los llevó por toda la Escritura, desde Génesis hasta Malaquías, y «les explicó lo referente a Él en todas las Escrituras» (Lucas 24:27). Los acompañó a cenar, y luego se esfumó de su presencia después de haber tomado el pan, bendecirlo y partirlo.

Se les apareció a sus discípulos cuando se reunieron en una habitación cerrada y conversaban acerca de la tumba vacía. «Mientras ellos relataban estas cosas, Jesús se puso en medio de ellos, y les dijo: Paz a vosotros. Pero ellos, aterrorizados y asustados, pensaron que veían un espíritu» (Lucas 24:36-37).

Puedes imaginarte su consternación. Por una parte debían haber estado sobrecogidos de gozo por la presencia del Señor. Sin embargo, de inmediato, debieron haber estado aterrados. Su Campeón era mayor de lo que habían esperado. También debieron haber sentido la condenación de su incredulidad, su temor y su fracaso.

¡Fíjate en la gracia de Jesús! No tiene palabras de condenación para sus pobres discípulos. En su lugar, les inspira a tener más fe. Les abre el entendimiento. Los bendice (Lucas 24).

Se les aparece de nuevo en la orilla de mar de Tiberias o Galilea. Pedro y los demás discípulos debieron haber estado nerviosos mientras esperaban a Jesús, pues Pedro avisa que se va a pescar. Los demás lo siguieron, pero fue otra noche sin fruto en el mar de Galilea. Al romper el día, las redes estaban vacías. De las sombras de la orilla una voz les dice: «Hijos, ¿acaso tenéis algún pescado?» (Juan 21:5). Un «no» vacío hizo eco sobre las olas.

De nuevo, la voz dijo desde la orilla: «Echad la red al lado derecho de la barca y hallaréis pesca» (versículo 6). Los discípulos obedecieron en un último intento por lograr el desayuno. De pronto, la pequeña embarcación se balanceó, y los discípulos casi pierden el equilibrio. La red estaba tan llena de pescados que la barca estaba a punto de voltearse peligrosamente. Juan miró a Pedro y le dijo: «¡Es el Señor!» (versículo 7). Pedro, que no era uno para esperar por las ceremonias, se echó al agua y nadó hasta la orilla.

Jesús estaba esperando en la playa. Había preparado un fuego y el desayuno. Los demás discípulos maniobraron la barca hasta la orilla y halaron las redes a tierra. Entonces vinieron a calentarse en el fuego.

De nuevo, no hubo palabras de condenación, solo de restauración del ministerio. Jesús le preguntó a Pedro tres veces: «¿Me amas?». Cada vez que se lo preguntaba le pedía que demostrara ese amor cuidando y alimentando a sus ovejas (Juan 21:15-17).

¡Esta es la gracia que nuestro Campeón demostró con su vida! «Ya conocen la gracia de nuestro Señor Jesucristo, que, aunque era rico, por causa de ustedes se hizo pobre, para que mediante su pobreza ustedes llegaran a ser ricos» (2 Corintios 8:9, nvi®).

Cuidado con el QHJ

Si tomamos a Jesús como nuestro ejemplo, le hacemos un mal servicio a la gracia. Tratar de seguir el ejemplo de Jesús nos dejará abatidas. Solo Él es el Campeón. No estudiamos a Jesús como el Campeón a emular. ¡De ninguna manera! Él es el Campeón que recibimos en nuestro corazón. Su gracia debe ser nuestra fuente de poder.

Hace años alguien le dio a mi hijo, que en ese entonces tenía cinco años, uno de esos brazaletes con las letras QHJ. Los conoces, son esos brazaletes con las iniciales de ¿Qué Haría Jesús? El brazalete le recordaba a la persona que lo usaba que debía pesar cada acción y reacción contra la vida y las palabras de Jesús. Mi hijo asumía una actitud de superioridad cuando usaba esa pulsera. Pronto se vio como juez de sus hermanas, su hermano, sus amigos, su padre y, sí, ¡su madre también! No era raro verlo sacudir la cabeza con lentitud ante uno de nosotros para revelar la pulsera con su QHJ. Sentíamos la condenación de nuestra falla. Por una semana tratamos de vivir como Jesús externamente. Ocultábamos nuestras verdaderas emociones. Manteníamos bajo el volumen de voz cuando nos hablábamos. Sonreíamos cuando algo no nos gustaba. Tratábamos de pasar por alto la tensión que aumentaba. Mientras tanto, mi pequeño hijo actuaba de manera superior a todos nosotros.

Esa creciente frustración por fin explotó en una cena familiar cuando mi hijo mayor no pudo soportarlo más. Había tratado de ser perfecto y había fracasado de manera terrible. Ahora desataba sus emociones y expresaba con libertad todo el enojo que sentía. Eso fue todo lo necesario para que las niñas también se sintieran libres. Se unieron contra el hombrecito con el brazalete. Yo no tenía idea de cuánto todos habían reprimido.

Mi hijo menor nos miró sorprendido. Antes de que pudiera levantar el brazo, sus hermanos comenzaron a decirle todas sus infracciones esa semana. Ahora, pensó él, toda la familia estaba condenada. Trató de responder lo mejor que puede un niño de cinco años; no se dejaría derrotar junto con ellos. Tenía el brazalete mágico y ellos no. Sin embargo, el brazalete no lo estaba haciendo nada justo. Había creado un espíritu hipócrita en mi niño. Podía ver con facilidad las faltas de todos los demás, pero estaba ciego a las suyas.

Al final, su padre lo miró y le dijo: «Hijo, dame el brazalete. ¡No te está haciendo como Jesús! Jesús dijo que Él vino para salvar al mundo, no para condenar al mundo». Brian le explicó que tratar de seguir el ejemplo de Cristo era demasiado trabajo para un niño de cinco años o para su familia. QHJ era una ley más difícil aún que los Diez Mandamientos, y que los hombres no podían dar la talla en esos mandamientos, por eso Jesús vino a cumplirlos por nosotros, y murió en nuestro lugar para que toda su justicia pudiera vivir en nosotros. Jesús vive en nosotros y obra a través de nosotros, a fin de que podamos llegar a ser como Él. Esto es la gracia obrando de adentro hacia afuera, no la ley esforzándose para meterse en nuestro corazón.

Quizá hayas tenido uno de esos brazaletes descansando invisibles en la mano. ¿Has estado tratando de ser como Jesús en vez de dejar que su gracia viva en ti? Si es así, vives bajo una tremenda condenación o en un estado de vanagloria ciega. De cualquier manera, solo hay un Campeón, y para siempre habrá solo uno. Jesús es el gran Campeón. Solo cuando dejamos que la vida de Jesús obre en nosotras se desatará su gracia para ser más como Él. Ser como Jesús no sucede por esfuerzo consciente, sino por la consideración constante de la gracia de nuestro Campeón, Jesucristo. Jesús es el Campeón de la gracia que deseamos. Es el Campeón de la gracia que necesitamos con urgencia. Es el Campeón que no nos merecemos. Es el Campeón de la gracia que se ofrece por voluntad propia, ¡si solo nos alistamos para luchar su batalla por la gracia!

¿Estás preparada para alistarte? ¿Estás preparada para hacer de Jesús tu Campeón? ¿Estás preparada para ser su discípula? ¿Estás preparada para maravillarte por sus palabras llenas de gracia? ¿Estás preparada para recibir la abundancia de gracia que ya Él ganó para ti?

....

Querido Señor:
Tú eres el Campeón supremo. Tú eres quien anhelamos con tanta desesperación. Tú eres todo lo que necesitamos. Tú eres bueno. Tú eres bondadoso. Tú eres fiel. Tú eres fuerte. Tú eres sabio. Tú eres invencible. Tú eres lleno de gracia. Obra en mi corazón para aceptar tu gracia al escogerme. Abre mis oídos para escuchar tus palabras llenas de gracia. Abre mis ojos para ver la gracia que demostraste en tus interacciones con los hombres, las mujeres, las multitudes y hasta con tus enemigos. Deja que el poder de tu gracia en tus sufrimientos, tu crucifixión y tu resurrección ministre a mi corazón. ¡Sé mi Campeón para siempre! En el nombre del Gran Campeón de la gracia, Jesús, te pido estas cosas. ¡Amén!

Para tu consideración:

1. ¿Qué anhelas en un héroe? ¿Cómo personifica Jesús esos deseos profundos?

2. ¿Qué aspecto de la gracia de Jesús te ministra de

   - los discípulos?

     * ¿A cuál discípulo crees que te pareces más?

     * ¿Cómo enriquece tu aprecio por la gracia la elección de Jesús de ese discípulo?

   - los pecadores?

   - sus enemigos?

   - sus sufrimientos?

   - su resurrección?

3. Haz una relación de todas las ideas indebidas que has tenido acerca de la gracia de Jesús.

4. ¿Qué te transmite la palabra *campeón* acerca de Jesús?

5. ¿Por qué es peligroso tratar de vivir como Jesús?

Ocho

Alistadas en la gracia

Sabía que tú eres un Dios misericordioso y compasivo,
lento para enojarte y lleno de amor inagotable.
Estás dispuesto a perdonar y no destruir a la gente.

JONÁS 4:2, NTV

Aunque en algunos países el servicio militar es obligatorio para jóvenes entre 18 y 25 años, en la actualidad los jóvenes se incorporan al ejército estadounidense solo mediante el alistamiento. Sin embargo, cuando yo era una jovencita, todavía estaba vigente el servicio militar obligatorio de Estados Unidos, una forma de reclutar hombres que existía desde la Guerra Civil. Sin importar su opinión sobre la causa de la guerra, los hombres de esa época se reclutaban, entrenaban, designaban a pelotones y enviaban a la batalla.

El reclutamiento se usó durante las dos guerras mundiales, y durante los conflictos con Corea y Vietnam. Casados o no, los hombres mayores de edad debían alistarse para el servicio, y podían llamarlos a pelear en cuestión de un momento. Como incentivo para alistarse, los que lo hacían voluntariamente tenían la libertad de elegir en qué rama querían servir y ser comisionados a mejores puestos, pero cualquiera que evitara de manera ilegal su deber de servir en las fuerzas armadas se le consideraba prófugo.

En 1968, Richard Nixon se postuló para presidente de Estados Unidos con la promesa de terminar con el reclutamiento obligatorio. Creía que un ejército compuesto de soldados que creían en la causa del conflicto y se alistaran voluntariamente en el servicio produciría una fuerza armada mejor y más fuerte.

En 1971, el reclutamiento se abolió oficialmente. Sin embargo, hasta el día de hoy, la ley todavía requiere que los hombres se inscriban en el Sistema de Servicio Selectivo cuando cumplen dieciocho años, y estén listos para defender a los Estados Unidos de América.

Como miembros del reino de Dios, la gracia no siempre es un reclutamiento voluntario. A menudo, Dios nos llamará a su servicio de gracia. Nos comisionará para la gracia, nos empujará hacia la gracia, ministrará gracia a través de nosotras, nos revelará gracia y, mientras tanto, nos enseñará lecciones acerca de su gracia.

El llamado de la gracia (Jonás 1:1-5)

El libro de Jonás comienza con el llamado de Dios al profeta Jonás. Jonás era de la ciudad de Gat en Israel, y había logrado fama por el cumplimiento de una profecía que le anunció a la nación. Aunque Jeroboam, rey de Israel, hizo lo malo ante Dios, reinó sobre la tierra con prosperidad por cuarenta y un años. En 2 Reyes 14:25 se nos dice que «[Jeroboam] restableció la frontera de Israel desde la entrada de Hamat hasta el mar de Arabá, conforme a la palabra que el Señor, Dios de Israel, había hablado por medio de su siervo el profeta Jonás, hijo de Amitai, que era de Gat-hefer». Sin duda, esta palabra positiva del Señor puso a Jonás en una buena posición con los israelitas.

La nación tenía entonces un enemigo temible: los asirios. A estos se les conocía por la crueldad que les causaban a sus adversarios. Recientes descubrimientos arqueológicos muestran los espantosos castigos que recibían sus enemigos. Entre esas espantosas escenas hay decapitaciones y quemas. La capital del bárbaro Imperio asirio era Nínive.

Imagínate la consternación de Jonás cuando recibió la palabra del Señor. El mensaje anterior de Jonás tenía que ver con la prosperidad de Israel. Este nuevo mensaje tenía que ver con alertar a la ciudad de Nínive contra el juicio divino. Dios le dijo a Jonás: «Levántate, ve a Nínive, la gran ciudad, y proclama contra ella, porque su maldad ha subido hasta mí» (1:2).

Las buenas obras de los ciudadanos de Nínive no llegaron a Dios, ni su dolor, ni su inocencia, ni siquiera su ignorancia. ¡No! Fue su maldad. No había en Nínive cualidad de redención que mereciera la gracia de Dios. Su suerte fue su maldad. Esta gente estaba destinada para la destrucción. Necesitaban saber acerca de la gracia redentora de Dios.

Jonás, como patriota israelita, no quería que Nínive se salvara. Quería destruirla. ¿Te has sentido alguna vez así en cuanto a tus enemigos? Entonces, comprenderás cómo se sentía Jonás. Los asirios eran una amenaza constante para Israel. Siempre estaban conspirando para invadir, conquistar y saquear la patria de Jonás.

Jonás pensó que podía huir de esta comisión. Pudieras pensar de él como el prófugo original. Llegar a Nínive requería una jornada por tierra, desde el noreste de Israel. Jonás fue en dirección contraria y por transporte diferente. El profeta reacio fue hacia el oeste, al puerto de Jope. Allí compró un pasaje en un barco que iba hacia Tarsis, lo más lejos posible de Nínive. (La mayoría de los expertos creen que Tarsis era un puerto antiguo en la costa de España).

Jonás buscó un lugar donde dormir en la parte más baja del barco, creyendo que podría esconderse allí del llamado de Dios. Sin embargo, tan pronto como el barco se hizo a la mar, «el Señor mandó un poderoso viento» y «desató una violenta tempestad» (1:4, NTV). Mientras los marineros del barco luchaban por salvarlo, Jonás dormía, sin darse cuenta del peligro que su comportamiento le imponía a la tripulación.

El rechazo de Jonás de obedecer el llamado de gracia había provocado la ira de Dios. La ira es la consecuencia natural de desobedecer la ley de Dios. La ira que Jonás quería que sufrieran sus enemigos era ahora desatada con toda furia contra los mismos hombres que trataban de salvarlo a él y al barco echando por la borda las provisiones y gastando todas sus energías.

Rechazar el llamado a la gracia siempre es peligroso. Dios está decidido a llamarnos a la gracia, y está comprometido a usar cualquier medio necesario para que obedezcamos su llamado. En cambio, cuando rechazamos la gracia, ese estado de olvido que encerró a Jonás, encierra nuestra mente y nuestro corazón. Como Jonás, nos dormimos debido a que no nos damos cuenta de que durante toda la vida la gracia de Dios nos ha sostenido. Dormimos porque no nos damos cuenta de lo peligrosa y desesperada que puede ser una vida sin la gracia divina. Dormimos porque no nos damos cuenta de que rechazar la gracia de Dios es elegir su ira. Este es el sueño peligroso de la ignorancia, y no puede haber gracia para otros hasta que reconozcamos lo pobres que somos nosotras mismas sin ella. Mientras dormimos, las vidas de otros están en peligro.

En 1850, Hudson Taylor, un joven estudiante de medicina en Inglaterra, escuchó el llamado a la gracia. Su mente y su espíritu despertaron de pronto al conocer de los cientos de hombres y mujeres que perecían en China sin el evangelio. En 1853, pospuso su educación y viajó a China, donde decidió vivir como vivían los chinos. Se vistió como ellos, aprendió el idioma chino y vivió entre ellos. Más tarde, volvió a Inglaterra a fin de convencer a otros jóvenes para llevar el evangelio de la gracia a China. Les dijo: «¿Pueden todos los cristianos de Inglaterra seguir con los brazos cruzados mientras estas multitudes perecen, perecen por falta de conocimiento, por falta de conocimiento que Inglaterra posee de manera tan abundante?»[1].

La gracia de Dios despertó a Hudson Taylor al peligro que corren los que no tienen a Cristo. Pensar en hombres y mujeres que se enfrentaban a las tormentas de la vida sin Cristo y sin el conocimiento del Dios de toda gracia lo conmovió.

Conozco a muchas personas que prefieren dormir y dejar que hombres y mujeres perezcan en incredulidad debido a que están más preocupados por su comodidad personal que por la salvación de otros. Son los supremos nacionalistas y patriotas de su causa personal. Condenan el mismo campo misionero donde los puso Dios. Este no fue el caso para el querido amigo de mi padre Al Braca. Al era un cristiano cariñoso, amable y franco. Todos en su centro de trabajo sabían cuán importante era su fe para él, pero algunos estaban decididos a burlarse de esa fe. No era raro para Al encender su computadora para descubrir que alguien le había puesto imágenes pornográficas. A estos mismos acosadores les encantaba observar su rostro cuando contaban un chiste sucio. Para Al era difícil amar a sus enemigos y orar por quienes lo perseguían (Mateo 5:44).

Un día, antes de salir a trabajar, Al le pidió a su esposa Jean que orara con él. «Dios me ha mostrado que mi trabajo es mi campo misionero», le dijo. «Debemos orar juntos antes de yo salir por esa puerta». A partir de ese día, Jean y Al se arrodillaban todas las mañanas y oraban por la empresa de Al y por sus colegas, y para que Al pudiera manifestarles la gracia de Dios a otros. ¡Resultó! Dios le concedió una porción extra de gracia para soportar las burlas de sus compañeros de trabajo y derramar constantemente su bondad.

Pronto, Al llamaba a Jean cada semana para decirle que llegaría a casa tarde, pues tenía que ministrarle a alguien en el centro de trabajo. Al se convirtió en el hombre a quien todos iban cuando tenían problemas. Al escuchaba. Al se preocupaba. Al oraba.

Al trabajaba en una empresa en Nueva York que tenía las oficinas en las Torres Gemelas. La mañana del 11 de septiembre de 2001, él y Jean oraron juntos y Al salió a trabajar y se sentó en su escritorio en la Torre Norte. Pronto, el edificio fue sacudido por la fuerza de un Boeing 767-223ER cuando se estrelló diez pisos más abajo, matando a las noventa y dos personas a bordo. Al darse cuenta de que la muerte era inevitable, los compañeros de trabajo

134 La batalla de la mujer por la gracia

de Al corrieron hacia él. Al los dirigió a tomarse de las manos y les explicó la realidad del cielo y cómo por la gracia de Dios en Jesucristo, todos podían acompañarle al cielo ese día. Entonces, dirigió a toda la reunión en oración antes de que la Torre Norte cediera y se desplomara.

Durante varios días después del desplome de las torres, la esposa de Al recibió llamadas telefónicas de familiares de los que murieron con Al. Le leían textos relacionados a la última conversación que sostuvieron con sus seres queridos, explicando lo que hizo Al. Uno de los textos más notables decía: «Me voy al cielo con Al Braca».

¿Qué hubiera sucedido si Al hubiera ignorado el peligro de sus colegas ese día? ¿Si los hubiera visto como enemigos en vez de posibles beneficiarios de la gracia de Dios? Toda una compañía de individuos en el cielo está ahora sentada junto con Abraham, Isaac y Jacob. Si les preguntas cómo llegaron allí, te contestarán: «¡Con Al Braca, por supuesto!».

¡Al descubierto! (Jonás 1:6-16)

Uno de los peores testimonios es una conducta falta de gracia. Nada te humilla más que actuar sin gracia, ¡solo para que se descubra que eres cristiana!

Mi padre era pastor, y le encantaba contar la historia de una mujer delante de él en una tienda de víveres. Le estaba gritando al empleado por lo que ella creía que era un error. El empleado estaba calmado y recibió toda su furia, pero la mujer continuó colmándolo de insultos. Entonces, se volteó para derramar un poco de su ira sobre los que estaban detrás de ella en la línea. Fue en ese momento que vio a mi padre. «¡Chuck!», gritó con una mezcla de sorpresa y vergüenza.

Papá le dedicó una de sus brillantes sonrisas. «Hola. Parece que estás teniendo un día bastante malo. Como si tuvieras que asegurarte de no perderte el mensaje del próximo domingo acerca de amarnos los unos a los otros». La mujer trató de balbucear alguna excusa mientras recogía sus compras y luego huyó de la tienda.

El capitán del barco encontró a Jonás profundamente dormido mientras sus hombres luchaban desesperados contra la violenta tormenta y oraban a sus dioses paganos para que los ayudaran. Trajeron a Jonás a la cubierta, donde debido a que reconocieron una fuerza espiritual detrás de esa terrible tempestad, los endurecidos marineros trataban de determinar la causa espiritual de la tormenta. Echaron suertes para ver quién era el responsable de tal catástrofe. La suerte cayó sobre Jonás.

De inmediato, los hombres comenzaron a interrogarlo: «Decláranos ahora por causa de quién nos ha venido esta calamidad. ¿Qué oficio tienes, y de dónde vienes? ¿Cuál es tu tierra, y de qué pueblo eres?» (1:8).

Jonás tuvo que reconocerlo: «Soy hebreo, y temo al SEÑOR Dios del cielo, que hizo el mar y la tierra» (1:9). Jonás les confesó a estos hombres que su Dios tenía el poder sobre la tormenta. La tormenta se produjo porque Jonás había intentado esconderse del Señor. ¡Los hombres estaban más que asustados y le preguntaron a Jonás por qué había hecho algo así! ¿Por qué huiría y trataría de esconderse de un Dios tan poderoso?

Esta es la respuesta objetiva que tal vez no les diera Jonás: «Hui porque no tengo gracia para personas como ustedes. Me importan más mis comodidades y la de mi propio pueblo que la gente que perece por no conocer al Dios vivo de Israel».

No, no creo que Jonás haya confesado todo, porque cuando les dijo a estos hombres que la forma de detener la tormenta era arrojándolo por la borda, se mostraron reacios a hacerlo. Si hubieran conocido su verdadera motivación, ¡podrían haber sido menos reacios!

Los marineros hicieron un último esfuerzo por salvar el barco. Luego, habiendo agotado todos los demás métodos, oraron al Señor: «Te rogamos, oh SEÑOR, no permitas que perezcamos ahora por causa de la vida de este hombre, ni pongas sobre nosotros sangre inocente; porque tú, SEÑOR, has hecho como te ha placido» (1:14). Habiendo hecho las paces con Dios, arrojaron a Jonás al mar embravecido, ¡y de inmediato la tormenta cesó!

La gracia es la mejor manera de evitar la humillación. Proverbios 3:34 dice: «Ciertamente él escarnecerá a los escarnecedores, y a los humildes dará gracia» (RVR60). El desprecio de Jonás por sus enemigos trajo el desprecio de los marineros, y a Jonás lo descubrieron.

Lo descubrieron durmiendo.

Lo descubrieron insensible e ignorante del peligro de otros.

Lo descubrieron como «prófugo», huyendo del llamado de Dios.

Lo descubrieron como el que puso en peligro el barco y la tripulación.

Lo descubrieron como hipócrita, el profeta desobediente de Dios, que decía a otros que obedecieran a Dios mientras que él no lo hacía.

Otro proverbio dice: «La mujer agraciada tendrá honra» (Proverbios 11:16). En cambio, una mujer que no actúa con gracia no tendrá honra. La conducta sin gracia siempre trae consigo la humillación.

Los hombres en el barco llegaron a conocer al Dios viviente a pesar de la conducta falta de gracia de Jonás. Sin embargo, solo por su confesión humillante, fue que estos hombres pudieron conocer la verdadera causa de su peligro y el poder salvador del Dios de los hebreos.

La gracia de la manera más difícil (Jonás 1:17-21)

La disciplina es muchas veces el método que Dios usa para enseñarnos las mayores lecciones de gracia. Hebreos 12:10-11 dice: «[Nuestros padres] nos disciplinaban por pocos días como les parecía, pero Él [Dios] nos disciplina para nuestro bien, para que participemos de su santidad. Al presente ninguna disciplina parece ser causa de gozo, sino de tristeza; sin embargo, a los que han sido ejercitados por medio de ella, les da después fruto apacible de justicia». El castigo es parte de la gracia de Dios. Él se negó a dejar ir a Jonás. Persiguió a Jonás. Continuó trabajando con Jonás. Permitió que Jonás sufriera de la manera más dura para que pudiera aprender lecciones vitales sobre su gracia.

Sin embargo, el profeta no pereció en el embravecido mar, pues «el Señor dispuso un gran pez que se tragara a Jonás» (1:17). Posiblemente a ti no te parezca esto como una misericordia, pero Dios amaba a este profeta prófugo y estaba pensando en su bienestar. Jonás había comenzado a mostrar ciertos patrones malos en su vida. Como profeta, tenía el privilegio de oír la palabra de Dios y dársela a conocer al pueblo. Jonás, en cambio, pensó que podía ignorar la palabra de Dios que no quería escuchar. Pensó que podía escoger dónde y cuándo obedecer a Dios. Pensó que podía continuar guardando el odio en su corazón, aun cuando Dios lo llamaba a la gracia. Estos son patrones peligrosos en la vida de cualquier persona, ¡pero mortales para alguien que representa al Dios de Israel!

El «enorme pez» le salvó la vida. Jonás pasó tres días y tres noches desdichadas en la humedad caliente de su vientre, un tipo de infierno para el profeta; como un anticipo de donde terminarían los que rechazan la gracia redentora de Dios. Mientras oraba al Señor, Jonás testificaba: «La corriente me envolvió; todas tus encrespadas olas y tus ondas pasaron sobre mí [...] Me rodearon las aguas hasta el alma, el gran abismo me envolvió, las algas se enredaron a mi cabeza. Descendí hasta las raíces de los montes, la tierra con sus cerrojos me ponía cerco para siempre» (2:3-6).

Imaginemos su experiencia. Estaba acalambrado. Los jugos gástricos le envolvían. El hedor de los fluidos del vientre le producía náuseas. Sentía cada zambullida, giro y movimiento del pez. Las algas le constreñían todo el cuerpo. Estaba atrapado en una mazmorra apestosa, acuosa, ácida, apretada y turbulenta.

¿Es este el tipo de lugar donde quieres que vayan otros? Cuando experimento algo desafortunado, le aviso a los demás; hasta a la gente que no conozco. Antes de esta experiencia, Jonás estaba encallecido y era indiferente al destino eterno de otros.

Jonás oró y Dios lo escuchó aun desde las profundidades del mar. ¡Eso es gracia! No solo Dios escuchó la oración de Jonás, sino que consideró la oración del profeta desobediente.

Jonás reconoció su falta. Dijo: «Los que confían en vanos ídolos su propia misericordia abandonan» (2:8). La palabra hebrea usada aquí para ídolo es *hebel*. Una mejor traducción sería «vanidad» o «mentiras». En otras palabras, Jonás se dio cuenta de que había creído mentiras vanas. Había creído que podía rechazar el llamado de Dios. Había creído que podía huir de Dios. Había creído que se podía esconder de Dios. Al correr y tratar de esconderse, había abandonado su propia misericordia, o para decirlo en pocas palabras: se había provocado sus propios problemas.

Jonás prometió sacrificarse a Dios. Prometió obedecer a Dios. Le entregaría su propia comodidad, sus propios caminos y su voluntad a Dios. Ahora bien, esto lo prometió mientras todavía estaba en el vientre del pez. He visto a gente prometerle obediencia a Dios cuando las consecuencias de sus malas decisiones le acechan. Sin embargo, muchas veces esta gente regresa a sus vanos ídolos tan pronto como afloja la presión.

Dios le habló al pez, y arrojó a Jonás a tierra seca.

No es así como yo quiero aprender la gracia. ¿Y tú? En cambio, a veces el Señor nos da una muestra de la miseria del pecado y los pecadores para que mostremos mayor gracia. Se ha dicho que la tierra es donde más cerca del cielo se sentirá un incrédulo. Ese es un pensamiento que nos hace pensar y que debe motivarnos a la gracia.

He oído a cristianos que condenan a la gente al infierno con demasiada facilidad. Cualquiera que dice conocer a Jesús y pueda hacer eso con tanta despreocupación debería mirar a sus espaldas en caso de que un «gran pez» venga detrás.

Dios quiso mostrarle a Jonás cómo se da la gracia. Por tres días y tres noches experimentó vivir sin gracia. Fue una lección dura, pero muy necesaria. Dios quiere enseñarte a ti la gloria de la gracia. Quiere que tengas su corazón de gracia. Él es el que miró a esta tierra rebelde y «de tal manera amó Dios al mundo, que dio a su Hijo unigénito, para que todo aquel que cree en Él, no se pierda, mas tenga vida eterna» (Juan 3:16).

La gracia de la segunda oportunidad (Jonás 3)

Un predicador dijo una vez: «Dios es el Dios de segundas, terceras, cuartas y milmillonésimas oportunidades». Dios continúa extendiendo su gracia a cada persona durante toda su vida. Esta verdad me tocó de cerca cuando entrevisté a la joven esposa de un pastor. Ella y su esposo tenían un ministerio pujante, y le pregunté cómo había conocido al Señor.

Me dijo que había crecido en un hogar tumultuoso. Su madre y su padre se endrogaban con regularidad, y la familia experimentó la violencia constante hasta que su padre abandonó el hogar. Entonces, su madre se juntaba a un novio adicto tras otro. La joven que entrevisté abandonó su hogar a una edad temprana. En sus últimos años de adolescencia ya era madre soltera, prostituta y se vio frente a años de prisión.

Allí en prisión le entregó su vida al Señor. No obstante, al volver a la calle, se retractó de su compromiso, y poco después estaba de nuevo en la cárcel. Otra vez se comprometió con el Señor. Este compromiso era un poco más fuerte, como su sentencia. Dedicó su tiempo tras las rejas al estudio de la Biblia, la oración y el crecimiento en el Señor. Antes de salir, le advirtieron que dejara a su antiguo novio y le entregara todo a Jesús.

Sin embargo, una vez que salió, a los pocos días había vuelto con su novio. Por un tiempo fueron a la iglesia y estudiaron la Palabra juntos, pero pronto volvieron a caer en los viejos patrones y a los dos los encarcelaron.

Por tercera vez, se arrepintió. Le prometió al Señor entregárselo todo sin importar las dificultades que vinieran. De nuevo, la pusieron en libertad, y otra vez se comprometió a estudiar la Biblia y a congregarse, pero también a rendir cuentas. Lo mismo hizo su antiguo novio. Trataron de ignorar la atracción que sentían el uno por el otro, pero no pudieron y decidieron casarse. Conociendo su historia pasada y sus debilidades, oraron por más gracia y más fortaleza para crecer en el Señor. Ambos asistieron al seminario y se graduaron. Pocos años después, a él le llamaron a pastorear una pequeña iglesia en una parte dudosa de la ciudad. Después de hablar con su esposa y mucha oración, aceptó con gracia la comisión. Allí están todavía, y Dios los ha usado para ministrar a incontables vidas como las suyas. ¿Por qué? Porque Dios es el Dios de segundas, terceras, cuartas y milmillonésimas oportunidades. Volviendo a la historia de Jonás, la palabra de Dios viene a él por segunda vez. Dios le da la misma comisión que le dio antes del paseo en ballena: «Levántate, ve a Nínive, la gran ciudad, y proclama en ella el mensaje que yo te diré» (3:2). Esta vez, «Jonás se levantó y fue a Nínive» (3:3).

En el siglo XIX, Sir Austen Layard descubrió las ruinas de la antigua ciudad de Nínive. Desde entonces, el lugar se ha excavado extensamente, ¡y lo que estos arqueólogos han descubierto es extraordinario! Nínive era una ciudad amurallada de más o menos 2 kilómetros de ancho por 5 de largo. Una de sus dos murallas largas corría paralela al río Tigris. Las murallas alrededor de Nínive eran de 12 a 15 metros de alto, e iban por 13 kilómetros alrededor del centro de la ciudad. La ciudad tenía su propio sistema de agua con uno de los acueductos más antiguos de la historia. Se desenterró un palacio de 71 habitaciones con paredes de losas esculpidas. Una biblioteca albergaba más de 22 000 tablillas de arcilla. La ciudad contenía muchos templos dedicados a los dioses paganos que adoraban.

A Jonás le llevó tres días recorrer toda la ciudad. Cuando entró el primer día, comenzó a proclamar: «¡Dentro de cuarenta días Nínive será destruida!» (3:4).

El pueblo creyó el mensaje de Dios. Proclamaron ayuno y todos los residentes, desde el menor hasta el mayor, se vistieron de luto. Cuando llegó al rey el mensaje de Jonás, este puso a un lado sus ropas reales, se vistió de luto también y proclamó un edicto por toda la ciudad:

> Ni hombre ni bestia, ni buey ni oveja prueben cosa
> alguna; no pasten ni beban agua, sino cúbranse de
> cilicio hombres y animales, y clamen a Dios con

fuerza, y vuélvase cada uno de su mal camino y de la violencia que hay en sus manos. ¡Quién sabe! Quizá Dios se vuelva, se arrepienta y aparte el ardor de su ira, y no perezcamos (3:7-9).

¡Eso es arrepentimiento! ¡Aquel fue un esfuerzo evangelístico con éxito!

La gracia de Dios se derramó sobre Nínive cuando vio sus obras y cómo se volvieron de sus malos caminos. Nínive hizo lo que la nación de Israel no quiso hacer. Escucharon la voz del profeta. Cuánta gracia mostró Dios al perdonar a Jonás, disciplinar a Jonás, restaurar el llamado de Jonás y bendecir la misión de Jonás.

Dios tiene un llamado de gracia para todas nosotras. Él desea usarnos como ministras y dispensadoras de su gracia. Como hizo con Jonás, nos obligará por cualquier medio que sea necesario para llevarnos a ese llamado.

El llamado de Dios siempre contiene el propósito de Dios. Él no nos llama en vano, sino para la obra que Él quiere hacer. A través de su llamado nos permite ser partícipes en su gracia.

Aun cuando nos neguemos, tratemos de huir y rechacemos el llamado de Dios, Él no se niega, no huye y no nos rechaza. Él continúa persiguiéndonos con su gracia, y cuando estamos listas, nos llama de nuevo para su propósito.

Otra lección de gracia (Jonás 4)

Cualquiera pensaría que el profeta estuviera saltando de alegría por el arrepentimiento de Nínive. Este fue un éxito mayor que cualquier profeta de Israel hubiera obtenido. Los ninivitas creyeron la palabra de Dios por medio de Jonás, se arrepintieron y se volvieron de sus malos caminos. Sin embargo, ¡Jonás no estaba contento por eso! Jonás 4:1 dice que «esto desagradó a Jonás en gran manera, y se enojó». Él *se molestó* con la gracia de Dios.

Alguna gente no quiere que Dios les extienda su gracia a otros. Quisiera decir que no entiendo esa actitud, pero sí la entiendo. Por un tiempo, en mi corazón tenía una serie de personas que en mi opinión se merecían la gracia de Dios. Sin embargo, fuera de ese «club de gracia», estaban esos a los que no quería que recibieran las cosas buenas de Dios. No quería necesariamente que se castigaran; solo que no quería verlos bendecidos por la gracia de Dios. ¿Qué te parece esto como una opinión errada de la gracia?

Eso se detuvo un día cuando yo, la presidenta del club de la gracia, violó toda ordenanza y principio que yo misma había establecido. Fue un mal día, uno de mis peores días hasta entonces. Tuve que renunciar a la presidencia y membresía de mi propio club de la gracia, o para ser más exacta, me echaron.

Recuerdo que lloré a lágrima viva ante el Señor ese día. No podía creer mi propio comportamiento. Estaba muy enojada conmigo misma. En realidad había esperado algo mejor de la presidenta del club de la gracia. Entonces, Dios me habló con bondad, y todavía recuerdo la dulce impresión que dejó en mi corazón: *Cheryl, en realidad nunca me gustó tu club de gracia. Nunca fui miembro de él. Me alegro de que terminara. La gracia no es solo para unas cuantas personas que se la merezcan. Por naturaleza, la gracia es para todos los que no la merecen, así que aquí tienes un poco de gracia.*

¡Dios me perdonó y deshizo para siempre el club de la gracia en mi corazón!

Por lo tanto, sí, entiendo la actitud de Jonás. Yo misma he tenido algunos de esos sentimientos. Uf. Jonás no quería que se perdonara a los ninivitas, y mucho menos que se arrepintieran, se salvaran y se les mostrara misericordia. Quería verlos juzgados por todas sus crueldades pasadas contra Israel.

¿Te imaginas decirle a Dios: «¡Te lo dije!»? Eso parece el colmo de la arrogancia y, sin embargo, eso es con exactitud lo que hizo Jonás, aunque no con tantas palabras: «¡Ah Señor! ¿No era esto lo que yo decía cuando aún estaba en mi tierra? Por eso me anticipé a huir a Tarsis, porque sabía yo que tú eres un Dios clemente y compasivo lento para la ira y rico en misericordia, y que te arrepientes del mal con que amenazas» (4:2).

En vez de apreciar y recibir la gracia de Dios, Jonás se enojó. Parece que había desarrollado su propio club de gracia. Quería que la gracia de Dios se extendiera hacia él y hacia Israel, pero no a los ninivitas. Eso es lo que llamo gracia selectiva. He conocido a creyentes así. Dicen conocer al Dios de toda gracia y son beneficiarios de esa gracia divina, ¡pero no les gusta ver que Dios les muestre su gracia a otros! Tienen una lista de condiciones y regulaciones acerca de a quién Dios debe o no debe mostrar gracia.

Jonás estaba resentido por la gracia de Dios hacia Nínive, y estaba tan enojado que quería morir: «Y ahora, oh Señor, te ruego que me quites la vida, porque mejor me es la muerte que la vida» (4:3). ¡Esa es una reacción fuerte! Sin embargo, observa la gracia de Dios hacia Jonás. La oración de Jonás es como un halago al revés. Por una parte justifica su desobediencia al huir a Tarsis, ¡y por otra se enoja con Dios por su gracia, su misericordia y su bondad! Cuánta gracia mostró Dios al permitirle al profeta hablarle de esa manera. Si Dios no tuviera gracia, misericordia y bondad, ¡la oración de Jonás lo hubiera destruido!

Por otro lado, ¿no es maravilloso lo sinceras que podemos ser con Dios? Él no quiere nuestro afecto falso; Él quiere que seamos auténticas. Nuestro Dios desea «la verdad en lo más íntimo» (Salmo 51:6). En su gracia, recibe nuestras oraciones sinceras, aun cuando estemos enojadas y confusas, tengamos la información errónea o exijamos las cosas equivocadas. Por su gracia, Dios puede oír, arreglar, purificar y contestar nuestras oraciones con la respuesta perfecta.

Dios le pregunta a Jonás: «¿Tienes acaso razón para enojarte?» (4:4). Dios está a punto de enseñarle a este profeta una lección más acerca de la gracia.

Jonás sale de la ciudad y acampa en el lado este. El profeta aún espera el juicio, y este es un lugar poco saludable para acampar. He conocido personas preocupadas y hasta obsesionadas con el juicio de otros. Tienden a acampar de manera espiritual, emocional y mental en cierto lugar, y no se pueden mover. Su mente y su corazón siempre se enfocan en el juicio. Y cuando el juicio se demora o no sucede, se sienten desdichadas y enojadas con Dios, al igual que Jonás.

Así como Dios preparó un gran pez para enseñarle a Jonás una lección de gracia, preparó una planta, un gusano y un viento oriental para la lección final de Jonás. Es casi como una lección con franelógrafo. Dios usa estos elementos poco comunes para enseñarle al enojado profeta su ternura, su bondad y su misericordia.

Cuando Jonás se sentó en las afueras de Nínive, Dios hizo florecer una planta que le trajera un poco de sombra y protegerlo del calor despiadado. Jonás estaba agradecido por la planta. Sin embargo, a la mañana siguiente, Dios preparó un gusano para que dañara la planta y se marchitara. No solo perdió Jonás su fuente de sombra, sino que Dios preparó un fuerte y caliente viento oriental que le abatió la cabeza. Jonás se sintió tan desdichado en ese lugar falto de gracia que deseó la muerte. «Mejor me es la muerte que la vida» (4:3).

De nuevo, Dios estaba guiando a Jonás hacia el lugar de la gracia. Jonás necesitó experimentar la desdicha absoluta para apreciar y recibir la gracia de Dios. Necesitó la incomodidad y la desdicha de estar en un lugar abandonado por completo para reconocer su propia necesidad de misericordia y gracia.

Dios le preguntó al profeta por segunda vez: «¿Tienes acaso razón para enojarte por causa de la planta?» (4:9). Una vez más, Jonás se justificó a sí mismo: «Tengo razón para enojarme hasta la muerte» (4:9). ¡Qué actitud!

La planta le dio sombra a Jonás, así que Jonás la recibió en su club de gracia. Para Jonás, la gracia era para extenderse solo a las personas o cosas que le proporcionaban comodidad. Pensó que su percepción de la gracia era aceptable, pero no lo era, y Dios quiso que Jonás entendiera la profundidad de su gracia. Jonás se compadeció de una planta cuya duración era corta. Sin embargo, no tenía gracia ni lástima de las ciento veinte mil personas en Nínive que «no saben distinguir entre su derecha y su izquierda»

(4:11). Dios tuvo compasión de esas personas, y quería que su profeta sintiera ese mismo afecto.

La Escritura no lo dice de manera específica, pero algo debe haberse alumbrado en el corazón de Jonás. Sin duda, escribió esta tremenda lección de gracia para dársela al pueblo de Israel cuando volviera a su patria.

¿Estás preparada para alistarte en la batalla de la gracia? ¿Estás preparada para disolver tu «club de gracia» a fin de ver a los perdidos y los que no la merecen recibir la gracia de Dios? Dios te está llamando a su servicio de gracia. ¿Irás voluntariamente? ¿O tendrán que reclutarte por obligación a las reservas de su gracia?

....

Señor:
Puedo ver mi propio testimonio en la vida de Jonás. Tú conoces cuántas veces he tratado de esconderme y huir de tu llamado a la gracia. Te suplico que me perdones. La gracia es muy importante para ti. Es parte de tu naturaleza. Tú estás lleno de gracia. Tú eres misericordioso. Tú eres abundante en bondad. Tú quieres manifestarle esta gracia al mundo y deseas llamarme a este servicio de gracia contigo. Enséñame las riquezas de tu gracia. Enséñame a apreciar tu gracia. Ayúdame a recibir tu gracia. Dame la gracia para perdonar a mis enemigos y procurar verlos recibir tu gracia. Quiero alistarme en tu ejército de gracia. Quiero ser aliada de la gracia. En el nombre de Jesús, quien le trajo su gracia a toda la humanidad, amén.

Para tu consideración:

1. ¿Con cuál de estas situaciones puedes relacionarte con la vida de Jonás?

   • tratar de esconderte del llamado de Dios

- huir del llamado de Dios

- corrección

- segundas oportunidades

- aprender la lección de la gracia

2. Compara la experiencia de Jonás en el vientre del gran pez (Jonás 2:2-6) con la descripción que Jesús dio del infierno en Marcos 9:48. ¿Por qué los cristianos no deben orar por juicio con tanta prisa?

3. ¿Qué lecciones observas acerca de la gracia en la vida de Jonás?

4. ¿Cuál es tu impresión más fuerte de la gracia de Dios hacia Nínive?

Nueve

Úsala o piérdela

Él me ha dicho: «Con mi gracia tienes más que suficiente,
porque mi poder se perfecciona en la debilidad».
Por eso, con mucho gusto habré de jactarme en mis debilidades,
para que el poder de Cristo repose en mí.

2 CORINTIOS 12:9, RVC

Una de las más originales misioneras a China tiene que ser Gladys Aylward. Su historia la encontramos en el libro *La pequeña gran mujer en la China*, y es una de mis historias de misioneros favoritas[1]. Gladys nació el 12 de febrero de 1902 en Edmonton, Londres, Inglaterra, y dado que en esos días el servicio doméstico era la única perspectiva de futuro que tenía allí una joven de una familia común, así fue que acabó manteniéndose.

Gladys creció en una familia que asistía a la iglesia, pero era más bien una cristiana cultural. Una noche fue a una reunión donde se presentó el evangelio y, de pronto, Gladys entendió la obra de Jesús como nunca antes. Se dio cuenta de que Él tenía derecho a reclamar su vida, y esa noche le dedicó su vida al Señor.

Unos meses más tarde, mientras leía un artículo sobre China en una revista cristiana, se conmovió de manera profunda. Les habló a sus amigas acerca de la posibilidad de ir como misionera. Ellas la animaron a continuar su servicio como empleada doméstica y usar las ganancias para apoyar a los misioneros que ya estaban en China. Esto no le pareció bien a Gladys, y su deseo de ir a China continuó creciendo.

Al final, Gladys presentó su solicitud a la junta de misiones. Después de examinarla, concluyeron que no tenía la capacidad ni la vitalidad de ser misionera en China. Creían que por su edad y su limitada capacidad intelectual no podría aprender el complicado idioma chino.

Gladys buscó al Señor, y en lugar de que su determinación de ir a China disminuyera, se confirmó. Fue a una agencia de viajes local y pagó el anticipo para el billete de ida más barato disponible para China. Con sus fondos limitados trabajando como empleada doméstica, Gladys pagaba cuotas semanales en su billete.

Gladys no tenía idea de lo que haría en China, pues no hablaba chino, pero leía con avidez cuanto libro encontraba acerca de la cultura china y aprendió algunas frases. Un día, un amigo de su patrón le contó de una viuda, la Sra. Lawson, que servía en China. Jeannie Lawson tenía setenta y tres años y estaba orando por alguien más joven que viniera a China y continuara su ministerio. Gladys le escribió de inmediato y le explicó su deseo, sus intentos y su voluntad de ir. Después de algún tiempo, la respuesta vino desde China hasta su puerta. Era breve: Si Gladys podía venir a Tianjin, Jeannie Lawson la esperaría allí. Gladys preparó sus maletas.

La historia de la travesía de Gladys es desgarradora y está llena de milagros, pero cuando por fin llegó a Tianjin, un tal Sr. Lu la acompañó durante muchos kilómetros hasta Yangchen, donde Jeannie Lawson poseía y dirigía el Albergue de la Sexta Felicidad. De inmediato, la Sra. Lawson puso a Gladys a trabajar.

El Albergue de la Sexta Felicidad estaba localizado en una ruta comercial, donde se hospedaban los mercaderes de viaje. Adentro había un patio grande con una fogata para calentarse. Allí se alimentaban, alojaban y protegían a los caballos y otros animales de carga, a la vez que los mercaderes escuchaban historias bíblicas en chino mientras comían y descansaban.

El primer trabajo de Gladys fue usar las frases que Jeannie le enseñaba para salir a la calle y convencer a los mercaderes a venir al albergue. Gladys hacía su trabajo con entusiasmo, a menudo agarrando las mulas por el arnés y persuadiendo a caravanas enteras para que buscaran alojamiento en el Albergue de la Sexta Felicidad. Los mercaderes quedaban fascinados con las historias bíblicas de la Sra. Lawson, y a menudo respondían al mensaje del Hijo de Dios que vino a la tierra para vivir y morir por sus pecados. Estos mercaderes entonces iban a las diferentes aldeas de la provincia contándoles a otros acerca del Albergue de la Sexta Felicidad, y de todas las maravillosas historias que habían escuchado allí.

Gladys memorizaba las historias que Jeannie Lawson repetía cada noche ante el crepitante fuego. Las practicaba una y otra vez, utilizando las mismas inflexiones que escuchaba de la anciana misionera. Pronto Jeannie hizo que Gladys les contara las historias a los comerciantes ambulantes.

Con el rápido deterioro de la salud de Jeannie, cada vez más deberes y responsabilidades se les delegaron a Gladys, hasta que era ella era la que administraba el Albergue de la Sexta Felicidad. Cuando Jeannie Lawson murió, Gladys siguió haciendo lo que estaba haciendo.

Gladys practicó y usó el chino que había aprendido una y otra vez hasta que lo habló con fluidez. Pronto fue tan natural para ella que no solo lo hablaba, sino que pensaba en chino. Esta habilidad le abrió muchas puertas inesperadas y le ofreció innumerables oportunidades milagrosas para hablar del evangelio. Se convirtió en una de las misioneras más eficientes que jamás entrara en China.

Es importante señalar que Gladys llegó a dominar el idioma chino, pues lo practicaba y lo incorporaba a todos los aspectos de su vida. No se limitaba a memorizar ciertas frases, sino que las aplicaba a todo lo que hacía hasta que incluso pensaba en chino.

La práctica de la gracia

De la misma manera, la gracia debe practicarse hasta que la dominemos. No solo podemos asumir ciertos aspectos de la gracia; debemos recibirla en nuestros corazones y dejar que inunde todo nuestro ser para que comencemos a tener pensamientos de gracia y operar en gracia. Proverbios 16:3 dice: «Encomienda al Señor tus acciones, y tus pensamientos serán afirmados» (RVC). Cuando deseamos dar gracia, nuestros pensamientos se establecen en gracia. En realidad, para aprender, pensar y operar en gracia, necesitamos comenzar a aplicar la gracia a cada aspecto de nuestra vida.

Como mujeres comprometidas en la batalla por la gracia, debemos aprender a usar los recursos y el poder de la gracia. Debemos volvernos hábiles en la gracia y practicarla.

Pablo fue un apóstol que aprendió del poder de la gracia de primera mano. Fue un encarnizado oponente del evangelio de la gracia hasta que tuvo un encuentro personal con el Dios de toda gracia. Antes de este encuentro, Saulo, el nombre de Pablo hasta que el Señor lo cambió, perseguía a los cristianos y los arrestaba. Era violento en sus prácticas. Entraba de pronto en las casas y arrastraba familias enteras hacia la cárcel. En su mal guiado celo por Dios y la ley mosaica, era vehemente, agresivo y cruel.

Entonces, un día, en el día que conoció a Jesús, toda su vida cambió de manera drástica.

Saulo había oído que la iglesia estaba creciendo en Damasco. Recibió una orden oficial del sumo sacerdote para que fuera allí, cazara a los creyentes y los trajera de vuelta a Jerusalén para juzgarlos. Acompañado por un grupo de hombres de ideas afines, Saulo emprendió su misión. Sin embargo, en el camino al mediodía, una gran luz cegó al perseguidor y lo hizo caer de rodillas. Entonces, una voz retumbante se escuchó desde el cielo: «Saulo, Saulo, ¿por qué me persigues?» (Hechos 9:4).

Conmocionado, Saulo preguntó: «¿Quién eres, Señor?» (versículo 5). La bravuconería comenzaba a desvanecerse. Estaba listo para servir a este Soberano que lo detuvo en medio de su misión.

La voz le contestó: «Yo soy Jesús, a quien tú persigues; dura cosa te es dar coces contra el aguijón» (versículo 5, RVR60).

¿Te imaginas este encuentro? La misma persona contra la que Saúl había estado pecando con hostilidad estaba presente y lo llamaba con poder para rendir cuentas por todo lo que había hecho. Jesús no solo estaba vivo; ¡era poderoso! Saulo temblaba mientras preguntaba con humildad: «Señor, ¿qué quieres que yo haga?» (versículo 6, RVC).

Me pregunto qué esperaba Pablo. Después de luchar de manera tan dura y cruel contra el pueblo de Jesús, debió haber esperado recibir la misma crueldad y dureza. Los juicios del Sanedrín eran brutales y terminaban en condenación. Aquí Saulo estaba frente al tribunal. Sin embargo, la palabra del Señor fue: «Levántate y entra en la ciudad. Allí se te dirá lo que debes hacer» (versículo 6, RVC).

De ese día en adelante, Saulo se convirtió en Pablo, apóstol de Jesucristo. Con suprema dedicación a Jesucristo, Pablo anunció el evangelio, persuadió a los hombres para que conocieran a Jesús, enseñó en las sinagogas y las iglesias, viajó por todo el Imperio romano como el primer misionero del evangelio, escribió cartas con doctrina e instrucción a las iglesias, soportó motines y persecución, y estableció iglesias en muchas de las principales ciudades del Imperio. Aunque Pablo soportó la persecución, Dios lo usó en gran medida y la iglesia floreció bajo su ministerio.

Pablo le dio crédito a la gracia de Dios como el motivo de sus éxitos. Encontró la gracia en el camino de Damasco. Jesús, en su gracia, buscó a Pablo. Cuando Jesús lo detuvo de manera contundente y le reveló su poder, Pablo iba camino a la destrucción. Sin embargo, Pablo todavía tenía que aprender más gracia.

Creo que Pablo era el tipo de hombre dispuesto a hacer cualquier cosa. Dale un trabajo y lo emprendía con toda su energía, fuerza y tiempo para hacerlo. Antes de conocer a Jesús, ya había ganado la posición de fariseo. Era más educado que sus colegas. Era celoso en su dedicación y servicio a la ley mosaica. Aun así, para el servicio a Jesucristo necesitaba energía, poder y fortaleza divinas.

Pablo aprendió el secreto de este poder cuando se le acabaron sus propias reservas de resistencia.

Pablo tenía una aflicción tan severa que la describió como «un mensajero de Satanás» que lo abofeteaba (2 Corintios 12:7-9). Tres veces le imploró al Señor que le quitara la enfermedad. Pablo, sin duda, sentía que sin el contratiempo del sufrimiento, podría servir al Señor con mayor eficiencia.

Pablo era un hombre de oración. Buscaba al Señor todos los días. Creo que esta «espina en la carne» era a menudo un tema de oración. Sin embargo, en tres ocasiones específicas llegó a ser más de lo que el apóstol podía soportar. En esas oportunidades le suplicó al Señor que se la quitara (2 Corintios 12:7-9).

La respuesta de Dios a Pablo fue revolucionaria para el apóstol. Aunque había recibido la gracia salvadora de Dios, y por la gracia de Dios recibió el llamado al servicio divino, Pablo debía aprender a implementar esa misma gracia en todo empeño, deficiencia y circunstancia. Dios le dijo: «Te basta mi gracia, pues mi poder se perfecciona en la debilidad» (versículo 9). Esta respuesta fue inesperada y reveladora. Dios le mostraba a Pablo una manera superior de vivir y ministrar: la gracia.

Al igual que el apóstol, todas tenemos lugares en nuestra vida que queremos ahuyentar con la oración. A menudo pensamos: *Si no tuviera esto o aquello, podría servir al Señor con más eficiencia. Si al menos no tuviera*

este trabajo.
este familiar.
este lugar.
esta enfermedad.
esta debilidad.
esta persona en mi vida.
esta cultura.
esta limitación.
esta historia.
esta factura.
esta responsabilidad.

este dolor.

este déficit.

He llegado a decirle al Señor en oración: «Si solo quitaras esto de mi vida, sería mucho más eficiente para ti». No nos damos cuenta de que Dios permite que estas mismas cosas vengan a nuestra vida a propósito, de manera intencional, a fin de mantenernos en el poder mayor de su gracia.

Recuerdo que hace años le dije al Señor: «Si no tuviera esta nariz y este sentido del olfato tan marcado, ¡pudiera ser muy eficiente en mi servicio a ti!». Lo lamentable es que nací con un sentido del olfato muy marcado. Puedo sentir cualquier olor. Esto me parecía como una maldición. Siento náuseas a menudo y los olores me hacen sentir mal físicamente. Mi nariz ha limitado mis oportunidades de trabajo, lugares de ministerio y a quien ministro.

Un año, cuando dirigía un retiro de mujeres en la zona rural de Inglaterra, vino cierta mujer. Hannah nunca había asistido a un retiro. Durante años había estado recluida en casa por la humillación de una enfermedad de la piel que cubría su cuerpo. Se inscribió por teléfono, y tanto yo como las personas que trabajaban conmigo nos alegramos de tener la oportunidad de amar a Hannah.

Hannah tenía una personalidad enérgica, y aunque era muy consciente de su desfiguración, otras en el retiro eran más conscientes del olor. Era tan malo que aunque era diciembre y nevaba fuera, teníamos las ventanas abiertas en el lugar de reunión. Todas las mujeres usaban parkas en los servicios.

Hannah quiso tener un momento a solas conmigo. Nos paramos en el umbral de la puerta para hablar y sentí náuseas. Era una respuesta involuntaria, y hacía lo posible por reprimirla. Intenté no respirar por la nariz para contrarrestar el efecto que el mal olor de Hannah tenía sobre mí. Sin embargo, cuando intentaba respirar por la boca, casi podía sentir el olor a orina y heces secas que emanaba de su cuerpo. Tuve que excusarme, apartarme y buscar un baño, donde el contenido de mi estómago salió de mi cuerpo.

¡Me sentí muy mal! Quería con urgencia ministrarle el amor de Dios a Hannah. Era una mujer insegura, solitaria, y se sentía rechazada. Oré al Señor para que insensibilizara mis nervios olfativos. No sucedió, pero un grupo de mujeres me preguntó de manera discreta si podíamos hacer algo en cuanto a Hannah. Ellas, al igual que yo, querían amarla, pero el olor era tan nauseabundo que las llevaba al punto de sentirse distraídas de los estudios bíblicos.

Volví a orar. En vez de protestar por mi nariz, pedí sabiduría. De repente se me ocurrió la idea de ir a la ciudad y comprarle ropa nueva a Hannah. Le pedí a una amiga que me acompañara. Encontramos una tienda de ropa y, antes de entrar, oramos: «Señor, no sabemos la talla de Hannah ni lo que necesita. Tú la amas y confiamos en que nos lo reveles. Queremos que Hannah, como tu hija, se sienta amada y querida».

Dentro de la tienda compramos ropa interior, una blusa, un suéter, pantalones, una bufanda, una chaqueta que la abrigara, medias y hasta zapatos. Encontramos todo esto a precio reducido. ¡No solo eran artículos bonitos y prácticos, sino baratos! Dios sabía que nuestro presupuesto era limitado. Luego, nos dirigimos al mercado, donde compramos jabón, champú, acondicionador, desodorizante, desodorante en aerosol, manoplas de aseo (el término inglés para guantes de baño) y una toalla.

Estábamos felices, hasta que llegamos al centro de conferencias. Ahora teníamos otro dilema. ¿Cómo darle estos artículos a Hannah sin ofenderla? ¿Quién estaría dispuesta a ayudar a Hannah a bañarse y usar estos artículos?

Le pregunté a la enfermera del centro de conferencias si estaba dispuesta y ella se negó rotundamente; pero no la puedo juzgar. Después de todo, esto era algo que yo tampoco quería ni me sentía capaz de hacer. Entonces, vi a mi amiga Pam que estaba de visita desde California. Sabía que Pam había trabajado como voluntaria en ministerios a los desahuciados. Con amabilidad, me le acerqué con las bolsas de lo que compramos. Una sonrisa iluminó el hermoso rostro de Pam. «¡Me encantaría!», dijo. Entonces, su semblante decayó un poco. «Sin embargo», agregó, «no quisiera robarle a cualquier otra persona la bendición». Le aseguramos que nadie más quería esa bendición.

De nuevo, oramos, y Pam llevó las bolsas a la habitación de Hannah. Cuando Hannah vio a Pam y las bolsas, desconfió. Pam le explicó que estaba allí porque Jesús amaba a Hannah y tenía un regalo para ella. Hannah todavía estaba recelosa, pero dejó entrar a Pam en la habitación. «¿Cómo sabe Jesús qué talla uso?». Pam hizo una oración rápida pidiendo sabiduría antes de responder: «Él te conoce a fondo. Veamos qué te compró».

Pam comenzó a sacar cada artículo de la bolsa. La emoción de Hannah crecía cada vez que veía cada una de las cosas. Hannah accedió a bañarse, pero reconoció que hacía años que no se bañaba, pues la enfermedad de la piel hacía que el baño fuera doloroso. Pam oró con Hannah, y Hannah permitió que Pam la ayudara. No hubo dolor, y ahora Hannah estaba limpia. Con indecisión, se puso la ropa interior y el sostén. Le servían a la perfección. Hannah comenzó a saltar cantando: «¡Jesús me ama y conoce mi talla!».

Pam le preguntó si le podía rociar el desodorante de cuerpo. Hannah dudó y Pam notó un poco de aprensión. «Hannah, Jesús te quitó el dolor cuando te bañaste y te dio ropa interior con tu talla perfecta. ¿No crees que puedes confiar en Él con este aerosol?». Hannah cerró los ojos con fuerza y se preparó para el dolor. «Está bien. Hazlo».

Con suavidad, Pam comenzó a rociar el cuerpo de Hannah. Hannah abrió un ojo y luego el otro. «¡No hay dolor!», exclamó Hannah. Entonces, Pam fue a por todas. Empapó a Hannah con la fragancia, ¡y Hannah olía de maravilla!

Luego vinieron la blusa y los pantalones. De nuevo, le sirvieron a la perfección. Después el suéter, el sombrero y la bufanda. ¡Jesús dio en el clavo! Hannah se puso las medias y después los zapatos. ¡Sí! Jesús supo su talla de zapatos también. Al final, se probó la chaqueta. ¡Todo estaba bien!

Cuando Hannah vino a la cena esa noche, tuvo tantas invitaciones a sentarse en diferentes mesas que no sabía qué hacer. Luego, durante el servicio, la gente vino a sentarse a su lado. ¡Recibió más abrazos en ese retiro que en toda su vida!

Tuve que preguntarme: ¿qué tal si mi nariz no hubiera sido mi déficit? Hannah nunca hubiera conocido el amor de sus hermanas en Cristo, y Pam nunca hubiera podido ministrar a esta preciosa hermana en Cristo.

Las cosas que preferiríamos no tener son a menudo el instrumento que Dios usa para hacernos profundizar en su gracia. En cambio, aunque pensamos que estaríamos mejor *sin* algunas cosas, pensamos que estaríamos mejor *con* algunas cosas. La lista puede ser extensa. Pensamos: *Podría servir mejor a Dios si tuviera*

más dinero.

más energía.

más resistencia.

más talento.

mejor salud.

un mejor trabajo.

mejores amigos.

mejores oportunidades.

mejor educación.

mejores conexiones.

mejor forma.

belleza.

prestigio.

Tanto los elementos indeseados de nuestra vida como los déficits, Dios los sustituye con su gracia. Mediante y a través de la gracia de Jesús tenemos todo lo que necesitamos. De nuevo, ¡2 Corintios 9:8 nos informa que por gracia tenemos todo lo que necesitamos en abundancia para todo eso a lo que Dios nos llama! Sé que lo leíste ya, pero este es un pasaje que vale la pena repetir una y otra vez hasta que te lo sepas de corazón: «Dios es poderoso como para que abunde en ustedes toda gracia, para que siempre y en toda circunstancia tengan todo lo necesario, y abunde en ustedes toda buena obra» (rvc).

Es importante señalar que este pasaje bíblico lo escribió el mismo apóstol que aprendió a abundar en la suficiencia de la gracia de Dios. En 2 Corintios 12:10, Pablo dice que por la gracia de Dios aprendió a complacerse en «las debilidades, en insultos, en privaciones, en persecuciones y en angustias por amor a Cristo». Y entonces añadió: «Porque cuando soy débil, entonces soy fuerte».

Pablo aprendió la grandeza de confiar en la gracia de Dios. Esta gracia elimina las limitaciones de nuestra humanidad y nos lleva al ámbito de lo divino. Ya no nos limitan nuestro tiempo, talento, cultura, inteligencia ni educación, pues la gracia compensa cada obstáculo y déficit. Por la gracia podemos hacer lo que nunca hemos podido hacer o nunca nos hemos sentido capaces de hacer.

Al igual que Pablo, debemos aprender a confiar en la gracia de Dios y saciarnos de ella a diario y de varias maneras. Cuanto más empecemos a confiar en la gracia de Dios por encima de nuestras propias fuerzas, más nuestras vidas adoptarán un comportamiento divinamente espiritual.

La bendición de la gracia

Uno de los lugares donde debemos acceder a la gracia es en la bendición y en ser una bendición. Cuando Dios estableció el orden del sacerdocio aarónico, les instruyó a los sacerdotes que bendijeran al pueblo. Lo que se conoce como la bendición aarónica se registra en Números 6:24-26:

«El Señor te bendiga y te guarde;
el Señor haga resplandecer su rostro sobre ti,
y tenga de ti misericordia;
el Señor alce sobre ti su rostro,
y te dé paz»

Dios dijo que con esta bendición de gracia «invocarán su nombre sobre los hijos de Israel» y Él los bendecirá (Números 6:27).

Nosotros debemos usar la gracia de Dios para bendecir a su pueblo. Pablo comenzó todas las epístolas que escribió con un saludo similar a este: «Gracia a vosotros y paz de parte de Dios nuestro Padre y del Señor Jesucristo» (Romanos 1:7). También terminaba las cartas con una bendición de la gracia de Dios. A continuación he puesto algunas referencias que puedes buscar o solo observar para comprender la importancia de bendecirnos unos a otros con la gracia de Dios.

Saludo	Despedida
Romanos 1:7	Romanos 16:24
Efesios 1:2	Efesios 6:24
Filipenses 1:2	Filipenses 4:23
Colosenses 1:2	Colosenses 4:18
1 Corintios 1:3	1 Corintios 16:23
2 Corintios 1:2	2 Corintios 13:14
Gálatas 1:3	Gálatas 6:18
1 Tesalonicenses 1:1	1 Tesalonicenses 5:28
2 Tesalonicenses 1:2	2 Tesalonicenses 3:18
1 Timoteo 1:2	1 Timoteo 6:21
2 Timoteo 1:2	2 Timoteo 4:22
Tito 1:4	Tito 3:15
Filemón 3	Filemón 25

Bendecimos a otros con la gracia de Dios cuando les recordamos la gracia de Dios hacia ellos y oramos por la gracia de Dios sobre ellos.

En 1980, mi padre escuchó a alguien cantando la bendición aarónica. Pronto la aprendió y se la enseñó a la congregación en su iglesia, *Calvary Chapel*. Entonces papá, quien siempre terminaba sus sermones con una bendición, comenzó a implementar la bendición aarónica al final de los servicios. Después de cada bendición oraba y cantaba la bendición aarónica a capela mientras los feligreses cantaban con él.

Me casé en mayo de 1980. Mi padre decidió llevarme al altar y celebrar la ceremonia. Entonces, él y mi madre tomaron el control de mis planes de boda. Yo quería una boda pequeña en la iglesia de mi hermano. Ellos querían una boda grande en *Calvary* con toda la iglesia invitada. Elegí y envié invitaciones a amigos y familiares selectos. Mi papá puso un anuncio en el boletín de la iglesia, invitando a todos los feligreses a venir. Brian y yo elegimos a una pareja para cantar nuestras canciones favoritas en la boda. Papá los despidió con amabilidad y les pidió a otro hombre y mujeres jóvenes que cantaran las canciones favoritas de mi madre y suyas de *El violinista en el tejado*.

Quizá parezca que secuestraron mi boda, y lo hicieron hasta cierto punto, pero yo era su hija menor y su última oportunidad de participar en la ceremonia de boda de uno de sus hijos. Brian adoraba a mis padres y no era capaz de negarles algo. Así que, nos conformamos con *El violinista en el tejado*, y se invitó a toda la iglesia. Dos mil personas acudieron el 23 de mayo para ver casarse a la hija menor del pastor Chuck.

Mi mamá y mi papá tenían una sorpresa más para nosotros. Mamá me dijo más tarde que papá le contó la idea y, cuando estuvo de acuerdo, los dos se emocionaron mucho. Al final de la ceremonia de la boda, cuando Brian y yo nos dimos la vuelta para mirar al público, papá nos presentó como el señor y la señora Brian Brodersen. Luego, tan pronto como cesaron los aplausos, empezó a cantar con su hermosa voz de barítono: «El SEÑOR te bendiga y te guarde...». Todo el público se puso de pie y empezó a cantarla sobre nosotros. Fue increíble. Fue un momento que nunca olvidaré.

Poco antes de su muerte, quise que papá me bendijera como Jacob bendijo a sus hijos en la Biblia. Sin embargo, nunca tuve la oportunidad de dar voz a mi deseo. Papá estaba muy enfermo de cáncer, pero se esforzaba para ministrar a otros. Solo que había añadido a su agenda ya llena una serie de citas médicas, radiaciones y quimioterapias. No quise poner una exigencia más en su vida.

Un viernes, después de enseñar el estudio bíblico matutino para mujeres, me enteré de que a papá lo habían ingresado de nuevo en el hospital por celulitis. Le compré una hamburguesa a su enfermera privada y fui directo al hospital. Mi hermano mayor ya había llegado, y también su enfermera. De la forma más suave posible, el médico le dijo a papá que su cuerpo estaba plagado de tumores cancerosos, y le dio un máximo de seis semanas de vida. Él se quedó perplejo con la noticia. Le sonrió al médico y le dio las gracias. Entonces, le preguntó cuándo podría comer de nuevo. El médico le dio libertad para comer, él me quitó la hamburguesa de la mano y disfrutó cada una de las mordidas.

El domingo, atado a la máquina de oxígeno y apoyándose del púlpito, papá predicó su último sermón en tres servicios seguidos. Cuando volvió a su casa, yo lo estaba esperando. Se veía pálido, débil y cansado, y fue directo a la cama. Aunque en ese entonces tenía ochenta y seis años, yo todavía pensaba que de alguna manera vencería el cáncer.

El lunes y el martes hizo su programa de radio en vivo desde su casa. El miércoles yo me levanté llorando. Fui a una fiesta de cumpleaños de sorpresa para una querida amiga y compañera de trabajo, pero no podía dejar de llorar. De camino a casa encendí la radio para asegurarme de que papá estaba bien, pero él no estaba en la radio. Tan pronto como llegué a casa llamé y hablé con la enfermera. Me dijo que mi papá no estaba bien, y mi hija y yo corrimos para verle.

Papá estaba en su habitación, sentado en un sillón reclinable, conectado a su oxígeno y un monitor de tensión arterial. Aunque parecía estar durmiendo, estaba entrando en coma. Su enfermera le preguntaba cada cierto tiempo si tenía dolor, si quería comer o si estaba dispuesto a recibir visitas. Papá abría los ojos y usaba todas las fuerzas que le quedaban para decir que no.

Mi hija y yo nos sentamos en el suelo y descansamos nuestras manos sobre él. Estuvimos en silencio la mayor parte del tiempo, solo expresándole nuestro amor en voz baja de vez en cuando. Mi primo y su esposa entraron, nos tomamos de la mano y nos paramos alrededor de mi papá. Oramos. Entonces mi primo, que es músico, sugirió que le cantáramos. Empezó a cantar una canción, pero lo lamentable es que ninguno de los demás, ni siquiera su esposa, la sabíamos.

Mirándome, mi primo preguntó: «¿No conoces esta canción?».

Le dije: «No, pero conozco esta».

Empecé a cantar la bendición aarónica sobre mi padre. Abrió mucho los ojos y cantó con deleite, guiándonos a todos en la antigua bendición de la gracia. Tan pronto como cantó las últimas palabras, sus ojos se cerraron y pareció entrar en un coma profundo. Allí nos quedamos por varias horas más, pero papá no se despertó, ni habló después de la canción. Ya era de noche cuando por fin nos fuimos a casa.

A las tres de la mañana, el teléfono junto a mi cama sonó. Era mi hermano para decirme que papá ya había partido a la presencia del Señor. Quizá fuera su forma de expresarlo lo que me hizo decir: «Gloria a Dios». Puede que se debiera a la seguridad de que papá ahora estaba en la gloria. Ya era libre de las limitaciones de su debilidad, las máquinas y el cáncer. Estaba ya glorificado. Su corrupción se había vestido de incorrupción, y su mortalidad le había dado lugar a la inmortalidad.

Una semana después, mi primo se acercó a mí, y me dijo: «¿Te has dado cuenta de que nosotros fuimos las últimas personas que escucharon cantar a tu papá? Steph [su esposa] y yo hablamos de esto de camino aquí. ¡Qué milagro! Piensa en esto. ¡Él cantó una bendición sobre nosotros!».

Entonces me di cuenta. Había querido una bendición de mi padre, pero elegí cantar una bendición sobre él. Sí, papá se hizo cargo de la canción, al igual que se hizo cargo de los planes de mi boda, pero dio la mayor bendición.

La gracia de Dios es la mayor bendición que podemos dar a cualquier persona.

Enseña la gracia

En Tito 2:11-12, Pablo dice: «La gracia de Dios se ha manifestado para la salvación de todos los hombres, y nos enseña que debemos renunciar a la impiedad y a los deseos mundanos, y vivir en esta época de manera sobria, justa y piadosa» (RVC). En uno de los capítulos anteriores hablamos de cómo la gracia crea la atmósfera perfecta para aprender. Aquí aprendemos que la gracia no solo es la atmósfera perfecta, sino la maestra. La gracia, a pesar de lo que enseña alguna gente, no enseña libertad para pecar, sino justicia, piedad y dominio propio para el tiempo presente.

Sí. La gracia nos enseña a vivir vidas piadosas. La moral no puede escudriñar nuestro corazón y enseñarnos a comportarnos de manera piadosa. Tampoco la ley puede enseñarnos ni corregir nuestro comportamiento. La moral y la ley son externas y no pueden hacer nada por el corazón. La gracia, en cambio, penetra la piel, entra en el corazón y nos instruye en el camino de la verdadera piedad.

Imparte gracia

Cuando estaba en la universidad, salí con un joven que estudiaba para ser pastor de jóvenes. Parecía que cada palabra que salía de su boca era una palabrota. Era tan irritante y vergonzoso que me encontré deseando que la cita terminara cuanto antes. Por fin, durante la cena le dije:

—Pensé que dijiste que querías ser pastor de jóvenes.

—Sí —me contestó con entusiasmo.

—Entonces, ¿qué haces con el pasaje de Efesios 4:29 que dice: "No salga de vuestra boca ninguna palabra mala, sino solo la que sea buena para edificación, según la necesidad del momento, para que imparta gracia a los que escuchan"?

De más está decir cuánto se molestó. Comenzó a justificarse y acusarme de ser moralista. A menudo pienso: *Si al menos se hubiera escuchado a sí mismo hablando.* Años más tarde me tropecé con él, después que se había convertido en pastor de jóvenes, y me pidió disculpas y me agradeció el reto que le hice. Como es obvio, ¡durante el tiempo que pasó aprendió la gracia!

Nuestro hablar debe estar lleno de gracia. No debe ser corrosivo en ninguna medida. Las palabras amables no avergüenzan, condenan ni encuentran faltas. Las palabras con gracia no son lujuriosas, sucias ni bochornosas. Las palabras de gracia de Jesús, como las menciona Lucas 4:22, fueron compasivas, atractivas y con autoridad. La gracia influirá en lo que hablamos y en el vocabulario al que recurrimos cuando hablamos.

Así es. Mientras más comprendemos la gracia de Dios para con nosotras y su carácter de gracia, y mientras más gracia recibimos de Él, ¡más queremos hablar con gracia de la gracia!

Los dones por gracia

La gracia es nuestra manera de recibir los dones divinos de Dios. En Romanos 12:6, Pablo escribe: «Teniendo dones que difieren, según la gracia que nos ha sido dada, usémoslos». Los dones y talentos que poseemos son los beneficios de la gracia de Dios con nosotras. Él nos dio estos dones para el ministerio que tiene para nosotras. Vienen de la provisión de la suficiencia de su gracia.

Cuando nos damos cuenta de que recibimos nuestros dones por su gracia, esto saca los celos y la envidia de nuestro corazón. Sin embargo, cuando pensamos que los dones y talentos que tenemos los recibimos por nuestro mérito, nos convertimos en personas exclusivas, competitivas y envidiosas:

Exclusivas: porque no queremos que nadie tenga el don excepto nosotras, o queremos acompañar solo a quienes tienen el mismo don.

Competitivas: porque medimos nuestros dones con los de los demás.

Envidiosas: porque pensamos que los talentos de otros son mejores que los nuestros.

Sin gracia no podemos disfrutar al máximo los dones maravillosos que Dios les ha dado a todos sus santos.

Demasiadas de nosotras intentamos ser lo que mi hijo mayor solía llamar «todo eso». Nunca olvidaré la primera vez que usó la frase. Estaba hablando de otro chico en la escuela que actuaba de forma superior a todos los demás. «Sabes, mamá, se pensó que era todo eso». Me di cuenta del cuadro cuando explicó cómo el chico había desafiado a los otros chicos, avergonzándolos y burlándose de ellos. Sí. Aquel chico se creía que era «todo eso».

La gracia nos permite apreciar el don que Dios le ha dado a otra persona sin sentirnos amenazadas por no tener ese don. Podemos disfrutar de una voz hermosa aunque no tengamos oído para la música. Podemos disfrutar de la obra de un autor aunque no podamos escribir. La gracia borra la amenaza y nos libera para buscar, apreciar y elogiar los dones divinos de Dios que vemos en otros.

La gracia también nos permite usar nuestros dones sin intimidarnos ni engreírnos. Pedro escribió: «Ponga cada uno al servicio de los demás el don que haya recibido, y sea un buen administrador de la gracia de Dios en sus diferentes manifestaciones» (1 Pedro 4:10, rvc). La gracia de Dios es manifiesta en nuestra vida a través de una variedad de talentos, fortalezas y habilidades. La gracia de Dios es diversa. Como buenas administradoras, o guardianas de lo que Él nos ha dado, usamos los dones.

Tengo la bendición de servir con una variedad de mujeres en mi iglesia. Me maravillo por sus diferentes talentos y por la forma en que Dios nos junta, usando nuestros dones diferentes para ministrar a otras mujeres dentro del cuerpo. He llegado a la conclusión de que Dios nunca pone todos los dones en un paquete. Él otorga diferentes variedades de gracia a cada uno de sus hijos para que solo juntos podamos desplegar a cabalidad la belleza de su gracia en sus diversas formas.

Sirve con gracia

Esto me trae al tema de servir con gracia. La gracia es el poder, la sabiduría y la fortaleza con que servimos a Dios de manera aceptable según los dones que nos ha dado. Hebreos 12:28 dice: «Puesto que recibimos un reino que es inconmovible, demostremos gratitud, mediante la cual ofrezcamos a Dios un servicio aceptable con temor y reverencia». Cuando servimos a Dios agradecidas, tenemos la actitud adecuada. Somos reverentes sin justicia propia.

Tenemos temor santo de Dios sin vivir aterradas y condenadas. De la gratitud sacamos la actitud, la energía y la motivación para servir a Dios. Servimos por la gracia que Dios nos ha mostrado. Servimos con la gracia que Dios nos ha dado. Servimos para mostrarles la gracia de Dios a otros. Al hacerlo, la gracia por naturaleza excluye las protestas, la renuncia y el resentimiento.

Espera en la gracia

Pedro exhortó a los creyentes: «Ceñid los lomos de vuestro entendimiento, sed sobrios, y esperad por completo en la gracia que se os traerá cuando Jesucristo sea manifestado» (1 Pedro 1:13, RVR60). Debemos esperar en la gracia de Jesucristo. Aquí es donde encontramos nuestro consuelo. Jesús nos dará lo que necesitamos. Jesús se ocupará de esto. Nuestra esperanza es la de estar comprometidas por completo con su gracia.

La gracia es la esperanza o certeza de nuestra salvación. La gracia de Dios es nuestra constante esperanza o seguridad de que, incluso en nuestras circunstancias actuales, «todas las cosas cooperan para bien, esto es, para los que son llamados conforme a su propósito» (Romanos 8:28). La gracia proporciona la esperanza de la respuesta a nuestras oraciones por los que amamos.

Encomiéndate a la gracia

Dejar a los que amamos siempre es difícil. Detesto tener que decirles «adiós» a mis nietos. A menudo me preocupo por ellos cuando asisten a escuelas públicas. Oro por ellos todos los días, pero más que eso, se los encomiendo a la gracia de Dios.

Como evangelista itinerante, Pablo tuvo que dejar atrás las iglesias que estableció para llevar el evangelio a diferentes ciudades. Muchas veces, después de dejar una iglesia, los hermanos sufrían persecución o los inundaban falsos maestros con doctrinas erróneas, pero la habilidad de Pablo de proteger las diferentes comunidades era limitada. En esa época, como bien sabes, no existía el teléfono, el correo era lento y los viajes resultaban difíciles. ¿Qué hacía Pablo?

Encomendaba las iglesias a la gracia de Dios: «De allí se embarcaron para Antioquía, donde habían sido encomendados a la gracia de Dios para la obra que habían cumplido» (Hechos 14:26).

Pablo tenía plena confianza en que la gracia los protegería: «Ahora los encomiendo a Dios y al mensaje de su gracia, mensaje que tiene poder para edificarlos y darles herencia entre todos los santificados» (Hechos 20:32, nvi®). La gracia de Dios acabaría la obra que Pablo comenzó, los edificaría en su ausencia y aseguraría su lugar con los demás creyentes.

Nosotros encomendamos a otros a la poderosa fuerza de la gracia cuando oramos gracia sobre ellos, los bendecimos con gracia, les hablamos en gracia y les ministramos por el don de gracia que hemos recibido. La gracia va más allá de nuestras limitaciones y hace lo que humanamente no podemos hacer nosotras.

¿Te sientes a veces limitada en tu habilidad de ayudar a otros? ¿Te sientes demasiado responsable por el bienestar de otros? Entonces, necesitas encomendar a otros a la gran gracia de Dios.

La gran gracia de Dios

Es hora de aprovechar los recursos de la gracia de Dios, de comenzar a utilizar estos recursos y de llegar a ser tan competentes en ellos que sean nuestra primera respuesta a cada situación. Usa la gracia de Dios cuando necesites:

resistencia	sabiduría	poder
paciencia	esperanza	gozo
amor	paz	ánimo
energía	instrucción	perdón
fortaleza	ayuda	perdonar a otros

La intención de Dios nunca fue que vivamos vidas sin gracia, solo sobreviviendo y tratando de agradarle con nuestras escasas reservas de talentos, recursos y poder. No solo nuestras reservas son escasas, sino inadecuadas para el servicio espiritual y faltas de la naturaleza divina de Dios.

Es hora de comenzar a usar los amplios suministros de gracia que Dios ha puesto a tu disposición por medio de Jesucristo. Mientras más uses la gracia que Dios te ha dado, más gracia te revelará Dios... ¡hasta que sobreabunde!

....

Querido Señor:
Muchas veces he agotado mis reservas de paciencia, amor y resistencia. No entendía que tú me permitiste gastarlas para poder recibir más de tu divino suministro de gracia. Me culpaba. Te pedía que me quitaras mi debilidad y me dieras lo que no tenía. Tú me ofreciste gracia, pero yo no entendía su riqueza y poder. Ahora te pido que me muestres cómo y dónde implementar tu divina gracia en mi vida. Que todo lo que soy y hago sea por el poder de tu gracia obrando a través de mí para que tú recibas toda la gloria que tan ricamente mereces. En el nombre de Jesús, amén.

Para tu consideración:

1. Haz una lista de artículos, características, personas o cosas que le has pedido a Dios que quite de tu vida.

2. ¿En qué aspectos de tu vida necesitas comenzar a usar la gracia?

3. Revisa estos pasajes bíblicos y expresa lo que piensas acerca de aplicar la gracia de Dios:

   • 2 Corintios 12:9

   • Números 6:24-27

   • 2 Pedro 3:18

- Tito 2:11-12
- Efesios 4:29
- 1 Pedro 4:10
- 1 Pedro 1:13
- Hechos 20:32

4. ¿En qué aspectos de tu vida necesitas comenzar a extraer de la gracia de Dios?

5. Haz una lista de formas en que puedes comenzar a implementar el poder de la gracia en tu vida.

6. ¿Necesitas encomendar una persona o una situación a la gracia?

Diez

Las minas terrestres

Tú, pues, hijo mío, fortalécete en la gracia que hay en Cristo Jesús.

2 Timoteo 2:1

El 20 de septiembre de 1945, el USS *Missouri* navegó hacia el puerto de Tokio para recibir y aceptar la rendición formal del Ejército Imperial Japonés. Sin embargo, el USS *Missouri* no fue el primer barco en ingresar al puerto. El USS *Revenge* recibió el encargo de barrer primero el puerto de todas las minas navales colocadas allí, a fin de garantizar la seguridad y el éxito de la misión de paz mundial. Un querido amigo de mi esposo y mío, Will Templeton, estaba en ese barco.

Las minas terrestres comenzaron a desarrollarse y usarse entre 1918 y 1939 por estrategas militares. La mina terrestre promedio cuesta menos de tres dólares, pero las minas navales cuestan miles de dólares. Las minas navales han causado daños a barcos, submarinos y naves de la marina, y han sido culpables de mutilar y matar entre quince mil y veinte mil personas cada año[1].

En la actualidad, más de ciento diez millones de minas terrestres sin detonar se esconden en múltiples localidades alrededor del mundo, listas para causarle graves daños a la víctima inconsciente que pise una.

Desde el punto de vista espiritual, minas terrestres sin detonar se han puesto de manera estratégica para impedir, mutilar y matar nuestro progreso en la gracia. Para evitarlas, debemos estar armadas por completo y llenas de gracia, conocer los campos donde se plantaron, ¡y evitar hacer explotar una de estas armas mortales sin querer!

Sé fuerte en la gracia

La gracia no solo es nuestro suministro de lo que necesitamos y lo que nos falta para vencer en la vida, sino nuestra protección contra las fuerzas de la vida. La gracia nos permite atravesar los peores tiempos y nos asegura la victoria. Dios nos promete esta gracia en Isaías 43:2: «Cuando pases por las aguas, yo estaré contigo, y si por los ríos, no te anegarán; cuando pases por el fuego, no te quemarás, ni la llama te abrasará». Fíjate que Dios no dijo que *si* pasas ríos o *si* pasas por el fuego, Él estará contigo y te ayudará. No. De manera específica e intencional dijo *cuando*. La vida está minada de circunstancias letales. El único medio para sobrevivirlas y salir victoriosa en el proceso es la gracia de Dios.

Como mencioné antes, crecí cantando himnos, y todavía me encantan. Me encanta su contenido doctrinal y la riqueza espiritual de sus letras. Uno de mis favoritos es «Cuán firme cimiento». La tercera y cuarta estrofas de este himno captan a la perfección el poder de la gracia para ayudarnos a atravesar los ríos profundos y las ardientes pruebas de la vida.

No habrán de anegarte las ondas del mar,
Si en aguas profundas te ordeno salir;
Pues siempre contigo en angustias seré,
Y todas tus penas podré bendecir.

La llama no puede dañarte jamás,
Si en medio del fuego te ordeno pasar;
El oro de tu alma más puro será,
Pues solo la escoria se habrá de quemar.

La gracia es el suministro que nos ayuda a atravesar los lugares difíciles de la vida. Y no solo atravesamos estos lugares, sino que al salir somos mejores.

Puedo dar fe de este poder de la gracia. La gracia me ha ayudado a atravesar los lugares más difíciles de la vida, como ríos que no pensé que podía cruzar. Me sentí inundada por la corriente, la profundidad y el ancho. Parecían imposibles de cruzar. Sí, todas tenemos esas circunstancias difíciles cuando no podemos ver cómo bordearlas ni cruzarlas. Nos agobian, y pensamos que si tratamos de cruzarlas, nos ahogaremos.

En la Biblia leemos cuatro veces acerca del pueblo de Dios cruzando por aguas profundas. En Éxodo 14, el pueblo de Israel cruzó el mar Rojo en seco después que Dios dividió las aguas. Él usó las aguas para librar a Israel de Egipto, revelarle su maravilloso poder a su pueblo y destruir las fuerzas del enemigo que venía en su contra.

En Josué 3, el pueblo de Israel cruzó el río Jordán en seco. En esa época, las aguas del Jordán se desbordaban, pero miles de familias necesitaban cruzar con sus hijos, su ganado y sus pertenencias. Dios le dijo a Josué que hiciera que los sacerdotes que llevaban el arca del pacto fueran los primeros en poner los pies en la orilla. Cuando la suela de los zapatos de los sacerdotes tocaron el agua, el río Jordán dejó de fluir como a treinta y dos kilómetros al norte de la ciudad de Adam, donde las aguas se detuvieron y se elevaron en un «montón» (Josué 3:15-17). Todo el pueblo pudo entrar a la tierra prometida ese día. Josué hizo que doce hombres, uno de cada tribu, reunieran grandes piedras y levantaran un monumento para que el pueblo recordara el milagro que realizó Dios. Este monumento le recordaría al pueblo que Dios estaba dispuesto a cumplir sus promesas (Josué 4:1-8).

Al final de su ministerio, Elías vino a la orilla del río Jordán en compañía de su sucesor, Eliseo. Cuando llegaron a orillas del Jordán, Elías tomó el manto que llevaba puesto y golpeó el agua (2 Reyes 2:7-8). De inmediato, las aguas se dividieron y los profetas caminaron en seco hacia el otro lado. Poco después, un carro de fuego se llevó al anciano profeta al cielo. Al irse del lugar, el joven profeta se vio de nuevo ante el río Jordán. Eliseo tomó el manto que se le cayó a Elías y golpeó las aguas diciendo: «¿Dónde está el Señor, el Dios de Elías?» (2:14). Al hacer esto, el río se dividió en dos, y el profeta recién comisionado caminó por el suelo seco.

En cada uno de estos casos el agua fue el medio que Dios usó para demostrar su gloria y su deseo de bendecir al pueblo y darles todo lo que les había prometido. La gracia transforma los ríos desbordados, peligrosos y abrumadores de la vida en caminos que llevan al propósito de Dios, a la revelación del poder de Dios y a la seguridad de sus promesas.

¿Qué me dices de las llamas? En 2017, se desataron casi nueve mil fuegos en California que causaron miles de millones de dólares en daños. Se destruyeron más de diez mil estructuras, incluso casas, negocios, graneros y almacenes. Más de 495 739 hectáreas de tierra se quemaron, entre estas huertos, viñedos y campos dedicados a la ganadería. Algunos de los fuegos ardieron a más de 815 grados centígrados. Los bomberos trabajaron sin descanso para proteger las estructuras y los ciudadanos de California de las llamas destructoras.

El fuego, absoluto y arbitrario, lo consume todo en su camino. Los residentes que regresaron a sus vecindarios quemados no encontraron nada que recuperar. Las temperaturas extremas dejaron las joyas como montañitas de oro y plata, y hasta derritieron las cajas fuertes hechas para proteger estos artículos de valor.

La vida tiene lugares en los que pocas personas sobreviven. La gracia de Dios no solo nos sostiene a través de las pruebas más amenazantes, destructoras y devastadoras, sino que nos hace salir de ellas sin siquiera el olor a humo en nosotras. Es decir, nadie que nos observe podría jamás adivinar las pruebas ardientes que hemos enfrentado ni los campos llenos de minas terrestres que hemos cruzado.

Esta es la gracia en la que tú y yo debemos fortalecernos. Necesitamos estar fuertes en la gracia que es en Jesucristo. Jesús ha puesto esta gracia a nuestra disposición. No solo podemos entrar con confianza en el salón del trono de Dios para recibirla, sino que debemos acumularla, usarla e ingerirla. La gracia tiene que adentrarse en lo más profundo de nosotras, donde nos pueda fortalecer. De lo contrario, nos veremos aterradas y hasta explotadas por las minas terrestres que se plantan en los campos de la vida.

Un suministro listo de gracia nos mantendrá preparadas y protegidas de todas las fuerzas que obstruyen nuestra relación con Dios, mutilan nuestra vida espiritual y destruyen nuestra espiritualidad. Hay minas terrestres sin escrúpulos, sin detectar y sin detonar ahí afuera, y sus efectos pueden ser devastadores. En este capítulo veremos el daño que infligen siete minas espirituales y cómo la gracia es la protección perfecta en su contra.

Primera mina terrestre: *El legalismo (La caída de la gracia: Gálatas 5:4)*

El apóstol Pablo no escatimó palabras cuando escribió a los gálatas. Pablo había visitado la región de Galacia con el evangelio de gracia. Había invitado en público a jóvenes, ancianos, mujeres, hombres, esclavos y libres a recibir la oferta de Dios de salvación, reconciliación, amor, vida, poder y el cielo por medio de Jesús. Muchos que oyeron a Pablo hablar creyeron la palabra de Dios y recibieron a Jesucristo como su Salvador. Luego, Pablo regresó a Galacia, «fortaleciendo a todos los discípulos» allí (Hechos 18:23).

Pablo tenía una tierna relación con estos creyentes. Incluso, mientras presentaba el evangelio, sufría de una severa aflicción física. Los gálatas eran tan solidarios con él que creía que se habrían «sacado» sus propios ojos y se los habrían dado si eso le hubiera servido de algo (Gálatas 4:15). Sin embargo, algo cambió de repente el afecto que le tenían. Los legalistas se habían infiltrado en la iglesia.

Estos hombres vinieron con supuestas credenciales y una carta que decían que la escribió Pablo. Estos hombres les dijeron a los creyentes en Galacia que debían aprender y someterse a la ley mosaica. Decían que la «gracia» no era suficiente base para una relación con Dios. Les presentaron ciertas obras, regulaciones, rituales y reglamentos que pensaban que los gálatas debían obedecer para ser espirituales de verdad. Estos infiltrados también decían que ellos eran los únicos que podían llevar a los gálatas a una verdad más profunda y ayudarlos a ser de veras espirituales.

Los gálatas comenzaron a caer en la seducción de estos legalistas. El efecto fue devastador. Las obras de la carne se comenzaron a manifestar una vez más en la comunidad. El poder de la gracia que produce el fruto del Espíritu le dio paso a la condenación de la ley, que no tiene poder contra el pecado. Le siguió la competencia. Los gálatas comenzaron a andar «mordiéndose y devorándose unos a otros» (Gálatas 5:15, BLPH). Estos débiles creyentes querían ser mejores cristianos tratando de obedecer la ley de Moisés, y estaban fracasando por completo. ¡Los viejos hábitos regresaron, la condenación se cernía sobre ellos y el cristianismo se convirtió en una carga!

En su esfuerzo por cumplir la ley, sin darse cuenta abandonaron la gracia de Jesús. Pablo les dijo: «Ustedes, los que por la ley se justifican, se han desligado de Cristo; han caído de la gracia» (Gálatas 5:4, RVC). Su apego a la ley los había separado de Jesús. Pablo les señaló que si la ley podía justificarlos, Cristo había muerto en vano (Gálatas 2:21).

Lo cierto es que la ley no puede justificar a nadie. La ley es la ley, solo una medida rígida de justicia. Lo que es peor, nadie puede estar a la altura de los estándares de la ley, así que trata de alejarte del poder de la gracia. ¡Jesús se hizo hombre para vivir la vida de justicia que nosotros no podíamos vivir y murió la muerte que todos merecemos para poder traer la gracia de la salvación a la humanidad entera!

Una de las peores injurias del legalismo es que causa que los que lo siguen caigan de la gracia. Se trata de la mina terrestre que todos los creyentes deben evitar. ¡También puede entenderse como la mina terrestre de la justificación propia por cualquier otro medio que no sea la gracia! Solo Jesús se merece el favor de Dios, así que solo cuando recibimos la justicia de Jesús, recibimos el favor de Dios (consulta la tercera mina terrestre).

En Juan 6:28 le preguntaron a Jesús: «¿Qué debemos hacer para poner en práctica las obras de Dios?». En los días de Jesús, los judíos estaban acostumbrados a instrucciones rígidas y «obras» que tenían que realizar para tratar de recibir el favor de Dios. En efecto, lo que le preguntaron a Jesús fue: «¿Qué quiere Dios que hagamos para poder estar en paz con Él?». Las palabras de Jesús fueron sorprendentes, poderosas y llenas de gracia: «Esta es la obra de Dios: que creáis en el que Él ha enviado» (versículo 29). Aquí está, para todas nosotras, lo que Dios quiere y exige solo es: creer en Jesús, su Hijo. Todo lo demás que necesitamos para estar en paz con Dios le sigue a creer primero en Jesús. Esta es la gracia de Dios.

Queridas amigas, no dejen que nadie les diga que la profundidad espiritual viene por seguir una metodología, tradición o restricción. Esas te pueden hacer caer de la gracia. Pueden parecer atractivas y prometedoras, pero al final contienen algo que puede traer desastre y destruirnos.

No es nada malo seguir cierto método de leer la Biblia, orar o congregarse. Sin embargo, cuando adoptas una fórmula o un ritual, te puedes alejar del objetivo principal. Leemos la Biblia para crecer en el conocimiento de nuestro Salvador. Leerla para merecer el favor de Dios, o tratar de ser más espirituales que otros, no enriquecerá nuestra vida espiritualmente. El objetivo de toda lectura bíblica es aprender, recordar y meditar sobre la persona de Jesucristo.

Alguna gente quiere decirte «cómo» debes leer la Biblia. Subestiman la validez espiritual de cualquiera que no lea cierta cantidad de capítulos al día, que no mantenga un diario o conteste las preguntas requeridas cada vez que leen. Hace años conocí un método de lectura de la Biblia que empleaba los tres. Se extendió por nuestra pequeña iglesia, y se presentó como «la manera adecuada», «la mejor manera» y la «única manera válida» de leer la Palabra de Dios. Los que usaron este método decían que recibían más sabiduría espiritual que los que no lo seguían.

Bueno, yo quería ser espiritual. Amo a Jesús y quería agradarle. Escogí la Biblia en un año, comencé a mantener un diario y contestaba las preguntas asignadas. Debo ser sincera, la lectura bíblica se hizo monótona. La comunión que había disfrutado con Jesús durante mis tiempos devocionales se secó. Ahora leía para completar todos los capítulos. Escribía y contestaba preguntas, pero ya no meditaba ni permanecía en ellas. De pronto, mi objetivo cambió. Leía pare ser espiritual en vez de leer para pasar tiempo con Jesús. Las demandas eran imposibles de mantener. Algunos días requería leer diez capítulos, y eso es mucha lectura para una madre trabajadora, que era yo en ese momento. Inevitablemente, me quedé atrás y traté de ponerme al día para mantener la continuidad. Comencé a sentirme espiritualmente frágil, frustrada y condenada.

Un día, todo llegó a un punto crítico cuando conversaba por teléfono con mi madre. Ella siempre tuvo esa maravillosa intuición y me leía como a un libro. Sintió algo en mi voz y preguntó:

—¿Qué te pasa?

—Ah —le dije muy desanimada—, he estado tratando ese método de estudio bíblico del que habla la gente. He venido haciéndolo por tres meses y no me convence. Me siento sin valor y condenada. No he recibido nada de él.

Su respuesta no era lo que yo esperaba.

—¡Aleluya! —resonó del otro lado de la línea.

—Mamá, ¿acabas de gritar: "Aleluya"? —le pregunté.

—Sí, Cheryl. He tratado de estudiar así, y me he sentido seca y condenada. No podía descifrarlo con exactitud, ¡y el Señor me lo acaba de revelar! Puede que sea un buen método para alguna gente, pero cariño, para nosotras no. Volvamos a hacer las cosas como antes cuando disfrutábamos nuestro tiempo con Jesús.

¡Ah, de qué mina terrestre nos salvamos mi madre y yo ese día! Sin darme cuenta, estaba cayendo de la gracia. Estaba tratando de justificar mi espiritualidad por la forma en que estudiaba mi Biblia.

Las metodologías se extienden más allá de nuestra manera de estudiar la Biblia. Alguna gente quiere limitar nuestra forma de leer, orar, tener compañerismo y vivir.

Mi esposo y yo hablamos una vez con un joven acerca de cuánto nos gustaba pasear por la playa y orar juntos como pareja. Él quiso calificar nuestro tiempo de oración: «Sí, ¿pero oran a "a través del templo", con los ojos cerrados y sintiendo la arena debajo de los pies?».

«Ah, ¿esa es la forma más espiritual de hacerlo?», le respondí. Él se sorprendió un poco. «Me temo que no hacemos nada de eso», le dije. «¡Solo irrumpimos en el salón del trono de la gracia y hablamos con Dios directamente!».

Quizá, sin saberlo, hayas caído en el legalismo que está relacionado con la mina terrestre de caer de la gracia. La ley no tiene que ser la ley mosaica; hay muchas otras leyes por ahí. Cada vez que oigas promesas de una manera mejor, una metodología mejor o un ritual que va más allá de la sencillez de las Escrituras, ¡cuidado!

Segunda mina terrestre: La explotación de la gracia (usar la gracia como licencia para pecar: Romanos 6:1)

La Biblia tiene mucho que decir acerca de los que «presumen» que la gracia es una licencia para pecar. Esta presunción es mortal. Judas nos alertó acerca de esta mina terrestre en su carta a la iglesia. «Pues algunos hombres se han infiltrado encubiertamente, los cuales desde mucho antes estaban marcados para esta condenación, impíos que convierten la gracia de nuestro Dios en libertinaje, y niegan a nuestro único Soberano y Señor, Jesucristo» (Judas 4).

Alguna gente se toma mucha libertad con el pecado y tratan de justificarlo bajo la bandera de la gracia. Habiendo crecido en la iglesia, he escuchado a más de una persona decir: «Bueno, si Dios me va a perdonar de todas formas, lo hago y ya». Esto es presumir de la gracia de Dios, y es una excusa peligrosa. Muestra que la persona que habla así es ignorante del poder adictivo y restrictivo del pecado. Jesús dijo: «Ciertamente les aseguro que todo el que peca es esclavo del pecado» (Juan 8:34). Pablo se hace eco de esta advertencia en Romanos 6:16: «¿Acaso no saben ustedes que, si se someten a alguien para obedecerlo como esclavos, se hacen esclavos de aquel a quien obedecen, ya sea del pecado que lleva a la muerte, o de la obediencia que lleva a la justicia?» (RVC).

Los que presumen de la gracia creen que pueden pecar una vez con impunidad. Al igual que las personas que piensan que pueden comer una papita en los anuncios de papas fritas *Lay's*, creen que solo cometerán un pecado. Sin embargo, no pueden resistirse al pecado después de darse el gusto. No consideran la «paga» del pecado, el poder cautivador del pecado y su naturaleza corrupta. Nadie peca de manera intencional sin causar un gran daño a sí mismo y a los demás.

Segundo, los que usan la gracia como excusa para pecar son ignorantes de la naturaleza y del propósito de la gracia. No tienen idea que la gracia es una cualidad divina, dada para capacitarnos y darnos el poder para el servicio divino. Una de las funciones de la gracia es el perdón de pecados, pero para capacitar y darles poder a quienes quieren de todo corazón agradar al Señor.

Tercero, subestiman la gloria de la gracia. La consideran algo común. La usan como un trapo para limpiar su desorden en vez de la capa real de nuestro llamado en Cristo.

Usar la gracia como excusa para pecar traerá que el enemigo los capture y posea por sus fuerzas. «Les prometen libertad, mientras que ellos mismos son esclavos de la corrupción, pues uno es esclavo de aquello que le ha vencido» (2 Pedro 2:19).

Tercera mina terrestre: La búsqueda del mérito (Romanos 11:16)

Al escribirles a los romanos, Pablo dijo: «Y de la misma manera, también ha quedado en el tiempo presente un remanente conforme a la elección de la gracia de Dios. Pero si es por gracia, ya no es a base de obras, de otra manera la gracia ya no es gracia. Y si por obras, ya no es gracia; de otra manera la obra ya no es obra» (Romanos 11:5-6).

Cuando tratamos de merecer, ganarnos el favor de Dios, según lo que hacemos por Él, ya no estamos operando en gracia ni por gracia. Tratar de merecernos algo es la mina terrestre que desintegra la gracia. Es cuestión de una cosa u otra. O tratamos de merecer el favor de Dios, lo cual es tratar de ganarlo con los logros, el esfuerzo propio y lo que hayamos hecho, o lo recibimos por gracia. No podemos hacer las dos cosas.

Conozco gente que trata de destacar sus logros del pasado, el éxito de su ministerio o su actividad actual como prueba de su espiritualidad. Sin embargo, mucha gente impía ha hecho grandes obras, ha tenido mucho éxito y, en la actualidad, contribuye y sirve como voluntaria en muchas organizaciones de caridad. Sus obras exceden mucho más en número y sacrificio propio que las de muchos cristianos.

¿Recuerdas la historia del joven rico? Según el estándar de la sociedad, este joven lo tenía todo. No solo era joven y rico, sino que había ganado un alto puesto. Era serio. Era moral. Era justo. Vino corriendo a Jesús, se arrodilló ante Él y le preguntó: «Maestro bueno, ¿qué haré para heredar la vida eterna?» (Marcos 10:17). Piénsalo bien. Para los líderes religiosos del tiempo de Jesús, este hombre ya se había ganado la vida eterna por sus logros y buenas obras.

Jesús le dijo: «Tú sabes los mandamientos» (versículo 19). Por supuesto que este joven sabía los mandamientos, y los había cumplido desde niño. Sin embargo, aun así, reconocía que le faltaba algo. Sabía que no se había merecido la vida eterna que buscaba.

Jesús le dijo: «Una cosa te falta: ve y vende cuanto tienes y da a los pobres, y tendrás tesoro en el cielo; y ven, sígueme» (versículo 21).

Todos los logros pasados del joven, todos sus éxitos, toda su moral, no pudieron hacer que mereciera la vida espiritual que le faltaba. La respuesta estaba en vender todo lo que había logrado, ganado y merecido, y solo volver y seguir a Jesús. Este es el camino de la gracia. La gracia, por naturaleza, no se puede ganar. Solo se puede recibir. Nadie puede destacar de manera legítima ningún logro del pasado, éxito en el ministerio ni obra caritativa actual como validación de la adecuada relación con Jesús. Las que de veras están bien con Dios reconocen que todo lo que han logrado, todo éxito y toda obra del presente se debe a la gracia de Dios para con ellas, en ellas y obrando a través de ellas. Es solo gracia.

Pablo, hablando de sus logros, dijo: «Pero por la gracia de Dios soy lo que soy, y su gracia para conmigo no resultó vana; antes bien he trabajado mucho más que todos ellos, aunque no yo, sino la gracia de Dios en mí» (1 Corintios 15:10). Pablo no se dio crédito por sus logros del pasado, su ministerio ni por su trabajo actual. Lo reconoció todo como la gracia de Dios en él y con él. ¿Deberíamos nosotras hacer menos que eso?

Cuidado con tratar de justificarte ante Dios con logros del pasado, éxitos y servicio cristiano. Esta justificación no solo es inválida, sino que quita la gracia de tu vida.

Cuarta mina terrestre: Recibir la gracia de Dios en vano (2 Corintios 6:1)

En 2 Corintios 6:1, Pablo les suplicó a los corintios «a no recibir la gracia de Dios en vano». Entonces, les escribió acerca de los muchos beneficios que había recibido a través de la gracia de Dios obrando en él. La gracia de Dios le había encomendado o calificado como ministro de Jesucristo, y enumeró las obras de la gracia de Dios en él en 2 Corintios 6:4-10:

> En mucha perseverancia, en aflicciones, en
> privaciones, en angustias, en azotes, en cárceles, en
> tumultos, en trabajos, en desvelos, en ayunos, en
> pureza, en conocimiento, en paciencia, en bondad,
> en el Espíritu Santo, en amor sincero, en la palabra

de verdad, en el poder de Dios; por armas de justicia
para la derecha y para la izquierda; en honra y en
deshonra, en mala fama y en buena fama; como
impostores, pero veraces; como desconocidos, pero
bien conocidos; como moribundos, y he aquí,
vivimos; como castigados, pero no condenados a
muerte; como entristecidos, mas siempre gozosos;
como pobres, pero enriqueciendo a muchos; como
no teniendo nada, aunque poseyéndolo todo.

No nos crearon para tratar de servir o vivir la vida cristiana
independientes de la gracia. Las reservas de gracia están abiertas
para nosotras, y podemos extraer de ellas tanto como necesitemos
en vez de limitar la cantidad de gracia que usamos. Alguna gente
es selectiva con la gracia. La usan solo en algunas situaciones y
dependen de sus propias fuerzas en otras. Hacer esto es recibir la
gracia de Dios en vano. La gracia de Dios debe extraerse sin cesar y
en gran medida para satisfacer todas las exigencias de la vida.

Fíjate que Pablo usó la gracia de Dios para la perseverancia, la
pureza, el conocimiento, la bondad, la honra, el poder del Espíritu
Santo y el amor. Clamó por gracia en aflicciones, privaciones,
angustias, azotes (latigazos), cárceles y tumultos. La gracia le suplió
con la palabra de verdad y las armas de justicia. Lo sustentó a través
de la honra y deshonra, las injurias y la verdad, la mala fama y la
buena fama. Lo sustentó con vida, gozo y la capacidad de enriquecer
a otros aunque no poseía nada.

Pablo quería que los corintios disfrutaran de los ricos beneficios
de la gracia de Dios en todas las situaciones.

Sé que tiendo a apoyarme en mis propias fortalezas en algunos
aspectos de mi vida. Trato de hacer para Dios en vez de lograr algo
que Dios hace a través de mí por su gracia. En esos momentos
me encuentro sintiéndome derrotada cuando lo que intenté, o creí
que podía hacer tan bien, fracasa. He aprendido a reconocer esos
momentos como en los que me he descarriado. Tenía el suministro
de la gracia, pero no lo utilicé.

La hija de una buena amiga mía le hizo a su madre una preciosa colcha de cadenas irlandesa. Se esforzó mucho para hacer esta colcha grande, y el resultado fue hermoso. La joven escogió piezas de tela que sabía que a su madre le gustarían y colores que complementaran su decoración. A mi amiga le encantó la colcha, pero para tristeza de su hija, de inmediato la empacó en una funda protectora y la guardó en un armario.

Un día, la cuñada de mi amiga vino a visitarla. Cuando mi amiga fue a limpiar la habitación que usó su cuñada, vio que la mujer había descubierto la bella colcha y la había usado. ¡Se quedó con el corazón roto! La colcha había acomodado, calentado y la había disfrutado otra persona. Enseguida la lavó y la puso sobre su propia cama. ¡Ya no mantendría en vano esa colcha!

Es perjudicial recurrir a la gracia de Dios solo para algunas de nuestras circunstancias. La gracia de Dios es abundante y es para usarla en todas las circunstancias.

Quinta mina terrestre: Ultrajar al Espíritu de la gracia (Hebreos 10:29)

El autor de Hebreos nos advirtió acerca de otra mina terrestre mortal: ultrajar al Espíritu de la gracia. Los creyentes hebreos corrían el peligro de volver a las leyes, los rituales y las tradiciones del Antiguo Pacto. Estos creyentes sufrían persecución por su dependencia de la gracia de Jesucristo. Los presionaban fuerzas externas para que se rindieran a las autoridades judías en Jerusalén y volvieran a someterse a la ley mosaica. El autor de Hebreos va muy lejos para mostrarles la superioridad de la gracia que recibieron de Jesús. Al final, tratar de servir a Dios a través de la ley es ultrajar al Espíritu de la gracia (Hebreos 10:26-29).

Un ultraje es peor que un simple rechazo. Es una ofensa deliberada. No solo es decir: «La gracia no es necesaria»; es decir: «La gracia es injustificada y sin valor». A ti esto te puede parecer una parte obvia de esta mina terrestre, pero muchos en la iglesia niegan el valor y la necesidad de la gracia. Creo que se debe a un malentendido acerca de la gloria, la necesidad y la función de la gracia.

Otros están convencidos de que si las personas reciben la gracia y viven en la gracia, serán incontrolables, y no tendrán obstáculos ni restricciones en su comportamiento. Algunos que sirven en el liderazgo de la iglesia incluso desalientan la gracia.

Durante mi primer año de universidad, mi fe fue puesta a prueba en gran medida. Un desafío fue del profesor que enseñó mi clase de historia del Nuevo Testamento. El tema era la historia de Juan 8 sobre la mujer sorprendida en adulterio, y nos dijo que no pertenecía a la Biblia porque era una invención. Como justificación de su hipótesis, dijo que el griego que se usó para esta historia no concordaba con el otro griego que Juan usó en su Evangelio. También afirmó que no aparecía en la mayoría de los manuscritos antiguos.

Esto estremeció mi fe. Crecí con la convicción firme de que «toda Escritura es inspirada por Dios y útil para enseñar, para reprender, para corregir, para instruir en justicia» (2 Timoteo 3:16). Comenzar a calificar y descalificar pasajes de la Biblia era una pendiente resbaladiza. Como es obvio, los que en un principio escogieron el canon de la Escritura pensaron que debía estar allí.

Llamé a mi padre y le pregunté acerca de la validez de Juan 8, versículos 1 al 11. Me dijo que un conjunto de pruebas apoyaba su validez. Le faltaba los datos exactos, pero que conocía a un joven que había coescrito libros de apologética con Josh McDowell, y estaba seguro de que podría proporcionarme los datos que necesitaba.

Poco después, me llamaron al teléfono de mi dormitorio. (Como es obvio, ¡soy mayor y fui a la universidad antes de que existiera el teléfono celular!). Una voz alegre estaba al otro lado de la línea. «Hola Cheryl. Soy Don Stewart. Me enteré que tienes algunas preguntas sobre la Biblia para mí». Mi papá le había pedido a Don que me llamara. Mientras escuchaba con atención, le dije a Don lo que había escuchado en clase.

«Bueno, Cheryl», dijo, «el conjunto de pruebas que apoyan el relato de Juan 8 es mayor que las críticas en su contra». Me explicó que la historia se menciona en algunas de las primeras cartas de los padres de la iglesia que datan del primer siglo, y que no sería raro que Juan se volviera elocuente al contar una historia como esta.

Don me habló de otras pruebas, pero la que más captó mi atención fue esta: Se cree que, en vez de haberse añadido a la Biblia, la eliminaron ciertos líderes de la iglesia. Ya en el primer siglo del cristianismo, los falsos maestros se estaban infiltrando en la iglesia para tratar de corromperla. Muchos de estos eran legalistas. Estos hombres consideraban la gracia de Dios demasiado tóxica y peligrosa para el público cristiano general, y la historia de la mujer adúltera los desafiaba demasiado. Temían que si esta historia se repetía en los círculos cristianos, resultaría en la infidelidad de las esposas, quienes justificarían su comportamiento infiel y presumirían de la gracia y el perdón de Jesús.

Estos hombres no entendían el propósito, el poder ni la protección de la gracia. La veían como una licencia para pecar, y esta historia de gracia acerca de Jesús solo fortalecía esa idea en su mente.

Aunque el pasaje se disputa aún entre algunos teólogos en cuanto a su autenticidad y su lugar en el Evangelio de Juan, Agustín, un padre de la iglesia primitiva y teólogo, no solo escribió acerca de lo que sucedió, sino por qué sucedió. «Algunos le temían al pasaje por temor a que condujera al relajamiento moral y lo borraron de sus códices». Ambrosio y Jerónimo, también padres de la iglesia primitiva, tenían la misma opinión. La mayoría de los eruditos bíblicos reconocen la autenticidad de esta historia, pero muchos la ponen en el Evangelio de Lucas por su griego excelente.

Mientras Don hablaba, ¡me sorprendió que los hombres trataran de quitar la gracia de Dios de la Biblia!

En muchas iglesias de hoy, la metodología, el ritual, las tradiciones, las filosofías y las obras se han convertido en un sustituto de la gracia. El resultado es peligroso para el entendimiento, la salud y el poder espirituales. ¡Omitir la gracia y la obra de la Palabra de Dios es ultrajar al Espíritu de la gracia!

Sexta mina terrestre: La amargura (dejar de alcanzar la gracia de Dios: Hebreos 12:14-15)

¿Qué significa «deje de alcanzar la gracia de Dios»? Significa negarse a extender la gracia de Dios a otros y, por lo tanto, no recibir la gracia de Dios en nuestra vida. La misma medida con que damos gracia a otros, es la medida de gracia que recibiremos de Dios y de otros creyentes. Jesús dijo: «Den, y se les dará una medida buena, incluso apretada, remecida y desbordante. Porque con la misma medida con que ustedes midan, serán medidos» (Lucas 6:38, RVC).

Yo quiero tanta gracia como me sea posible. Para recibir gracia, debo extender gracia. Esto significa que debo pasar por alto defectos, cubrir pecados con amor y perdonar a menudo.

Hebreos 12:15 nos alerta acerca del peligro de no alcanzar la gracia de Dios debido a que brote alguna «raíz de amargura». Este pasaje dice que debemos procurar la santidad al mirar «bien de que nadie deje de alcanzar la gracia de Dios; de que ninguna raíz de amargura, brotando, cause dificultades y por ella muchos sean contaminados». ¿Cómo brota una raíz de amargura? Brotar sugiere un crecimiento súbito que sale de la tierra. Sin embargo, algo estaba ocurriendo bajo tierra antes de que apareciera ese pequeño brote. Bajo la superficie estaba germinando una semilla. La semilla estaba recibiendo posición, alimento y suficiente humedad para prosperar. De la semilla salió el primer brote que empujó y presionó contra el suelo hasta que por fin atravesó la tierra y pudo verse.

La semilla de la amargura se entierra en el corazón, casi siempre debido a cierto insulto, desaire o infracción que quien la recibe se niega a perdonar y liberar. En su lugar, se le da un lugar a la semilla en la tierra del corazón. Luego recibe atención cuando la persona ofendida sigue pensando en la infracción una y otra vez. Las lágrimas de ira y resentimiento la humedecen. La falta de perdón se suma como resentimiento. El resentimiento se convierte en rencor.

El rencor se convierte en amargura. La amargura brota, rompe el suelo del corazón y se manifiesta al discutir de manera obsesiva del tema, con inflexiones de tono y palabras corrosivas.

La consecuencia de la amargura es no alcanzar la gracia de Dios. En vez de recibir la gracia de Dios para perdonar y continuar hacia adelante, la mina terrestre del objetivo de la amargura es mantener a la parte herida distanciada de la ayuda que le da la gracia. La amargura a menudo se disfraza de justificación. Nos atrae la compulsión de cuidar nuestras heridas y quejas. Escondida debajo de la amargura de la metralla mortal que contiene esta mina terrestre están los celos, el chisme, las acusaciones, la condenación, el juicio y el resentimiento.

Uno de los aspectos más mortales de estos asesinos de la gracia es el daño colectivo que hacen. No solo mutilan a la persona amargada, sino a los que le rodean. Causan trastornos y problemas, y también matan la gracia en los demás.

Es importante asegurarnos de que la tierra que atraviesas está libre de la amargura que puede hacer que no alcances la gracia de Dios. Esto significa que debes hacer inspecciones diarias. Aquí tienes algunas preguntas que debes hacerte:

¿Tengo reacciones negativas en mi corazón cuando escucho mencionar cierto nombre?

¿Siento la necesidad de contarles a otros mi causa contra esta persona?

¿Trato de ganar a otros a mi causa contra esta persona?

¿Siento una curiosidad constante acerca de las actividades de esta persona?

¿A cada momento menosprecio y busco fallas en los logros o acciones de esta persona?

¿Siento la necesidad de hablar de los fracasos pasados de esta persona?

¿Disfruto escuchar acerca de las faltas de esta persona?

¿Me siento satisfecha cuando esta persona falla?

¿Les repito a otros sin cesar la misma historia acerca de esta persona?

Las respuestas afirmativas son señales de pensamientos y conductas que matan la gracia. Para deshacerte de ellos, debes reconocer que hay amargura debajo de la superficie. No solo vas a tener que hacer un barrido de tu vida para encontrar esta mina terrestre, y quizá hasta detonarla, confesando y arrepintiéndote de tu amargura. Recuerda, la cantidad de gracia que les des a otros es la cantidad que recibirás a cambio.

Puedes evitar esta mina terrestre cultivando la gracia que nos da Dios, orando por gracia y dándoles a otros el fruto de la gracia de Dios. Cultiva la gracia recordando al Campeón de toda gracia y la gracia que te ha concedido. Toma las semillas de la gracia que Él te ha dado: el perdón de pecados, las bendiciones, las misericordias, la bondad, la mansedumbre y las libertades, y plántalas tan a menudo como puedas en tantas vidas como te sea posible. Cuanta más gracia siembres, más gracia cosecharás.

Cuando era adolescente, a cierto pastor lo destituyeron de su pastorado por algunas razones insignificantes. Hasta este día, recuerdo la reacción de mi padre a la situación: «Bueno», dijo con su habitual mesura, «siempre sentí que era demasiado duro en su predicación. Había muy poca gracia. Nunca sembró la gracia en sus feligreses, y ahora ellos no tienen los recursos de la gracia para devolvérsela».

Ora para ser llena de gracia. Cuando les mostramos gracia a los demás, estamos manifestando el Espíritu de gracia que reside en nosotras.

Recuerda y medita sobre el Campeón de la gracia. Piensa en cómo Jesús te salvó, perdonó, continúa perdonándote, pasa por alto tus fallas y te bendice a pesar de tus errores. Esta meditación en Jesús resultará en una mayor gracia para los demás.

Séptima mina terrestre: ¡Hacerlo con independencia de la gracia! (Éxodo 33:16)

Esta es una de las mayores minas terrestres: tratar de cruzar los ríos o atravesar los fuegos de la vida sin la gracia de Dios. En mi vida, he aprendido que si no tengo la gracia divina para atravesarlo, necesito salir de allí.

Dios suple la gracia e incluso nos prepara con una gran cantidad de gracia para cada batalla que enfrentamos. Cuando no tengo la gracia, estoy en la batalla equivocada. Dios nos da la gracia para cada batalla en la vida. Ya sea la batalla del miedo, la batalla de la supervivencia, la batalla financiera, la batalla de la salud, la batalla relacional, la batalla legal o la batalla de confrontación, se nos proporciona toda la gracia que necesitamos para experimentar la paz y la victoria de Dios. Sin embargo, cuando no tengo esta gracia, necesito reforzar mi suministro o retirarme de la batalla.

Más de una vez he estado en situaciones en las que sentí que mi gracia disminuía. Una vez una mujer irrazonable me confrontó. Me gritaba y me acusaba. Sabía que si me quedaba en su presencia perdería la tabla. Oré por gracia para alejarme sin decir palabra. Dios me la dio. He estado en juntas con mujeres donde me he sentido que no soy útil, y me ha sido difícil asistir. Me faltaba la gracia. Dios puso en mi corazón renunciar.

La gracia es el indicador que nos dice si libramos las batallas adecuadas. Si no tienes la gracia para cruzar los ríos o atravesar las llamas, ¡da la vuelta y busca el camino hacia el salón del trono de la gracia y espera para recibir instrucciones!

Cuando Israel llegó a la frontera de Canaán, Moisés envió a doce espías a la tierra prometida. Diez de los espías regresaron con noticias desalentadoras. La tierra que Dios les había prometido era fértil, vasta y buena, pero había gigantes en la tierra y ciudades fortificadas. Los espías desalentaron al pueblo en gran manera a causa de las fuerzas en su contra. Los otros dos espías, Josué y Caleb, estaban entusiasmados por la tierra que vieron, y seguros de que la victoria era inevitable por las promesas de Dios. Ellos procuraron entusiasmar al pueblo.

La congregación de Israel se puso del lado de los diez espías desalentadores y murmuró en contra de Moisés, Dios y todo el plan (Números 13).

Moisés les dio a los hijos de Israel una fuerte reprimenda con un castigo añadido. Debido a que rechazaron entrar a la tierra que les prometió Dios, morirían en el desierto y sus hijos heredarían la buena tierra (Números 14:1-38). Esto no sentó bien a la gente de Israel. Se dieron cuenta de que habían cometido un gran error, y organizaron un ejército para entrar a la tierra prometida de todas formas. Este fue un error aún peor, y Moisés les había advertido que no lo hicieran. Aquí está el relato según la Nueva Traducción Viviente:

> Cuando Moisés comunicó las palabras del Señor a todos los israelitas, se llenaron de profundo dolor. Así que a la mañana siguiente se levantaron temprano y subieron a la parte alta de las colinas. «¡Vamos! —dijeron—. Reconocemos que hemos pecado, pero ahora estamos listos para entrar a la tierra que el Señor nos prometió». Pero Moisés les dijo: «¿Por qué desobedecen ahora las órdenes del Señor de volver al desierto? No les dará resultado. No suban ahora a la tierra. Lo único que sucederá es que sus enemigos los aplastarán porque el Señor no está con ustedes. Cuando enfrenten a los amalecitas y a los cananeos en batalla, serán masacrados. El Señor los abandonará porque ustedes abandonaron al Señor». Sin embargo, el pueblo avanzó con insolencia hacia la zona montañosa, aunque ni Moisés ni el arca del pacto del Señor salieron del campamento. Entonces los amalecitas y los cananeos que vivían en las montañas descendieron, los atacaron y los vencieron, haciéndolos huir hasta Horma (Números 14:39-45).

La primera vez que los israelitas vinieron a la frontera de la tierra prometida, la gracia de Dios estaba con ellos para vencer a sus enemigos. En cambio, después que se retrajeron en desobediencia, se les quitó la gracia. Con arrogancia pensaron que todavía podían vencer al enemigo sin la presencia del Dios de la gracia.

Presumir de la gracia de Dios siempre es peligroso. Cuando nos enfrentamos a fuerzas hostiles necesitamos estar seguras de que tenemos la presencia de Dios y de su gracia. Yo, cuando no siento la gracia, oro por gracia para mantener la boca cerrada, y salir de la situación para volver al lugar de gracia tan pronto como sea posible. Te sugiero esta misma estrategia cuando te encuentres que te falta gracia.

Cómo evitar las minas terrestres

Lo mejor es reconocer las minas terrestres que son peligrosas para la gracia y los campos donde están plantadas para no pisarlas. Entonces, si por casualidad pisas o pisaste uno de estos explosivos mortales, la gracia sanadora te espera.

A veces la mejor manera de saber cuán mortales son estas minas terrestres es que te hirieran en el pasado. Los que han resultado heridos por estas minas terrestres suelen ser los mejores defensores de la gracia.

La vida está llena de batallas. Pablo recorrió muchos campos llenos de explosivos mortales. Escribe sobre la perseverancia a través de cinco azotes de treinta y nueve latigazos cada uno, tres golpizas con varas y que lo apedrearan; naufragó tres veces, y pasó una noche y un día a la deriva en el mar; se enfrentó a peligros en el agua, de ladrones, de su propio pueblo, de los gentiles, en el mar, en el desierto y en peligros por falsos hermanos; trabajos, fatigas, insomnio, hambre, frío, sed y otras penurias increíbles (2 Corintios 11:24-28).

Sin embargo, no solo se enfrentó a estas batallas, sino que fue valiente en ellas por la gracia de Dios. La gracia de Dios no nos exonera de las dificultades, nos lleva por la vida con valentía. Necesitamos ser conscientes de las minas terrestres regadas por los campos de la vida que procuran destruir el poder y la protección de la gracia. ¡Debemos evitarlas a toda costa!

....

Señor:

Gracias por la gran gracia que me has mostrado. Revélame las riquezas de tu gracia para poder plantar las semillas de gracia por dondequiera que vaya y a cualquier vida con la que me encuentre. No me dejes enterrar minas terrestres que resulten en la destrucción de la gracia en la vida de las personas que conozco. No me dejes entrar en los campos donde están plantadas estas semillas. Perdóname por mi falta de gracia. Gracias de nuevo por haberme rescatado por tu gracia cuando anduve perdida en esos campos minados. ¡Tú eres el Campeón de la gracia para siempre! En el nombre de la gracia de Jesús, ¡amén!

Para tu consideración:

1. Describe algún río que hayas cruzado o las orillas donde estés ahora en tu propia vida.

2. Nota y explica los efectos positivos que la gracia tiene en los fuegos de la vida.

3. Usa los siguientes versículos para identificar y comentar sobre cómo puedes evitar esas minas terrestres:

   • Gálatas 5:4

   • Romanos 6:1

   • Romanos 11:6

   • 2 Corintios 6:1

   • Hebreos 10:29

   • Hebreos 12:14-16

   • Números 14:41-42

4. ¿A qué minas te has enfrentado?

5. ¿Qué pasos sugieres dar para evitar las minas que ponen en peligro la gracia?

Once

Los trofeos de la gracia

La gracia de nuestro Señor fue más que abundante, con la fe
y el amor que se hallan en Cristo Jesús. Palabra fiel y digna de ser
aceptada por todos: Cristo Jesús vino al mundo para salvar a los
pecadores, entre los cuales yo soy el primero. Sin embargo, por esto
hallé misericordia, para que en mí, como el primero, Jesucristo
demostrara toda su paciencia como un ejemplo para los que
habrían de creer en Él para vida eterna.

1 TIMOTEO 1:14-16

El mayor honor que se le concede a cualquier persona que sirva en las fuerzas defensivas de los Estados Unidos de América es la Medalla de Honor. Esta medalla solo se les ha concedido a 3 571 personas desde su creación en 1862, y a los únicos que se les otorga son a quienes han demostrado «valentía e intrepidez en la batalla». La medalla está hecha de materiales baratos, pero el honor que le confiere a un individuo no tiene precio. Es un delito federal fabricar cualquier facsímil de la Medalla de Honor o venderla.

La Medalla de Honor es un trofeo de honor. Significa una victoria ganada por precio. El congreso presenta casi todas las Medallas de Honor póstumamente, pues la mayoría de sus beneficiarios perdieron la vida en batalla. Sus familiares reciben la medalla para recordar la gran valentía de su familiar. Estas medallas no tienen precio y los que las poseen las muestran con orgullo. Cada medalla encierra la historia de un acto de valor, una obra de valentía, una vida salvada y una victoria ganada.

De igual manera, nuestro Señor Jesús, como el gran Campeón de la gracia, ha ganado muchas medallas de honor. Estas se ganaron cuando Él luchó contra las fuerzas de maldad para rescatar una víctima tras otra de la prisión de las tinieblas. Jesús dijo que como el hombre fuerte, Él va contra la fortaleza debilitada del enemigo, lo vence, toma el botín de su armería y saquea sus posesiones (Lucas 11:21-22). Literalmente, Jesús rescata a los prisioneros del puño del enemigo. ¡Luego despliega a los individuos que adquirió como trofeos de su gracia!

En la economía de la gracia de Dios no existen creyentes de segunda clase. Cada creyente es testimonio del poder del Campeón de la gracia. En Marcos 5 se nos dice que cuando la barca de los discípulos atracó donde vivían los gadarenos, se encontraron con un espectáculo temible. Acusando con toda su fuerza a Jesús había un hombre desnudo, enloquecido, gritando, agresivo y poseído por el demonio. No sé si alguna vez has experimentado algo así, pero yo sí en más de una ocasión. ¡Es aterrador!

Jesús tomó el control de la situación al instante. Le ordenó a la legión de demonios que abandonara el cuerpo del hombre, y literalmente le suplicaron misericordia y que les permitiera poseer una manada de cerdos cercana. El Señor consintió, y los demonios se apartaron del hombre. De inmediato, los cerdos fueron poseídos y conducidos locamente al mar.

Mientras tanto, Jesús restauró al hombre por completo. Cuando la gente del pueblo vino a ver lo que sucedía, encontraron al hombre sentado a los pies de Jesús, limpio, vestido y en su sano juicio. Este despliegue de poder atemorizó a los gadarenos y le pidieron a Jesús que se fuera.

El hombre que se había liberado pidió ir con Jesús y seguirlo, pero Jesús tenía una comisión diferente para este hombre. El Señor le dijo: «Vete a tu casa, a los tuyos, y cuéntales cuán grandes cosas el Señor ha hecho por ti, y cómo tuvo misericordia de ti» (Marcos 5:19).

El hombre obedeció a Jesús y «empezó a proclamar en Decápolis cuán grandes cosas Jesús había hecho por él; y todos se quedaban maravillados» (versículo 20). Jesús mostró su gran obra a través de la vida de este hombre. Su condición anterior era bien conocida por los habitantes de Galilea y Decápolis. Había dominado con ferocidad la zona de los sepulcros. Nadie podía acercarse a ese lugar. Sus estridentes gritos durante la noche resonaban en el valle de Jule. Era violento y autodestructivo. Se cortaba con piedras y cuchillos. Lo encadenaron muchas veces, pero demostró ser demasiado fuerte para cualquier atadura. ¡La transformación de este hombre de demente en evangelista fue asombrosa! ¡Su propia vida mostró el gran poder y la compasión de Jesús! ¡Era un trofeo de gracia!

En el discurso que se ha llegado a conocer como el Sermón del Monte, Jesús exhorta a la multitud reunida junto a Él a que sus buenas obras sean vistas por los hombres:

> Ustedes son la luz del mundo. Una ciudad asentada
> sobre un monte no se puede esconder. Tampoco
> se enciende una lámpara y se pone debajo de un
> cajón, sino sobre el candelero, para que alumbre a
> todos los que están en casa. De la misma manera,
> que la luz de ustedes alumbre delante de todos, para
> que todos vean sus buenas obras y glorifiquen a su
> Padre, que está en los cielos (Mateo 5:14-16, RVC).

A Dios le complace mostrar sus buenas obras. Él pone su luz sobre el candelero, a fin de que alumbre a todos. Esta luz muestra la grandeza de la artesanía, la restauración y el poder de Dios. Él usa candeleros, nuestras propias vidas como testimonio de su obra, para atraer hacia sí los que necesitan transformación, cambio y luz.

Para mí esta realidad se hizo personal cuando me pidieron que orara con mujeres que contarían su experiencia en una conferencia para mujeres en nuestra iglesia. Era una conferencia de evangelización, y se invitaron a mujeres de diferentes casas de refugio y rehabilitación, así como a mujeres jóvenes y sensibles para escuchar el testimonio de otras mujeres que se salvaron y transformaron por la gracia de Dios.

Las mujeres a las que se les pidió que dieran su testimonio estaban asustadas. La mayoría nunca había hablado en público acerca de las condiciones pasadas de sus vidas. Muchas temían que las tildaran como cristianas menos deseables debido a la naturaleza de sus situaciones antes de conocer a Jesús. Sin embargo, cuando entré en la sala, me sobrecogió la belleza, la serenidad y la gracia que vi y sentí. Escuché al Señor hablar a mi corazón: *Estos son mis trofeos de gracia.*

Cada una de esas mujeres y cada una de sus historias eran un testimonio del Dios de toda gracia que no solo puede salvar hasta lo sumo, sino limpiar por completo, restaurar de manera hermosa y quitar por entero toda mancha del pasado. En esa habitación no había vergüenza, solo un glorioso testimonio del gran poder de la gracia de Dios.

Recuerdo un vez que hablé con una joven que se rebeló contra su crianza cristiana durante sus años del instituto. Sumergida en las tinieblas del mundo, bebió en exceso, se involucró en las drogas, se juntó con satanistas, robó y maldijo su origen cristiano. Todo se detuvo una noche en que se encontró completamente sin fondos y abandonada por sus amigos y familiares. Desesperada y sin un lugar al que ir, clamó a Dios, y Él salió a su encuentro. Volvió a su casa y le confesó todo a su familia. La perdonaron y la ayudaron a conseguir la ayuda que necesitaba con desesperación.

Le dio la espalda por completo a su antigua vida y buscó al Señor con pasión. Sin embargo, cuando un tío querido murió, se sintió condenada por entero debido a las decisiones que tomó de joven. Me confesó: «Sentí que lo había defraudado. Siempre me amó mucho y creía en mí. Creo que he sido para él una gran desilusión».

Habiendo conocido a esta joven y a su tío como los conocí, pude explicarle la realidad de la situación. «¡Por supuesto que no!», le dije. «Yo hablé con tu tío muchas veces. ¡Él te consideraba una victoria personal! Te veía como un trofeo de la gracia de Dios. Decía que Jesús te había arrebatado de las mismas garras de Satanás y te consideraba su posesión más preciada. ¡Estaba muy orgulloso de ti!».

Esta es la realidad de la gran obra de gracia de Dios. Él rescata y redime a los que no la merecen, a los perdidos, a los que no tienen esperanza, y los transforma en sus trofeos de gracia. Dios pone sus vidas en candeleros para darles luz a todos los demás que no la merecen, que están perdidos y no tienen esperanza. ¡Él usa sus vidas para atraer a otros a la obra redentora de su gracia!

Me casé con un trofeo de gracia

Al crecer durante el «Movimiento del Pueblo de Jesús», no era raro que escuchara testimonios de la obra transformadora de la gracia en cada servicio de la iglesia. A menudo, mi padre traía a una persona afable y hasta de porte santo para contar cómo conoció a Cristo. Esos momentos eran cautivadores. No podía creer que la persona que hablaba fuera una vez prisionera de tales cadenas de las tinieblas o que viviera una vida tan degradante. Estos individuos se habían liberado de las drogas, el satanismo, las prácticas ocultas, el ateísmo profundo, las pandillas y otros lugares de oscuridad. Sus vidas no mostraban ningún indicio de sus anteriores estilos de vida. Mi propio testimonio parecía banal comparado con las historias que escuchaba. Ansiaba un testimonio emocionante, pero nunca quise dejar las comodidades de Jesús para obtener uno. En cambio, ¡me casé con un trofeo de la gracia!

Conocí al hombre que sería mi esposo en un estudio bíblico de hogar. Se presentó y me dijo que me había visto la semana anterior. De inmediato, empezamos a conversar acerca del Señor. Me impresionó su pasión por Jesús y su conocimiento de la Palabra de Dios. Supuse que se había criado en la iglesia, como yo. Al salir del grupo de casa con algunas amigas, comenté que él era exactamente el tipo de hombre con el que quería casarme. Tenía todas las cualidades que siempre había querido. Me reí a carcajadas al decir esto, sintiéndome muy segura en mi condición de soltera. Cuando lo conocí, ¡sostenía la mano de otra joven!

A la semana siguiente nos encontramos otra vez en la iglesia. Se esforzó por explicar que la joven cuya mano sostenía no era su novia. La había invitado al estudio bíblico y ella había supuso que era una salida romántica. Después de su explicación, me preguntó si me gustaría salir. ¡Claro que acepté! Salimos, y el resto, por así decirlo, es historia.

Cuando se trataba de su pasado, Brian era reservado. Mientras más salíamos, más me daba cuenta de que tenía que haber algo. Unas semanas después de haber comenzado la relación, conocí a su madre en un almuerzo. Me sorprendí ver lo joven que era, y ella me contó acerca de su conversión a Cristo.

Carol se casó con el padre de Brian cuando ambos eran adolescentes, y el dolor y la tragedia parecían acompañar a la joven pareja. Tuvo un embarazo precario con Brian y estuvo a punto de sufrir un aborto espontáneo varias veces antes de comenzar el trabajo de parto prematuro. Dos años más tarde, tras el nacimiento de su segundo hijo, una niña, su madre murió de cáncer. Se había convertido al catolicismo para salvar su matrimonio y por una profunda hambre de Dios, pero su matrimonio se disolvió tras el nacimiento de dos niñas más. Carol se vio obligada a trabajar para mantenerse a sí misma y a sus hijos.

Los tiempos eran tumultuosos. El padre de Carol se volvió a casar con una mujer que le maltrataba. Luego, sufrió un ataque cardíaco masivo y un derrame cerebral, y lo internaron en una casa de convalecencia cuando aún tenía cincuenta años. Carol también se volvió a casar, pero el matrimonio fue difícil, y su esposo no estaba acostumbrado a las exigencias de cuatro niños pequeños. Carol siguió asistiendo a la iglesia católica, su hambre de Dios no hizo más que aumentar en medio del rechazo de ser una mujer divorciada.

Algún tiempo después de que Brian y sus hermanas crecieran y se mudaran, Carol estaba hablando con Brian por teléfono. Durante la conversación, mencionó lo difícil que era no poder tomar la comunión en la iglesia debido a su divorcio. Sentía que no la amaban, que era indeseable y la rechazaban. Brian le sugirió que intentara ir a otra iglesia. Últimamente, él había estado asistiendo a estudios bíblicos en la iglesia de mi padre y se había dado cuenta de que allí aceptaban a todo el mundo (gracia). Sabía que había una iglesia afiliada cerca de ella y le dijo que debía ir.

¡Y fue! Allí Carol escuchó el evangelio como nunca antes lo había escuchado: Jesús, el Hijo de Dios, la amaba profundamente y quería ser su rey personal. Si lo invitaba a entrar en su corazón, Él prometió entrar y tomar residencia en él. Un domingo, Carol recibió a Jesús en su corazón y en su vida, y llamó a Brian para contarle lo que había oído, visto y hecho. Brian siempre recomendaba a Jesús para todos sus amigos y familiares, dijo ella. Incluso asistía a la iglesia de mi papá para escuchar la enseñanza de la Biblia. En ese momento, sin embargo, no sintió ninguna inclinación a nacer de nuevo él mismo.

Al terminar el almuerzo ese día, tenía una gran cantidad de preguntas para Brian. Estaba tomando en serio a este apuesto joven, ¡y pensé que tenía que indagar un poco antes de llegar demasiado lejos! Además, de vez en cuando, uno de los amigos de Brian mencionaba algo sobre el anterior estilo de vida de Brian y se reía, y Brian parecía molesto. Quería saber por qué. Los testimonios siempre me habían parecido muy emocionantes. Nunca había considerado el dolor que implicaba las tinieblas.

«¿Qué me dices de todas estas historias que oigo? ¿Son ciertas?», le pregunté. Brian conducía y agarraba el volante con más fuerza. Temía que lo que iba a escuchar pudiera poner en peligro la relación que se estaba estableciendo entre nosotros. Sin embargo, después que yo lo convenciera y lo tranquilizara, se sinceró.

Durante los años del instituto, se había mudado a Huntington Beach a vivir con su padre y su pasión por el surf lo llevó a esa comunidad. Lo que siguió fue una vida de drogas, fiestas y desenfreno general. Al mismo tiempo, Brian tenía una afición por las peleas. Se había visto involucrado en más de una riña, y lo habían arrestado siete veces en un año. Su padre se aprovechó de esta inclinación y se lo presentó a un entrenador de boxeo profesional. De inmediato, el entrenador notó el potencial de Brian y comenzó a entrenarlo para ser boxeador del evento principal. Lo llamaban «el asesino con cara de bebé».

Aunque era el asesino con cara de bebé en el club de boxeo, sus amigos lo conocían como «el filósofo». Brian siempre buscaba el significado más profundo de la vida. Aunque había tenido éxito en muchos de sus empeños: estaba en una banda, hacía surf y boxeaba, un profundo sentir de vacío lo rodeaba. Nada satisfacía el hambre profunda del corazón de Brian. Probó con las relaciones y las encontró insuficientes. Probó la religión y la encontró vacía. Probó con las drogas y el alcohol, y descubrió que eran un desperdicio destructivo de dinero y células cerebrales. Probó el mundo de la música y lo encontró vano. Su relación con el boxeo, insatisfactoria. El surf, su gran pasión, solo era una distracción temporal del vacío constante que sentía.

Al mismo tiempo que crecía la sensación de vacío de Brian, un amigo suyo experimentó un cambio dinámico. Mark y Brian fueron juntos al instituto y compartían la misma comunidad de surfistas. Sin embargo, Mark había cambiado en un momento dado su tabla de surf por una guitarra y había alcanzado el éxito como cantante en una banda para adolescentes. Aparecía en las portadas de las revistas para adolescentes, se presentaba en los locales de moda de Los Ángeles y lo acosaban decenas de jóvenes fans.

Sin embargo, en medio de la grabación del primer disco, Mark era suicida. Todo el éxito que había logrado lo había dejado con un sentido de desesperación. Brian sabía que los padres de Mark se habían convertido en católicos carismáticos, y le animó a que tomara un descanso de la carrera y fuera a hablar con sus padres en Arizona. Mark lo hizo, y en el proceso encontró a Jesús.

En el teléfono, Mark le dijo a Brian: «Oye, ¿alguna vez has nacido de nuevo?». Brian le respondió que no sabía lo que significaba esa frase. Mark le explicó que significaba hablar con Dios en oración y pedirle perdón por sus pecados por medio de la obra de Jesucristo, su Hijo, y que viniera a morar en su corazón. Brian le dio una excusa cualquiera para cortar la conversación y apretar el teléfono contra su pecho. *Señor*, oró, *yo quiero nacer de nuevo. Creo que Jesucristo murió por mis pecados. Sé que soy pecador y necesito tu perdón. Quiero que vivas en mi corazón. Te entrego mi vida.*

Brian volvió al teléfono. «Ya lo hice», le dijo a Mark.

La transformación de la vida de Brian fue inmediata y aparente a todos sus amigos y colegas. Cuando regresó al club de boxeo, el odio que había acumulado para vencer a sus oponentes en el ring del boxeo había desaparecido. Dejó el mundo del boxeo para nunca más regresar.

Brian y Mark comenzaron a hablarles de Jesús a sus amigos y compañeros. Toda la banda de Mark se salvó, y le cambiaron el nombre y el propósito. Mark y Brian se mudaron juntos y comenzaron reuniones de oración y estudio bíblico en la casa. Más o menos un año después nos conocimos.

El trofeo pródigo

Heath era imprevisible. El más joven de tres hermanos, creció con los puños siempre listos para pelear. Por alguna razón desconocida, siempre estaba resentido. Había tinieblas sobre su semblante que lo rodeaban. Los problemas lo atraían y él atraía a los problemas. Aunque tuvo algunos éxitos durante su tiempo en las fuerzas armadas, también lo despidieron por su mal comportamiento.

Provenía de un hogar piadoso. Sus padres amaban a Jesús, y también amaban a su hijo. Hicieron todo lo posible para traerlo a la luz, pero la disciplina y otros esfuerzos parecían no surtir efecto. Su situación parecía desesperada. Estaba en un curso destructivo, y la gran preocupación era que arrastrara a otros con él. Sin embargo, su madre nunca se rindió. Oraba con fervor y buscaba en la Biblia las promesas de Dios, y las reclamaba sobre Heath. En lugar de condenar a su hijo, o de tirar la toalla sin esperanza, invitaba a la gente a que orara con ella por él.

Un día, mientras caminaba por el vestíbulo de un edificio comercial, vi a un joven apuesto cuyo semblante era brillante. Tardé un momento en darme cuenta de que era Heath. «¿Qué te ha pasado?», prácticamente grité de alegría. «¡Heath, estás resplandeciente! ¡Incluso pareces diferente!».

Heath sonrió, y la habitación irradió luz. «Le entregué mi vida por completo a Jesús», respondió.

A decir verdad, no sé si alguna vez he visto una indicación tan externa de la obra interna de Dios como la que vi ese día con Heath. ¡No podía esperar para encontrar a su madre y escuchar su versión de la historia!

Cuando la encontré, había, como sospechaba, una historia de gracia. Ella y su esposo llevaban años orando. Sin renunciar ni una sola vez a su hijo, siguieron tendiéndole la mano, aceptándolo y recordándole el amor de Dios. Entonces, un día, los sentidos de Heath se iluminaron. Sintió la espiral descendente de las drogas, el alcohol y la violencia. Quería salir, ¡y clamó a Dios! Se ofreció en oración a darle todo a Dios si lo perdonaba, lo liberaba y lo salvaba del desastre que había hecho con su vida. El cambio fue inmediato. Aunque la tentación no disminuyó por un tiempo, el poder de gracia de Dios residió en Heath para resistir la tentación.

Heath ha continuado estableciéndose en su fe en Dios. Su vida no es fácil; todavía tiene luchas. Aun así, está aprendiendo a aplicar la gracia de Dios en cada aspecto de su vida.

Un trofeo del poder de Dios

Linda se crio en una familia moralmente recta. Era la segunda de tres hermanas que crecieron en Whittier, California. Su padre era un gran proveedor y dedicado a su familia. Sus padres tenían un matrimonio feliz y el mayor temor de Linda cuando era niña era perder a su madre o a su padre. La vida espiritual de la familia consistía en ir a la iglesia una vez cada cinco años en Navidad o Semana Santa y tener una Biblia expuesta en la casa. Aunque Linda creía en la existencia de Dios, Él parecía remoto e impersonal. En su mayor parte, simplemente no pensaba en Dios.

Cuando llegó a la secundaria, la presión de sus compañeros se convirtió en un gran factor en la vida de Linda. Sus padres vieron que se comenzaban a desarrollar ciertos hábitos en la vida de sus hijas mayores y decidieron mudarse al condado de Orange, en California. Linda y su hermana comenzaron a asistir a un nuevo instituto. En solo semanas ya habían encontrado a la gente fiestera. Linda incursionó en el alcohol y la marihuana, pensando que podría mantener algún tipo de equilibrio en su vida, ya que no formaba parte de la pandilla de drogadictos que frecuentaba su escuela. A esa gente le gustaban las drogas más duras y el tráfico de drogas. Sin embargo, el afán de Linda por divertirse significaba abandonar la escuela, calificaciones bajas y malas compañías.

A los tres años de terminar el instituto, Linda empezó a salir con uno de «esos chicos» de su pasado, aunque nunca se había imaginado con él. Para empezar, era un traficante de drogas. Después de salir un tiempo, se fueron a vivir juntos y Linda salía de fiesta con él y sus amigos traficantes. Ahora las drogas eran más fuertes y más frecuentes. Empezó a consumir cocaína y a vender drogas ella misma para mantener su hábito.

Después de ocho años, la relación se desmoronó y Linda entró en la escena fiestera de Los Ángeles. Una serie de otras relaciones iban y venían.

A los treinta y tantos años, Linda volvió a vivir con sus padres. Sabía que necesitaba cambios drásticos en su vida, pero se sentía impotente para implementarlos. Linda hacía acopio de toda su resolución y determinación para dejar de abusar de las sustancias que controlaban su vida, pero cada intento fracasaba al cabo de dos semanas.

Entonces la tragedia comenzó a golpear a la familia de Linda. En 1989, su amado padre sufrió un infarto masivo y murió. Luego, a su hermana mayor, divorciada y con tres hijos, le diagnosticaron una infección viral alrededor del corazón. Linda pensó que la causa era la larga adicción de su hermana a las drogas. Le advirtió que dejara la bebida y las drogas de inmediato, pero ella se negó.

Al observar la vida de su hermana e impactada por la muerte de su padre, Linda quería ir a rehabilitación, pero su madre insistió en que Linda podía rehabilitarse sola. Una noche, sentada en su habitación y mirando por la ventana, Linda clamó a Dios. Le pidió el poder que no podía encontrar en sí misma para liberarse de las drogas y el alcohol. Le pidió el poder de cambiar su vida.

Pasaron dos semanas y Linda todavía estaba sobria. Luego tres, cuatro, cinco semanas, y Linda supo que Dios había escuchado su oración y le había respondido con gracia y poder. También supo que necesitaba cambiar su vida social. Reconoció que necesitaba nuevas amistades. Un día, pasó por el frente de la iglesia de mi padre y decidió ir allí.

Su hermana mayor llamó el día de Año Nuevo para decir que pensaba que tenía gripe. A las pocas horas estaba con respiración asistida, y al día siguiente murió. Sus hijos vinieron a vivir con Linda y su mamá. Solo unas pocas semanas después, Linda cumplió su determinación y fue a la iglesia. Pasaron unos meses antes de que se diera cuenta de que necesitaba entregarle su vida a Jesús. Luego, cuando le extendieron la invitación para recibir a Jesús un domingo, Linda respondió. Sabiendo que necesitaba profundizar en su fe, se inscribió en el grupo de nuevos creyentes y enseguida se convirtió en un miembro más de la comunidad. Entabló muchas amistades nuevas y se sintió como en casa.

Al principio, la madre de Linda no estaba muy cómoda con los cambios tan drásticos en la vida de su hija. Cuando Linda le explicó su compromiso con Jesús y ella vio su vida, su madre también le entregó su vida a Jesús. Juntas, con sus sobrinas gemelas, Linda y su madre asistían a la iglesia como familia.

Eso fue hace veinte años. Linda ahora sirve en la iglesia a la que una vez prometió asistir. Su vida no se iguala al estilo de vida anterior en la que sentía que estaba atrapada. La mayoría de la gente solo supone que Linda siempre ha sido cristiana. Su radiante sonrisa, su amor por Jesús, su pasión por los misioneros, y su deseo de viajar y animar ministerios cristianos alrededor del mundo testifican de la maravillosa gracia de Dios.

Un trofeo de gloria

Nunca olvidaré el día en que mi hija mayor me llamó para contarme lo de Tony. Casi no podía contener su alegría, y yo intentaba captar, a través del teléfono, cada palabra que decía.

Tony era amigo de mi yerno, Michael. Su amistad se remonta a cuando ambos eran jóvenes cristianos que vivían en la ciudad de Nueva York. Se conocieron después que Tony regresara a Nueva York desde Miami Beach, Florida, para vivir con sus amigos y hermanos en Cristo: Erik y Daniel.

Junto con Michael, estos cuatro hombres cristianos formaron un grupo de rendición de cuentas. Como tres de ellos trabajaban en la industria del modelaje, reconocieron la necesidad de rendirse cuentas unos a otros, así como de animarse mutuamente a profundizar en su fe cristiana. Siguieron reuniéndose hasta que Michael se fue a vivir al extranjero para avanzar en su carrera de modelo y Erik regresó a su ciudad de Detroit para asistir al instituto bíblico, dejando a Daniel y a Tony en Nueva York.

Daniel estaba en el ministerio de música en una iglesia en Times Square, pero estaba luchando con la atracción por el mismo sexo y se negó a rendir cuentas de sus propios problemas. Esto provocó una ruptura y un conflicto entre Tony y Daniel. Ahora Tony no tenía a nadie con quien hablar sobre los desafíos que también enfrentaba con sus propias atracciones hacia el mismo sexo, nadie a quien rendir cuentas y que lo desafiara a sustituir esos deseos con Jesús. Tony se sentía abandonado y profundamente solo.

Tony se mudó con una amiga que era fuerte en su fe. Al mismo tiempo, algunos de los otros hermanos en Cristo de Tony partieron para asistir a un instituto bíblico en Nuevo México. La situación de alojamiento de Tony era temporal, y estaba encontrando que disminuían todas sus otras opciones para compañeros de habitación cristianos.

Toda su vida, Tony había luchado con sus deseos sexuales. Sus amigos le habían alertado para que se mantuviera en comunión. Lo hizo, luego conoció a alguien en la iglesia que luchaba como él, y poco después conoció a otro hombre que luchaba con la atracción hacia el mismo sexo y que asistía a otra iglesia a la que Tony se unió. Lo obvio era inevitable. Pronto estos hombres estaban satisfaciendo temporalmente los deseos de Tony de una manera destructiva. Además, estos deseos y prácticas los estaban arrastrando a todos lejos de la rendición de cuentas de Dios. La atracción se sentía irresistible. A Tony le costaba confiar en la gente de la iglesia a la que asistía. No tenía a nadie en los alrededores que lo aconsejara sin juzgarlo y condenarlo.

Tony cedió. Siguió asistiendo a la iglesia, pero desesperado por tener una relación y un sentido de pertenencia, permaneció en una relación del mismo sexo por once años. Durante este tiempo, toda su vida explotó. Comenzó a ganar fortuna y fama. Tuvo contactos con cristianos, pero muchos de ellos se volvieron liberales en su teología y práctica. Animaban a Tony a satisfacer sus deseos sexuales como quisiera.

Otros cristianos trataron de comunicarse con él, pero en este momento de su vida, Tony ya había tomado la decisión de identificarse abiertamente como gay. No quería seguir en la cerca y seguir jugando a la iglesia. Comenzó su carrera promocional, sobre todo en la vida nocturna gay como coordinador de eventos. Tuvo éxito en varios empeños, y apoyó y recaudó fondos para muchas de las organizaciones LGBTQ.

En el apogeo de su éxito, sin embargo, Tony se vio profundamente solo, frustrado y vacío. Después de muchas relaciones, abuso de las drogas y el alcohol, y de fiesta todas las noches, Tony decidió comenzar una limpieza de su cuerpo. Determinó abstenerse del alcohol y de las drogas. Poco después tomó la decisión de buscar la espiritualidad, mirando hacia el taoísmo, la nueva era y otras filosofías populares apoyadas por una variedad de maestros.

Al final, Tony se conformó con una especie de conglomerado de espiritualismo filosófico. Pronto invitó a otros dos hombres gay para enseñar iluminación a otros una vez al mes. El grupo comenzó a crecer y atrajo a la comunidad LGBTQ y heterosexual por igual.

Tony disfrutaba su nueva aventura, pues le daba la oportunidad de indagar en el poder del universo estudiando a diferentes filósofos, filosofías y teorías acerca de los orígenes y del propósito de la vida. En una de esas sesiones de estudio, mientras meditaba, Dios le llamó la atención a Tony. Sentado en el suelo de su apartamento en Nueva York, de pronto Tony oyó la voz inconfundible de Dios diciendo: *Yo soy el Dios del universo. ¡Yo soy Dios! Yo creé el universo y todo lo que hay en él, y yo te creé a ti para que me sirvas. Así que deja de huir de mí.*

De inmediato, Tony se sintió destrozado en un millón de pedazos. Comenzó a arrepentirse por años y años de pecado. Encontró una Biblia, y cuando la abrió, entre las páginas encontró un mensaje escrito a mano por Daniel, su antiguo compañero de cuarto. Cuatro páginas más adelante en su Biblia había una postal que Michael le había enviado desde Londres. Tony oró: *Oh, Dios, ¿dónde están mis hermanos?*

Los días se convirtieron en semanas mientras que Tony leía su Biblia con sumo cuidado. Le emocionaba contarles su experiencia a otros buscadores en el grupo que había establecido, y comenzó contando su encuentro personal con Dios y lo que le había sucedido. También les habló de los pasajes bíblicos a los que Dios le había llevado. La respuesta del grupo fue fría y desalentadora, pero Tony continuó reuniéndose con el grupo. Tres semanas más tarde, algunos en el grupo respondieron al mensaje que les dio.

Mientras tanto, Tony buscó al Señor para que le proveyera hombres piadosos a los que pudiera rendirles cuentas. En una calle de Nueva York se encontró con Daniel. Al instante, Tony le contó a Daniel que había regresado al Señor. Entonces, le pidió perdón. Daniel le dijo a Tony que lo había perdonado hacía años y que había estado orando por él. También le habló de una comunidad de hombres a la que asistía los viernes con Michael. Tony prácticamente saltó de alegría. ¡Dios le había contestado la oración! Michael y Daniel vivían ahora en Nueva York y estaban deseosos de abrazar de nuevo a su viejo amigo.

En una visita a Nueva York, Brian y yo por fin pudimos conocer a Tony. Decir que quedamos impresionados es quedarnos cortos. Tony tiene carisma. Nunca conoce por primera vez a un extraño. Le importa en gran medida el bienestar de sus amigos, colegas y ciudadanos de Nueva York. Siente pasión por la Palabra de Dios. No solo la lee; la conoce, medita en ella y la vive. Pocas veces deja pasar una oportunidad de testificar de su encuentro personal con el Dios de toda gracia: aquel día cuando Jesús buscó a Tony y lo encontró mirando en todas direcciones excepto la suya.

Tony me dijo que Dios nunca mencionó su homosexualidad. Ese no era el verdadero problema. El verdadero problema era Dios mismo en el trono de la vida de Tony. Una vez que Dios fue entronizado en su vida, y la Palabra de Dios fue el sustento de Tony, el Espíritu Santo pudo hacer su obra santificadora en él.

Un trofeo de belleza

Mi cuñada es una de las mujeres más maravillosas que he conocido. Lo más notable acerca de ella, además de sus ojos grandes, hermosos y azules, es su amor. Michele ama a Jesús. Michele ama a todo el mundo. También ama a los animales, sobre todo a los perros abandonados. Quien conoce a Michele supone que se crio como cristiana, en un hogar cristiano, pero la criaron en el mismo hogar que mi esposo.

Uno de los recuerdos más vívidos de Michele es el día en que su padre hizo la maleta y salió por la puerta principal. Desde ese día, le resultaba difícil expresar su dolor y sus sentimientos con palabras. Su joven madre, como única responsable de cuatro niños menores de siete años, se veía obligada a trabajar muchas horas al día. Michele rara vez la veía. Cuando lo hacía, a menudo lloraba, pero era incapaz de comunicar el motivo de sus lágrimas.

A los trece años, Michele era tímida y solo tenía una amiga, Fran. Como Michele, Fran también venía de un hogar roto. Su padre tampoco vivía en su casa. Al igual que Michele, era una buena chica; cumplía las reglas. Andaban siempre juntas en la escuela y conversaban por teléfono en la noche. Durante una de esas conversaciones, salió a la luz la idea de no ir a la escuela un día para irse a la playa. Juntas, comenzaron a planificar su gran aventura. Fran tenía una amiga con más experiencia que estaba dispuesta a acompañar a las dos jóvenes aventureras en su primera escapada. El plan se hizo y se estableció.

Dos semanas más tarde, cuando Michele se despertó aquel fatídico día, el sol brillaba. Tuvo dudas acerca de toda la cuestión, pero se sintió intimidada por la chica con experiencia. Así que, como lo planearon, puso el traje de baño en su maleta y fingió ir a la escuela. Las tres chicas se encontraron y tomaron el autobús que las llevó al oeste hacia la playa.

Pasaron el día jugando entre las olas, paseando por las tiendas de Main Street, y tomando el sol. Al salir del oleaje, sintieron un escalofrío y el sol estaba un poco más bajo en el cielo de lo que habían anticipado. Le preguntaron a alguien la hora, y para su consternación, supieron que era más tarde de lo que pensaban.

Regresaron a la parada de autobús y se dieron cuenta de que habían perdido el último autobús para volver a casa. Mojadas, con frío y en estado de pánico, buscaron un camino alternativo de vuelta. Un surfista solitario se ofreció a llevarlas a mitad de camino, y ellas aceptaron. El cielo se oscurecía y estaban seguras de que tendrían problemas con sus madres. El surfista las dejó en una gasolinera cerrada en un lugar desconocido para ellas. No había ningún teléfono ni empleado al que pudieran pedirle ayuda, pero la puerta exterior del baño de mujeres no estaba cerrada con llave. Resolvieron pasar la noche en el baño y decidir su rumbo por la mañana.

Más tarde, durante la noche, les sorprendió el sonido de un auto que entraba en la gasolinera. Oyeron voces masculinas que hablaban en voz alta. La tercera chica dijo que quería comprobarlo. Fran y Michele le rogaron que se callara y siguiera escondida en el baño. Ella se negó y salió a saludar a los desconocidos. De inmediato, la situación se volvió oscura. Las voces masculinas le gritaron a la chica y le preguntaron si tenía amigas. Michele y Fran temblaron cuando escucharon a su amiga revelar su escondite. Uno de los hombres comenzó a patear con violencia la puerta del baño y a gritar para que las chicas salieran. En cuanto Fran y Michele salieron de su escondite, las agarraron y las metieron en la parte trasera de una miniván.

Una pandilla de jóvenes violentos violó de inmediato y repetidamente a cada una de las jóvenes vírgenes varias veces. La prueba pareció durar horas. Habiendo tenido suficiente por la noche, los hombres se dirigieron a un camino aislado con granjas. Dejaron a las chicas y les advirtieron que no llamaran a la policía, o las encontrarían y las matarían.

Traumatizadas, avergonzadas, humilladas y temblando de frío, las niñas corrieron hacia un campo de maíz. Cuando pensaron que no podían volver a casa, Michele les dijo que podían refugiarse en la casa de su prima. Consiguieron que las llevara un viejo granjero que las condujo hasta el instituto de su prima. Michele fue a la oficina de la escuela y pidió que llamaran a su prima. Su prima debió de sorprenderse al ver a su Michele, de trece años, sola con sus dos amigas tan lejos de casa. Se quedó con las tres chicas en un campo cercano a la antigua casa del abuelo de Michele. Las chicas fueron allí y esperaron, y no tardó en aparecer la policía. Interrogaron a las niñas y las hicieron examinar por un médico, y luego las internaron en un centro de menores hasta que las pudieran reclamar un tutor responsable.

El padrastro de Michele las recogió. Ninguna dijo palabra durante las cuatro horas de viaje de regreso. La madre de Michele estaba destrozada. No tenía forma de saber cuán traumatizante había sido la terrible experiencia que soportó su hermosa hija, pues Michele no podía expresar su dolor, agonía o pena. Cuanto más lo intentaba, más frustrada se sentía.

Llevaron a Michele a un psicólogo, pero ni la consejería pudo desatar el dolor encerrado en su alma. Como último recurso, la enviaron a vivir con su padre. Esto significó un cambio de escuela y le fue imposible entablar amistades. Tampoco pudo lidiar con la rutina ordinaria de la escuela cuando por dentro se estaba muriendo. Trató de escapar del dolor huyendo tantas veces que por fin la internaron en un hospital psiquiátrico.

Al final, la volvieron a dejar al cuidado de su padre, pero huyó de nuevo y se fue por autostop hacia el norte. Allí vivió con una familia a la que mintió acerca de su edad. Le pagaban por limpiar y cuidar a los niños. Luego, sintió de nuevo la necesidad de huir, y esta vez se fue a las montañas.

En un pueblo de montaña, Michele conoció a unos chicos un poco mayores que ella que se bañaban en un lago local y se divertían. Hizo buenas migas con ellos y la incorporaron a su compañía. Vivían y trabajaban en una granja, y Michele recibió la tarea de trabajar en un campo de algodón. Era un trabajo muy duro, pero a Michele le gustaba la sensación de hacer algo tan físico. Billy era un miembro del grupo por el que Michele se sentía atraída en especial. Era amable y atento con ella, y se convirtieron en pareja.

Hasta entonces, las únicas drogas que Michele había tomado habían sido las que le recetaron en el hospital psiquiátrico. El alcohol había sido su modo de calmar el dolor. Un día, al salir del campo encontró a sus amigos actuando de manera extraña. Preguntó por Billy, y alguien le apuntó al dormitorio. Michele entró y lo encontró cocinando una sustancia líquida. Alrededor del brazo tenía un torniquete, y estaba a punto de llenar una jeringuilla con lo que estaba cocinando.

La mente de Michele dio vueltas tratando de procesar lo que veía. Billy se disculpó en un momento y al siguiente invitó a Michele a probar la heroína. Michele se quedó paralizada. Su mente le pedía a gritos que huyera, pero sus piernas no cooperaban. Cedió y la heroína se convirtió en su droga preferida.

A partir de ahí, la vida de Michele se descontroló. Ella y Billy hacían lo que fuera necesario para mantener su hábito de la heroína. Mentían. Robaban. Pasaban cada hora que estaban despiertos pensando en cómo conseguir su próxima dosis. En algún momento, en medio del caos, Michele empezó a sentirse mal. Muchos de los miembros del grupo tenían hepatitis, por lo que se animó a Michele a ir al médico. Lo hizo y se enteró de que estaba embarazada.

Dispuestos a darle al bebé una mejor vida, Michele y Billy dejaron la heroína por un tiempo. Michele se puso en contacto con sus padres y ellos firmaron el permiso para casarse con Billy. El día de Navidad de 1975, nació un niño hermoso y saludable. Michele tenía dieciséis años.

Pocos meses después del nacimiento del niño, Billy regresó a la heroína. Se volvía violento y golpeaba a Michele cuando no podía conseguir la droga o cuando algo lo provocaba. Un día, los padres de Billy llamaron a Michele aparte y le advirtieron que tomara al niño y se alejara de él. Pusieron a Michele y a su hijo en un autobús de vuelta a casa de sus padres, y luego se fue a vivir de nuevo con su padre.

Michele no podía dejar de pensar en Billy. Aunque le advirtieron una y otra vez que se olvidara de él y siguiera adelante con su vida, Michele seguía teniendo la esperanza de poder salvarlo.

Se imaginó todo tipo de escenarios. Cada uno terminaba con Billy sobrio y los dos siendo buenos padres para su hijo. Una noche, Michele decidió poner en práctica el escenario que había representado para sí misma una y otra vez. Fue a Tulare y encontró la casa donde vivía Billy. Llamó a la puerta y le abrió una mujer. Michele le pidió ver a Billy.

Billy vino a la puerta desaliñado y enfadado. Gritó exigiendo saber por qué estaba allí. Michele le explicó que quería ayudarlo a sanarse para tratar de salvar el matrimonio y ser una familia de nuevo. Billy resopló. Le dijo con toda claridad que había pasado página y que quería que se fuera. Le cerró la puerta con fuerza en la cara.

Sola en la oscura y fría noche, Michele lloró. Intentó razonar cómo había llegado a este punto de su vida. Tras entregar a su hijo al cuidado de sus familiares antes de marcharse, Michele decidió volver a huir. Encontró nuevos compañeros. Algunos eran buenos y otros malos. Aún incapaz de hablar del dolor que la carcomía por dentro, Michele intentaba cualquier cosa para adormecerlo.

A los dieciocho años, Michele se sintió totalmente atrapada, avergonzada, frustrada, oprimida y sin esperanza. Encontró un arma y decidió terminar con su vida. Recuerda poco del incidente hasta que se despertó en una habitación de un hospital y a su madre a su lado.

Las noticias no eran buenas. La bala le había traspasado el estómago y salido por detrás. Se había dañado la espalda, y estaba paralítica de la cintura hacia abajo en el lado derecho porque la bala había cortado los nervios de la pierna derecha.

Su madre, Carol, quien para ese entonces ya se había entregado a Cristo, lloró y oró al lado de la cama de Michele. Dios escuchó. Por un milagro, Michele pudo prescindir de la bolsa de colostomía después de un tiempo. Al cabo de un año, ya caminaba con un bastón y luego con un aparato ortopédico que usa hasta el día de hoy.

Aunque Michele estaba sanando físicamente, continuaba con las heridas emocionales de su vida turbulenta. Aun sin poder contarle a nadie sus peores angustias, continuó huyendo, escondiéndose y buscando consuelo. A menudo llamaba a su hermano Brian. En todas las conversaciones, él le suplicaba que le entregara su vida a Jesús. Le prometió que cualquier cosa que estuviera atrapada dentro de ella, Jesús lo podía sanar.

Para entonces, Brian estaba casado conmigo, e invitamos a Michele a venir con nosotros al campamento familiar de nuestra iglesia. Ninguno de nuestros amigos conocía el estado de la vida de Michele, ni tampoco nosotros la conocíamos por completo. No nos hacía falta. Para nosotros, Michele era la oveja perdida que necesitaba que su Salvador la encontrara, la pusiera sobre sus hombros y la llevara a su redil.

Michele se sintió avergonzada y fuera de lugar entre la multitud de creyentes, pero también se sintió amada. Después del campamento, la madre de Michele le continuó enviando mensajes en casetes y ella los escuchaba. Tuvo cada vez más conciencia de su pecado, pero al mismo tiempo, de la gracia de Dios que comenzaba a despertar en ella.

Un día, Michele por fin se rindió a Jesús y aceptó su oferta de gracia. Cuando lo hizo, se sorprendió por lo que sucedió. En lugar de sentir la condenación que esperaba, experimentó un torrente divino y purificador que se extendió por toda su alma. Se lavaron todas las emociones, el dolor y las heridas que la habían acosado por años debido a la corriente limpiadora del amor de Jesús.

Michele continúa brillando como el trofeo de gracia que es para Dios. Su vida no se iguala al trauma que experimentó en su juventud. Toda cicatriz que tenía se sustituyó por la belleza de la humildad, la esperanza y la salud. Michele es un testimonio de la belleza de la gracia de Dios.

Una oveja, una moneda, un hijo

En Lucas 15, Jesús dio tres ilustraciones que destacan su misión de gracia de búsqueda y rescate. En la primera ilustración habló de una oveja pedida. El pastor deja las otras noventa y nueve para salir a buscar a la perdida. No se da por vencido en su búsqueda hasta que la encuentra. Cuando por fin la ve, la pone sobre sus hombros y la lleva de vuelta al redil. El pastor se regocija por su oveja perdida e invita a sus amigos a que se regocijen con él, «porque he hallado mi oveja que se había perdido» (versículo 6).

Los que escuchaban a Jesús pudieron entender la búsqueda de una oveja perdida; pero su próxima declaración debe haberlos dejado atónitos. Declaró: «Les digo que así también será en el cielo: habrá más gozo por un pecador que se arrepiente, que por noventa y nueve justos que no necesitan arrepentirse» (versículo 7, RVC).

¿Te sorprende esta osada declaración? ¿Te has dado cuenta alguna vez de la reacción en el cielo por un pecador que Jesús busca y rescata? El cielo retumba de gozo por cada vida que Cristo rescata. Mientras más grande el rescate, ¡más gozo y gloria recibe Jesucristo! Estos individuos se convierten en testimonios vivos del poder de Jesús para rescatar, sanar y restaurar.

La próxima ilustración se trata de una mujer con diez monedas. Pierde una de esas monedas y busca por toda la casa hasta que la encuentra. Entonces, llama a sus amigas y vecinas para mostrarles la moneda que encontró y les pide que se alegren con ella.

De nuevo, Jesús termina esta historia con la misma declaración acerca del cielo: «De la misma manera, os digo, hay gozo en la presencia de los ángeles de Dios por un pecador que se arrepiente» (versículo 10).

Por último, Jesús cuenta una de sus parábolas más largas acerca de un padre y sus dos hijos. Como ya hablamos de la parábola del hijo pródigo en el capítulo anterior, no entraré en muchos detalles excepto para decir que este hijo era una causa perdida. Sus propias decisiones lo llevaron a una tierra lejana, a la pérdida de su herencia, la pérdida de su sustento y casi a la pérdida de su vida. Mientras tanto, su padre miraba el camino con obsesión, esperando el regreso de su hijo. Un día, su esperanza se hizo realidad cuando vio a una figura patética cojeando en la distancia.

De alguna forma, el padre reconoció a su hijo desde lejos y salió corriendo hacia él. Estaba listo para perdonar por completo todas sus infracciones y restaurarlo a su posición anterior. El padre hizo una gran fiesta para honrar el regreso de su hijo.

Lo lamentable es que la historia no termina ahí. El hijo pródigo tenía un hermano mayor que se había quedado en casa y servía al padre con fidelidad. Se negó a ir a la fiesta para su hermano menor. Cuando el padre le preguntó, estaba enfadado y resentido. Su padre nunca le había hecho una fiesta. Sacó a la luz todas las infracciones que cometió su hermano pródigo. El padre le explicó: «Hijo mío, tú siempre has estado conmigo, y todo lo mío es tuyo. Pero era necesario hacer fiesta y regocijarnos, porque este, tu hermano, estaba muerto y ha vuelto a la vida; estaba perdido y ha sido hallado» (versículos 31-32).

¡Es bueno alegrarse con los trofeos de gracia de Jesús! Nos alegramos porque Él los ha buscado por todo el mundo y los ha encontrado. Los ha puesto sobre sus amplios hombros y los ha llevado a su redil. Los ha sanado. Los ha restaurado. Él nos llama a ver la gloria y el poder de su gracia en estos trofeos de gracia. ¡Esto es lo que puede hacer nuestro Dios!

....

Señor:
Dame una nueva perspectiva para mirar a mis hermanos y hermanas. Dame ojos para verlos como los ves tú, como trofeos de tu gracia. Hazme ver en sus vidas tu pasión por buscar a los perdidos. Hazme ver tu poder para rescatar a los perdidos de cualquier prisión donde los tenga el enemigo. Dame tu autoridad y bondad para perdonar sus pecados. Dame tu toque para curar todas sus heridas. Permíteme mostrarles tu gloria para traer luz a sus vidas. Sobre todo, ayúdame a alegrarme como se alegran tus ángeles en el cielo por cada trofeo de gracia que despliegas. En el nombre del gran rescatador, Jesús, amén.

Para tu consideración:

1. Escribe brevemente el testimonio de alguien que conozcas que es un trofeo de la gracia.

2. ¿De qué manera el concepto de ver a los demás como trofeos de la gracia influye en tu perspectiva de

   - otros creyentes?

   - los perdidos?

   - la oración?

   - el cielo?

3. Lee Lucas 15 y expresa tus pensamientos acerca

   - del pastor.

   - de la mujer.

   - del padre.

4. ¿Cómo muestra un trofeo de la gracia

   - el amor de Dios?

   - el poder de Dios?

   - la pasión de Dios?

   - el anhelo de Dios?

   - el gozo de Dios?

   - la gracia de Dios?

5. ¿Cómo calificarías tú como un trofeo de la gracia?

Historias de la gracia

Esta es la palabra del Señor a Zorobabel: «No por el poder
ni por la fuerza, sino por mi Espíritu» —dice el Señor de
los ejércitos. «¿Quién eres tú, oh gran monte? Ante Zorobabel,
te convertirás en llanura; y él sacará la piedra clave
entre aclamaciones de "¡Gracia, gracia a ella!"».

Zacarías 4:6-7

Qué gigantesca tarea tenía por delante Zorobabel. Había regresado con los cautivos de Israel para reconstruir el templo del Señor en Jerusalén, pero la obra parecía insuperable al menos por siete razones.

Primera razón: La destrucción total del templo

El violento rey de los caldeos de Babilonia, Nabucodonosor, había arrasado con la ciudad de Jerusalén en 586 a. C. En el proceso masacró a la mayoría de los líderes, sacerdotes y soldados, y llevó cautivos a los demás ciudadanos a Babilonia. En 2 Crónicas 36:17-20 se registra la destrucción:

Entonces Él hizo subir contra ellos al rey de los
caldeos, que mató a espada a sus jóvenes en la
casa de su santuario, y no tuvo compasión del
joven ni de la virgen, del viejo ni del débil; a
todos ellos los entregó en su mano. Y todos los
objetos de la casa de Dios, grandes y pequeños,
los tesoros de la casa del SEÑOR y los tesoros del
rey y de sus oficiales, todo lo llevó a Babilonia. Y
quemaron la casa de Dios, derribaron la muralla
de Jerusalén, prendieron fuego a todos sus
palacios y destruyeron todos sus objetos valiosos.
Y a los que habían escapado de la espada los llevó
a Babilonia; y fueron siervos de él y de sus hijos
hasta el dominio del reino de Persia.

Setenta años más tarde, Zorobabel recorre 1 448 kilómetros
con 42 392 hombres y sus familias a través de la árida topografía
hasta la ciudad de Jerusalén. Imagínate por un momento su
consternación cuando llegaron a su destino. La Jerusalén que habían
visualizado, la ciudad de que sus padres hablaban con tanto afecto,
¡estaba en condiciones deplorables! Las enormes rocas que una vez
enmarcaron grandes murallas, impresionantes palacios, casas y un
gran templo yacían en montones de basura, grandes impedimentos
para la restauración. La destrucción se veía agravada por setenta
años de abandono. Había poco o nada con lo que trabajar. En su
lugar, hubo que retirar estos pesados bloques para poder empezar
a reconstruir.

Segunda razón: Un equipo sin experiencia

La siguiente razón por la que la tarea era contra todo
pronóstico tenía que ver con los hombres con los que Zorobabel
tenía que trabajar. No tenía un ejército de hombres fuertes. No
tenía un equipo de construcción a su lado. Los exiliados que
vinieron de Babilonia eran profesionales. En la compañía había

sacerdotes, cantantes, perfumistas, orfebres y otros por el estilo. Habían vivido como esclavos en la sofisticada ciudad de Babilonia. Estaban acostumbrados a la vida de ciudad, y no a las privaciones y dificultades de la vida en el campo. No tenían las habilidades, la fuerza ni la sagacidad para construir un edificio, ¡mucho menos un gran templo!

Cuando el rey Salomón construyó el primer templo, usó una fuerza laboral de más de cien mil hombres. Seleccionó setenta mil para llevar la carga, otros ochenta mil para labrar las piedras en las montañas y tres mil seiscientos para supervisar la construcción misma del templo (2 Crónicas 2:2). No solo se empleó muchos hombres para construir el templo de Dios, sino que trajeron a un maestro artesano llamado Hiram para diseñar y supervisar el trabajo del templo (1 Reyes 7:13, 40-45).

Zorobabel no tuvo esas ventajas. Solo tenía los exiliados de Israel y un edicto divino de reconstruir y restaurar el templo de Dios.

Tercera razón: La falta de materiales

Zorobabel no solo carecía de un equipo de construcción; carecía de materiales de construcción. Cuando el rey Salomón construyó el primer templo, importó hermosos tablones de cedro, ciprés y alumbre cortados por expertos de Tiro. Salomón también usó el oro, la plata y el bronce que su padre había acumulado para la construcción del templo.

Zorobabel solo tenía las piedras antiguas, dañadas y amontonadas con las cuales trabajar. Los demás suministros no se podían importar. El pueblo que vino de Babilonia tenía que recolectar los materiales. En un momento dado, el profeta Hageo le dijo a Zorobabel lo que el Señor les decía a los exiliados: «Subid al monte, traed madera y reedificad el templo» (Hageo 1:8).

La obra era imponente debido a que Zorobabel no tenía la abundancia de recursos que tuvo Salomón. Los materiales para este templo tenían que rescatarse y recolectarse de los montes de Israel.

Cuarta razón: La mala actitud

A las dificultades de este esfuerzo se le sumo la actitud de la gente con la que trabajaba Zorobabel. No solo estaban mal equipados para el trabajo, sino que estaban divididos de corazón. Muchos estaban desmotivados y otros desanimaban de manera activa al pueblo.

Jesús dijo: «Todo reino dividido contra sí mismo es asolado, y toda ciudad o casa dividida contra sí misma no se mantendrá en pie» (Mateo 12:25). Los que han ido de vacaciones con un adolescente malhumorado saben cuán difícil es hacer algo cuando se está lidiando con gente que no coopera. Sin embargo, esa era con exactitud la actitud del pueblo con el que Zorobabel tenía que trabajar.

Cuando Zorobabel estableció la ubicación anterior del templo, quitó las piedras pesadas y colocó los cimientos, la reacción de la gente fue mixta. Esdras 3:11-13 lo registra así:

> Y cantaban, alabando y dando gracias al Señor:
> Porque Él es bueno, porque para siempre es
> su misericordia sobre Israel. Y todo el pueblo
> aclamaba a gran voz alabando al Señor porque se
> habían echado los cimientos de la casa del Señor.
> Pero muchos de los sacerdotes y levitas y jefes de
> casas paternas, los ancianos que habían visto el
> primer templo, cuando se echaban los cimientos
> de este templo delante de sus ojos, lloraban en alta
> voz mientras muchos daban gritos de alegría; y el
> pueblo no podía distinguir entre el clamor de los
> gritos de alegría y el clamor del llanto del pueblo,
> porque el pueblo gritaba en voz alta, y se oía el
> clamor desde lejos.

¡Nada es más desconcertante que poner todo tu esfuerzo en un proyecto arduo, solo para que desprecien, critiquen y desechen tu logro! Eso fue justo lo que le sucedió a Zorobabel y a su equipo. Peor aún, los líderes religiosos y los jefes de las casas paternas eran los que más se quejaban. Estos eran los hombres influyentes, pero no estaban usando su influencia de manera positiva para motivar, felicitar o halagar a los que trabajaban. No. Eran un verdadero impedimento para la hazaña casi imposible que intentaban los israelitas.

Quinta razón: La intimidación

Hasta el sabio y rico rey Salomón se sintió intimidado por la comisión de construir un templo para el Señor de los Ejércitos. Se preguntó cómo él, un simple hombre, podría construir un santuario lo bastante grande, lo bastante glorioso y lo bastante hermoso para representar al Dios de toda la creación. Salomón expresó su consternación en una carta al rey de Tiro:

> Voy a edificar un templo majestuoso, pues nuestro
> Dios es el más grande de todos los dioses. Pero
> ¿cómo edificarle un templo, si ni los cielos más
> altos pueden contenerlo? ¿Y quién soy yo para
> construirle un templo, aunque solo sea para
> quemar incienso para él? (2 Crónicas 2:5-6, NVI®).

Si Salomón, el heredero a la dinastía de David, dotado con la divina sabiduría de Dios, fortalecido con recursos, se sintió intimidado, ¡cuánto más intimidado no se sentiría su pobre pariente lejano al regreso de su cautiverio!

Incluso en las mejores condiciones, ¿cómo se puede construir un templo terrenal lo suficientemente magnífico para honrar al Rey de reyes y Señor de señores?

Sexta razón: La falta de finanzas

Exiliado, Zorobabel había vivido como prisionero de guerra desde su nacimiento. No se había criado con consejeros, sabios y gobernantes. Se había criado entre los demás cautivos de Jerusalén. Solo recibió un pequeño presupuesto de Ciro, el rey de Persia, cuando decretó que los exiliados podían regresar a su patria.

No tenía dinero para contratar obreros, importar los suministros que necesitaban de otros países ni comprar las herramientas necesarias para la construcción.

Séptima razón: La oposición

Quizá esta séptima razón sea la mayor de todas: la enorme oposición a la reconstrucción del templo.

Como la tierra se había abandonado, con el correr de los años se habían instalado comunidades más pequeñas que no eran israelitas alrededor de Jerusalén. Se habían establecido en la tierra y hasta habían obtenido el favor de las autoridades persas. Creían que tenían los derechos a la tierra, y no les convenía que los ocupantes originales regresaran al territorio y se volvieran a establecer como nación reconstruyendo el templo y restaurando su capital.

Estos oponentes usaron diversos medios para detener el progreso. Mintieron, amenazaron, mostraron hostilidad abierta, intentaron infiltrarse, trataron de sabotear, atacaron, difamaron y, al final, usaron la fuerza legal para detener la construcción del templo. Sus esfuerzos tuvieron un éxito pasajero. Entonces, los cimientos quedaron abandonados durante cuatro años hasta que los profetas Hageo y Zacarías recibieron un mensaje del Señor. Por medio de ellos, le ordenó a Zorobabel que volviera a emprender la obra de construir el templo de Dios.

Contra todo pronóstico negativo, Dios le proclamó su promesa a Zorobabel a través del profeta Zacarías:

> «No por el poder ni por la fuerza, sino por mi
> Espíritu» [...] «¿Quién eres tú, oh gran monte? Ante
> Zorobabel, te convertirás en llanura; y él sacará la
> piedra clave entre aclamaciones de "¡Gracia, gracia
> a ella!"» (Zacarías 4:6-7).

¡Lo que Dios le declaró a Zorobabel es asombroso! Le decía a este peregrino cansado lo siguiente:

No necesitas un equipo de construcción.

No necesitas materiales de lujo para construir el templo.

Solo necesitas la presencia y la unción del Espíritu del Señor de los Ejércitos.

Todos los obstáculos ante ti se aplastarán.

¡Tú construirás este templo!

Cuando pongas la última piedra en la cima del templo, ¡te darás cuenta de que todo se logró por gracia!

Desde el momento en el que el profeta Zacarías le habló esa palabra a Zorobabel hasta ahora, esta misma promesa ha ministrado y ha inspirado a muchos hombres y mujeres en su servicio a Dios. Ha rescatado a incontables personas del pozo del desencanto y los ha motivado a obedecer la Palabra de Dios. Al hacerlo, ¡muchas increíbles obras se han levantado por la gracia de Dios!

Quizá puedas relacionarte con la situación de Zorobabel. Quizá tengas un objetivo, una obligación o una ocupación que te parece abrumadora. Al igual que Zorobabel, te enfrentas con probabilidades contra todo pronóstico y oposición. Si es así, esta palabra es para ti. Dios desea lograr lo imposible en tu vida por el poder de su Espíritu.

A Dios le encanta obrar contra probabilidades imposibles. De esta manera revela su poder obrando en nosotras, con nosotras y a través de nosotras. Según vemos cómo Dios se da a conocer, se enriquece y se fortalece nuestra fe. Cuando dejamos que Dios actúe en nosotras, nos convertimos en sus lugares de gracia.

Lo que sigue a continuación son testimonios de algunas personas que han aprendido el secreto de la gracia de Dios y cómo cosechar esa gracia. Al hacerlo, sus montañas se han convertido en llanuras, y lo imposible se ha convertido en posible. Mi oración es que al leer sus historias te sientas inspirada a reconocer y depender de la gracia de Dios en tu propia vida.

Fortaleza en la debilidad

Dawn Vallely es una de mis personas favoritas. Aún recuerdo el día en que la conocí hace años. Ambas asistíamos a un campamento familiar y, al observarla, estaba segura de que su esposo, Dwight, se había casado con ella como esposa trofeo. Tenía la belleza y el porte de Blancanieves. Entonces, hablé con ella y no solo mi corazón se conmovió, sino que se unió a su corazón para siempre. Después de conocernos, Dawn se convirtió en líder en el estudio bíblico de mujeres que yo enseñaba en nuestra iglesia de Vista, California.

Al igual que su madre, Dawn era enfermera. La profesión médica estaba tan arraigada en ella que hasta les enseñaba clases a enfermeras que necesitaban renovar su certificación.

Dawn había sido enfermera por diez años y era una de las enfermeras principales en la unidad de cuidado intensivo de recién nacidos en un hospital de San Diego, California, cuando comenzó a sentir una sensación de calambres y adormecimiento en el lado izquierdo. Preocupada, visitó a un médico. Su mayor temor se confirmó cuando el IRM reveló que padecía de esclerosis múltiple. Solo llevaba nueve meses de casada.

Continuó trabajando por otros cuatro años, con una agenda completa, hasta que un día comenzó a arrastrar las palabras mientras enseñaba. Se dio una ducha caliente esperando que pasara, pero solo empeoró y se sintió débil. Desde entonces, los síntomas solo se intensificaron, y a veces el lado izquierdo se le paralizaba. Dawn se vio obligada a dejar su amada profesión. Se debilitó y se caía con facilidad. Hasta el clima la afectaba. Pronto, toda su actividad y hasta su servicio a Dios se vieron limitados.

Lo médicos trataron una serie de tratamientos experimentales. Recibió inyecciones de interferón, pero después se enteró de que a causa de una alergia al medicamento, gran parte de su sufrimiento inicial tuvo que ver con las inyecciones.

Aunque Dawn estaba débil, dolorida y luchando con la depresión, comenzó a sacar fuerzas de la gracia de Dios. Ella y su esposo comenzaron una práctica constante de orar juntos. Dawn pasaba tiempo escudriñando la Biblia, leyendo, estudiando y meditando en la Palabra de Dios. Escuchaba música de alabanza, oraba por otros, le pedía a Dios sabiduría para su dieta y adoraba. Mientras tanto, ganaba fuerza para lograr las tareas simples de la vida.

Mientras aprendía a diario a sacar un poco más de fuerza de la gracia de Dios, Dawn comenzó a sentirse más fuerte. Por su don natural para enseñar, anhelaba enseñarles los secretos de la gracia a otras mujeres que sufrían. Comenzó un blog donde escribía lo que había aprendido de manera holística para combatir la inflamación. Escribía acerca de las grandes lecciones y promesas que había recibido del Señor a través de su tiempo personal de estudio bíblico. Contestaba preguntas. Animaba a otros a orar. Revelaba sus canciones espirituales favoritas.

Pronto, Dawn comenzó a escribir y enseñar estudios bíblicos a mujeres. Su grupo creció, así como su influencia de gracia sobre sus vidas.

La mayoría de los que viven con EM experimentan alguna progresión de la enfermedad, y un cincuenta por ciento queda con incapacidad severa[1]. Doce años después del primer diagnóstico, Dawn trabaja de nuevo a tiempo parcial en el campo de la enfermería que tanto ama. También ha podido volver a enseñar las clases de recertificación para enfermeras. Dawn todavía vive con dificultad y dolor crónico. La enfermedad no ha desaparecido. A menudo sufre de ataques que la paralizan. Sin embargo, en los años más duros de su enfermedad, aprendió cómo extraer la gracia de Dios y ministrársela a los demás. Esta es la gracia de la que Dawn vive cada día. Esta es la gracia de Dios que Dawn les muestra a los demás. ¡Dawn es un testimonio vivo de la gracia de Dios!

La gracia de una madre

El tercer hijo de mi amiga Danielle, al que apodaron Bubba, nació con un defecto severo en el corazón que necesitó cuatro operaciones a corazón abierto desde que tuvo cuatro meses hasta que cumplió ocho años. Su quinta cirugía fue un trasplante de corazón.

Para cualquier madre es emocionalmente agonizante ver a su hijo luchar, sufrir y soportar tanto dolor. Por más de diez años, Danielle sintió la intensa agonía de una madre impotente de evitarle a su hijo los procedimientos necesarios para su bienestar. Después de la cuarta operación de Bubba, a los siete años, Danielle aprendió a depender por completo de la fortaleza de la gracia de Dios. Después de la operación, ella y su esposo, Brian, se turnaban para dormir en la unidad de cuidado intensivo con su hijo mientras este se recuperaba. Una noche, el niño le pidió que jugara un juego de mesa con él, pero se frustró cuando no se podía concentrar y contar las barajas. Danielle le sugirió que guardara el juego y solo se durmiera. Apagó las luces y movió su catre más cerca de su cama.

Mientras ella se movía debajo de las sábanas, su hijo susurró: «Mamá, tengo mucho miedo». Danielle le tomó la mano y oró. Lo cierto era que ella también tenía miedo. Su valentía era solo una coraza que usaba para consolar a su hijo, y se estaba desgastando.

Una hora más tarde, Danielle se despertó desconcertada. La cama de Bubba se estremecía con violencia, y enseguida se dio cuenta de que estaba teniendo convulsiones. Saltó y llamó a las enfermeras. Mientras esperaba la llegada del equipo médico, Danielle oró en silencio: *Señor, esta ha sido una jornada larga. No puedo soportar ver a Bubba en dolor constante. Por favor, llévatelo al cielo.* Esa fue la primera vez que Danielle entregó al niño en las manos de Dios sin reservas. Estaba agotada, igual que toda la familia.

El Señor le habló a Danielle al instante en respuesta a su oración. Le oyó decir a su corazón: *Yo estaré contigo a través de todo esto*, y entonces la cubrió una gran paz. Cuando llegaron los médicos y las enfermeras, pudieron detener la convulsión de cuatro minutos antes de que pudiera hacer más daño. Felicitaron y le agradecieron a Danielle por su cooperación y por mantenerse tan calmada.

Dos días más tarde, tras numerosas pruebas, los médicos descubrieron la razón de las convulsiones de Bubba: la sangre se había acumulado en la base del cerebro. La sangre se había disipado por fin y estaba fuera de peligro de sufrir convulsiones.

Luego, Danielle testificó: «La gracia me vino en un torrente de paz, y Él me dio una extensa dosis de gracia que continúa hasta hoy. Cuando tengo la seguridad de que Dios camina conmigo, puedo llenarme de su gracia para continuar. Puedo arrastrarme por el valle o escalar las montañas con Él».

Hoy Bubba ya no lleva ese apodo. Es un joven saludable de poco más de veinte años. Sirve activamente en nuestra iglesia, y muy pocos de sus conocidos conocen el milagro de gracia que es.

Las historias que siguen tienen que ver con la gracia que da Dios para ministrar y sacrificarse por personas difíciles en circunstancias difíciles.

La ministración de la gracia

El primer héroe que la mayoría de las niñas conocen es su padre. Sé que mi padre fue mi más grande héroe por años. Parecía que lo podía hacer todo. Me amaba, me protegía, me apreciaba, proveía para mí y hasta me cantaba. Nunca tuve motivo para dudar de su amor. Lo triste es que esta no es la realidad de muchas mujeres que conozco. Sus padres fueron duros, críticos, negligentes o ausentes por completo. Sin embargo, cuando les preguntan, todas pueden describir en detalles lo que debe ser un buen padre. Es como si nuestro Padre celestial hubiera grabado en cada corazón su propia imagen de la paternidad. Hasta el día de hoy, sin importar el tipo de padre que hayan tenido, nunca he conocido a una mujer que no pueda enumerar los atributos de un buen padre.

Yo nunca tuve problemas con ministrar a mi padre. Era fácil, solo tenía que responder y reciprocar el amor que me daba. Sin embargo, ¿cómo ministrar a un padre que es aborrecible, antipático o cruel? Mi amiga Darlene recibió la gracia de Dios para hacer eso precisamente.

Cuando Darlene tenía diez años, su padre la llamó aparte junto con su hermana para decirles que ya no amaba a su madre.

Había encontrado otra mujer a quien amar, y estaba a punto de abandonar el hogar. La primera emoción de Darlene fue alivio. Su padre era una persona airada. Detestaba el hecho de que su esposa y sus hijas fueran cristianas nacidas de nuevo y asistieran a la iglesia con regularidad. Culpaba a la iglesia, a Dios y al cristianismo por su propia conducta y por el divorcio.

En realidad, fueron los propios vicios de Frank los responsables por su corazón frío. Llevaba consigo un resentimiento profundo contra el padre severo a quien nunca pudo complacer. Odiaba a Dios por la muerte de su hermano menor a los veintiún años debido a un cáncer de estómago. Usaba estos y otros factores para justificar la bebida, las mujeres y la irresponsabilidad financiera. Aunque era un hombre brillante que se había abierto paso en la industria del desarrollo de *software*, también era abusivo verbalmente con su familia y aterrador con todos los que lo conocían.

Después de abandonar a la madre de Darlene, se casó cuatro veces y tuvo numerosas novias que vivieron con él. Cada vez que visitaban la casa de su padre, Darlene y su hermana se veían obligadas a abrazar a su nuevo amor con el afecto que solo merece una verdadera madre.

Darlene y su hermana anhelaban un final de cuento de hadas. Oraban para que su padre se entregara a Jesús y para que cambiara su conducta y su corazón. Cuando esto no sucedió, el corazón de Darlene se comenzó a endurecer. Se volvió fría y desconfiada. Sin embargo, la madre de Darlene nunca dejó de mostrarle gracia al hombre que la abandonó. Continuó amándolo y orando por su salvación, y era un ejemplo de gracia para sus dos hijas.

Darlene creció. Un día la llamaron al aula de la universidad para informarle que su padre estaba en el hospital. Darlene salió de inmediato y, cuando llegó, vio a un hombre enfermo y débil, aislado y con mucho dolor. Se veía pequeño en comparación con el hombre que la aterró de niña.

El pie lo tenía infectado de gangrena a causa de la diabetes y una herida que le había hecho con la tijera de los pies. Durante los próximos días, con gusto las enfermeras dejaron que Darlene cuidara de su padre y del dedo infectado. Él había sido tan rudo y cruel con ellas que querían mantener cuanta distancia pudieran de su habitación.

Cuando se sentía mal, le llevaba el tazón a la boca y lo limpiaba con un paño limpio. Sonreía lo mejor posible y se llevaba la ropa sucia a su casa para lavarla y traerla el próximo día. Escuchaba sus constantes diatribas. Lloraba a menudo y era suicida. A causa de la diabetes, hubo que amputarle varios dedos. Luego vinieron otras complicaciones, y Darlene siguió a su lado todo el tiempo. Con cada nuevo acontecimiento, y a través de todos sus arranques emocionales, Darlene recibió de la gracia divina para ministrar al padre que la había abandonado, que no había querido pagar su manutención y que siempre la criticó y denigró cuando era niña.

Darlene recibió gracia para dejar que todas las palabras y acciones hirientes le resbalaran. Recibió gracia para continuar orando por él hasta que su padre, quebrantado, sufrido, ciego, sin dientes y sin dedos le entregó su vida al señorío de Cristo. El día que conoció la gracia del Señor, él también sintió el sostén de esa gracia, y así fue hasta que murió cuatro años más tarde. Hasta el día de hoy, Darlene testifica de la maravillosa gracia que la sobrecogió, y que obró para amar, cuidar y orar por su padre. Y por la gracia que recibió y ministró, su padre está en el cielo hoy.

Gracia sacrificial

Cindy estaba segura de que su matrimonio sería de cuento de hadas. Su esposo, Joe, era el chico más guapo de la escuela, y lo amó desde que lo vio por primera vez. Ambos provenían de hogares cristianos, y ambas familias apoyaron su relación, que duró todos los años del instituto.

Cindy anhelaba ser esposa. Se entregó por completo a las tareas diarias de la maternidad y del cuidado de su hogar, preparando comidas elaboradas y decorando la casa. A menudo buscaba la aprobación de su esposo. Hermosa, mantenía su figura en perfectas proporciones, su pelo peinado y su maquillaje impecable. Y si Joe criticaba su trabajo, ella solo se esforzaba más con entusiasmo. Después de siete años de matrimonio, Joe le pidió el divorcio. Cindy se quedó paralizada. Habían experimentado los típicos altibajos de toda pareja, pero nunca había visto señales ni indicios de algún problema que lo llevara a esto. Sin embargo, Joe había tenido una serie de amoríos con hombres. Mientras le mentía y la engañaba, también mantenía la fachada de un esposo y cristiano casi perfecto.

La gracia y provisión que Cindy mostró mientras que oraba por gracia fueron impresionantes. Cindy estaba destruida, al igual que las familias y los niños. Muchas de sus amigas le instaron a que se dejara llevar por la amargura y la venganza, pero esto no era lo que Cindy tenía en su corazón. Amaba a Joe y no quería verlo castigado. De alguna manera, simpatizaba con su dolor y frustración. Cindy oraba por Joe, y era ejemplo para que sus hijos, sus amistades y la familia también oraran por él. Aunque estaban divorciados, Cindy invitaba a Joe a cenar, y servía la comida con risa y sonrisa genuinas. Su gracia tocó el corazón de Joe, y él era generoso con su familia.

Esta misma gracia continuó derramándose cuando Joe necesitó varios viajes al hospital. Como su compañero se negaba a hacerlo, Cindy lo llevaba con regularidad a todas las visitas médicas. Cindy continúa ministrando gracia a su exesposo y él siempre está presente en las celebraciones familiares de Navidad. Cindy sabe que él lucha con el pecado, pero esa lucha es suya, no de ella. Su batalla fue con la gracia, y la ha ganado. Ahora, su oración es por la emancipación y la salvación de Joe.

Gracia diaria

Muchas de nosotras hemos llegado a depender de la compañía que tenemos con nuestros esposos. Sin embargo, ¿qué sucede cuando la personalidad de la persona que amas cambia? ¿Qué ocurre cuando aquel con el que comprometiste tu vida ante Dios se convierte en un niño y debe atenderse y vigilarse constantemente? ¿De dónde sacas la sabiduría y la fuerza para hacerle frente a la imprevisibilidad de la nueva persona con la que tratas, ver su deterioro mental y seguir amando y sirviendo? Marsha encontró las suyas en la gracia de Dios.

Cuando Marsha y Gaylord se casaron en 1972, ninguno de los dos era cristiano. Luego, en 1981, a causa de una lesión relacionada con su trabajo, a Marsha la refirieron a un psicólogo cristiano. El psicólogo le instó a que aceptara a Cristo como su Señor y comenzara a asistir a la iglesia. Marsha comenzó a asistir a la iglesia de mi padre, donde le encantó tanto lo que oyó que a menudo se llevaba grabaciones de los mensajes que entonces estaban en una biblioteca de casetes. Gaylord escuchó por casualidad uno de los mensajes de papá y le pidió a Marsha que le trajera varias grabaciones más. Marsha lo hizo. Gaylord se quedaba absorto con lo que escuchaba. Unas semanas más tardes se sintió movido a dejar su oficina en Los Ángeles y manejar hasta Costa Mesa para encontrar un pastor que orara con él y lo llevara a Cristo.

A finales de 1981, tanto Marsha como Gaylord habían nacido de nuevo, y ambos tenían un apetito voraz por la Palabra de Dios. Gaylord comenzó a servir en la iglesia cada vez que tenía tiempo libre de su trabajo como vicepresidente de una empresa grande. A menudo, Marsha lo acompañaba.

Cuando mi esposo asumió el pastorado de una iglesia pequeña en Vista, California, Gaylord y Marsha a menudo manejaban desde el condado de Orange para ayudarnos. Gaylord y mi padre trabajaron juntos para remodelar el edificio de la iglesia que había sido una logia Elks. Marsha comenzó una biblioteca de casetes con los mensajes de Brian en nuestra iglesia. Después de ayudarnos por un año, Brian le pidió a Gaylord que considerara mudarse a Vista y ser pastor asistente de nuestra comunidad en crecimiento. Gaylord y Marsha se unieron a nosotros.

Gaylord era inteligente y exitoso. Podía hacer cualquier cosa. Podía reconciliar cuentas bancarias, supervisar finanzas, tomar decisiones sabias, arreglar tuberías rotas, remodelar, aconsejar y hasta reparar electrodomésticos. Marsha había sido la parte más silenciosa del dúo. Una vez que se jubiló, le gustaba que la cuidaran y no estaba muy acostumbrada a hacer mucho en el área de trabajo, excepto cocinar y mantener la casa limpia. La pasión de Marsha era sus manualidades, el ministerio a amigas y testificar de su fe.

Vivieron en Vista hasta que dieron un largo viaje por carretera por todo Estados Unidos en su casa rodante. Gaylord era un conductor excelente. Podía mover aquel autobús incómodo por calles estrechas en tráfico pesado y en carreteras rurales. Marsha se sentía cómoda con Gaylord al volante. Después de su larga aventura regresaron a Vista. Entonces, mi padre le pidió a Gaylord que considerara un puesto en su iglesia en Costa Mesa, California. Gaylord oró y aceptó. La pareja se mudó al condado de Orange y Gaylord se incorporó al personal.

Gaylord siempre tuvo una personalidad relajada. Parecía que nada lo estresaba. Así que, cuando comenzó a mostrar señales de ansiedad, Marsha se preocupó. Entonces, comenzó a deteriorarse mentalmente. Su personalidad empezó a cambiar también, y se confundía y desorientaba con facilidad. Al principio, a Marsha le fue difícil lidiar con estos cambios, pues la persona en que Gaylord se estaba convirtiendo era muy drásticamente diferente al hombre que había sido con anterioridad. Pronto, Gaylord recibió el diagnóstico de la enfermedad de Alzheimer.

Marsha se convirtió en la única persona al cuidado de su esposo, y nunca ha tenido descanso. El cuidado era constante y el mantenimiento complejo. Las personas con alzhéimer son tan diferentes en conducta como lo son las huellas digitales, pero una cosa que tienen en común es la creciente preocupación por sí mismos, la infantilidad y la constante inseguridad.

Marsha continúa cuidando a diario de Gaylord. Él se ha olvidado de su nombre y la llama «mamá». Ella le dice todos los días cuánto lo ama, y él responde con lágrimas o asintiendo con la cabeza. Marsha nunca le ha dicho que su condición es mortal, pues no quiere oscurecer los años que le quedan.

Uno de los aspectos más difíciles de su nueva vida es la profunda soledad que a veces siente. Al principio luchó con la sensación de amargura y resentimiento cuando la gente no le devolvía las llamadas ni respondía sus correos electrónicos. Entonces, Dios le dio la gracia para entender cómo luchaban los demás con sus ocupaciones diarias, y así evitar sus expectativas tan altas de ellos. Se ha permitido el aislamiento en su vida para demostrar que Jesús es su Amigo que es más unido que un hermano (Proverbios 18:24).

Hoy en día, Gaylord habla en jerigonza más que nada. Les es difícil salir de la casa porque su estado de ánimo es imprevisible. Llora a diario, y Marsha trata de consolarlo con la Palabra y las promesas de Dios. Ella testifica que nunca cambiaría su jornada por algo más cómodo. Durante todo este tiempo, ha conocido la felicidad, el amor y la gracia de Dios de manera inmensurable. Al principio de su matrimonio, después de entregarse a Cristo, el tema de sus vidas vino de Isaías 6:8: «Oí la voz del Señor que decía: ¿A quién enviaré, y quién irá por nosotros? Entonces respondí: Heme aquí; envíame a mí».

Gracia extraordinaria

Conocí a Kris Repp en una conferencia de misiones en Austria. Kris es alta, elegantemente hermosa y tiene más de cincuenta años. Tiene bucles de cabello gris que lleva atados en una coleta. Posee la gracia de una instructora de yoga, y pensé que enseñar yoga era su ocupación. ¡Estaba equivocada! Una tarde se me acercó y me preguntó si podíamos conversar. Kris se sintió movida a contarme su historia. Me alegro de que lo haya hecho.

Kris había ido en varios viajes con su iglesia en Seattle antes de divorciarse. Como enfermera, podía ayudar a ministrar a los que estaban enfermos o heridos. Sin embargo, cuando su esposo se fue, Kris se concentró en criar a sus dos hijos.

Dos años después de la separación, le ofrecieron servir en una clínica en México. La oferta la impresionó. Tenía un anhelo profundo por la vida misionera y ayudar a personas en países pobres. Su hijo mayor ya estaba fuera del hogar haciendo su último año del instituto en un programa de intercambio internacional, pero el más joven todavía estaba a su cuidado, y no creyó que su exesposo estaría de acuerdo con que pasara un año en el extranjero con su madre mientras ella servía en la clínica. Kris casi rechaza la oferta de inmediato, pero algo le dijo que esperara y orara. Mientras oraba, el deseo aumentaba. Decidió ayunar y orar, y luego hablar con su esposo. Se quedó sorprendida cuando él accedió de inmediato a dejarlo ir con ella.

Kris llamó para aceptar la oferta, pero mientras oraba, se había elegido a otra persona para cubrir el puesto. Le dijo al reclutador: «Debe tener otro lugar a donde me pueda enviar. Sé que Dios quiere enviarme o mi esposo nunca hubiera accedido a dejar ir a mi hijo».

La invitaron a ir a Roatán, Honduras, para comenzar una nueva obra. Roatán es una isla en el Caribe. Por un lado está llena de preciosas playas y hoteles, donde los turistas nadan en las cristalinas aguas. Kris iría al otro lado. Dejó su trabajo, hizo sus maletas, y partió con su hijo a vivir y a establecer una clínica en una isla tropical. Al llegar, era obvio que los planes debían retrasarse, pero Kris se mantuvo en su puesto un mes más, aceptando el calor sofocante, los mosquitos, los perros ladrando y la humedad, como preparación para la misión que vendría más tarde.

Pronto la invitaron a Guatemala, Centroamérica, donde tuvo muchas oportunidades de usar sus habilidades como enfermera. Su hijo asistió a una escuela internacional en la ciudad mientras ella trabajaba en la clínica en un campamento de ocupantes ilegales en el basurero de la ciudad y aprendía español. Poco después de su llegada, conoció a otro misionero que la reclutó para interpretar para los equipos con quienes trabajaba, dándoles el evangelio a los indígenas de las aldeas montañesas. Kris lo acompañó y de inmediato se sintió atraída a esta población montañesa. Allí se quedó trabajando y ministrando en estas aldeas por otros cinco años.

La vida de Kris comenzó a zigzaguear entre visitas y estadías cortas en Seattle y viajes para establecer clínicas en algunos de los más remotos, sucios, pobres, peligrosos y oscuros lugares de la tierra. A pesar de soportar asaltos, incendios provocados, arrestos en un país comunista (pero nunca amenazada por terroristas), contraer malaria, privaciones e incontable falta de comodidades, ha continuado sirviendo al Señor por veintidós años. Ha viajado por todo el mundo testificando del evangelio, estableciendo clínicas, arreglando huesos rotos, extrayendo dientes podridos, limpiando heridas, lidiando con infecciones, dispensando medicamentos, cosiendo heridas abiertas, vendando llagas y cualquier otro procedimiento necesario.

Kris depende a diario de la gracia de Dios para recibir fortaleza, sabiduría, valor, dirección y perseverancia.

Nunca olvidaré esa primera conversación que tuvimos hace años. En ella mencionó algunas amistades con quienes se había quedado en uno de sus tiempos de licencia y que eran ricos. Me quedé boquiabierta. En ese entonces yo libraba mi batalla privada con la gracia. Había desarrollado una actitud antimaterialista, y me resentía de lo que percibía que era una vida perdida donde vivía. Creo que había albergado para mis adentros mi propio sentido de culpa porque no servía en el campo misionero. Vivía en la comodidad de mi hogar mientras que mis hermanos y hermanas en Cristo soportaban dificultades extremas y hacían grandes sacrificios.

Cuando Kris mencionó a sus amistades adineradas, le pregunté cómo reconciliaba la pobreza, la miseria y la necesitad que experimentaba con las comodidades y los excesos que veía en Seattle. Su mirada fue amable y encantadora. Una sonrisa tierna se asomó a su hermoso rostro y me dijo:

—Cheryl, yo soy misionera dondequiera que esté. Como tal, no juzgo mi campo misionero ni la gente que vive allí. Solo trato de ministrarles la gracia y el amor de Jesús.

Yo nunca he tenido una cara impenetrable, y mi expresión facial debe haber traicionado a los asuntos de mi corazón, pues me preguntó:

—¿Tú luchas con la gracia en tu campo misionero del condado de Orange?

—¿Se nota? —le pregunté.

—Un poco —contestó con amabilidad.

Después, me preguntó si podía orar por mí. Cuando oró, sentí que toda pizca de falta de gracia abandonaba mi cuerpo. Las lágrimas corrían por mis mejillas.

Kris ha recibido una gracia extrema y extraordinaria para viajar, soportar y ministrar como nunca yo podré experimentar. Sin embargo, a cualquier parte que va, no importa qué clase de gente haya allí, Kris derrama la gracia de Jesús sobre otros.

Gracia que capacita

Sarah es una joven vivaz con una personalidad que te atrae de inmediato. Ama a la gente, y ese amor se puede sentir. Probablemente lo más notable de Sarah sea que es la mayor de una familia de siete hijos. Creció en el sur de California y pasó la mayor parte de su juventud jugueteando en las olas a lo largo de las playas del condado de Orange.

A los dieciséis años, Sarah ya trabajaba en su iglesia en un ministerio de distribución de libros. Trabajar con libros era perfecto para ella. Le encantaba leer, y sus libros favoritos eran biografías misioneras. Trataba de apaciguar la inquietud en su corazón imaginando los lugares y culturas lejanos donde sirvieron sus héroes y heroínas de las misiones.

Sarah se destacó en este ministerio. Trabajaba bien con la gente, era inteligente y muy organizada. Tenía tan grandes habilidades en la administración que, cuando tenía poco más de veinte años, ya era supervisora de todo el ministerio.

Mientras tanto, su hermana menor, Rachel, quien también es su mejor amiga, estaba trabajando con un pastor estadounidense en

Inglaterra llamado Phil Pechonis. Estaban organizando un festival musical cristiano en el sur de Inglaterra llamado *Creation Fest*. Sarah estaba encantada con todo lo que hacía su hermana pequeña. Tenía una energía ilimitada, mucho entusiasmo y grandes ideas. Verla ayudar a organizar este gran evento despertó la curiosidad de Sarah. Quería ver el festival en el que Rachel había invertido tanto tiempo y esfuerzo.

Sarah acompañó a Rachel y a la familia de su iglesia a Cornualles, Inglaterra, en 2009. De inmediato, Rachel puso a Sarah a trabajar ayudando a organizar las carpas, los estands, los camareros, los que dan la bienvenida, y en casi cualquier terreno en el que pudiera servir. A Sarah le encantó. También conoció a Phil Pechonis, el iniciador y supervisor del festival, con quien hizo buenas migas.

Al regresar a California, Sarah no podía ignorar la inquietud en su corazón. Hablando con Rachel, se dio cuenta de que ambas experimentaban el mismo sentir de intranquilidad y sintieron que Dios tenía algo para ellas fuera de California, pero esto estaba más allá de sus posibilidades. Juntas planificaron un viaje de un año, por tres continentes diferentes, visitando ministerios cristianos que conocían en cada uno de los países que escogieron.

En 2010, Sarah y Rachel partieron en su aventura. Les encantó cada lugar que visitaron, los misioneros que conocieron, igual que los ministerios que experimentaron. Nunca permanecieron más tiempo de lo planeado, y demostraron ser una bendición dondequiera que fueron.

En el viaje, Rachel conoció al hombre que sería su compañero de alma y ministerio. Sarah sabía que no perdería una hermana, sino que ganaría un hermano. Aun así, la idea la dejó aún más inquieta. Sabía que no podía regresar a su antiguo trabajo; necesitaba algún lugar nuevo donde servir. Al mismo tiempo, su iglesia estaba buscando un director de comunicaciones, y aceptó el empleo. En este papel, Sarah ayudaba a los diferentes ministerios a coordinar y comunicarse entre sí, así como a planificar, organizar y llevar a cabo eventos a los que asistían entre quinientas y cinco mil personas. Este nuevo trabajo significaba que Sarah ayudaría a coordinar *Creation Fest* desde Estados Unidos.

Mientras tanto, *Creation Fest* siguió creciendo, atrayendo a miles de personas de toda Inglaterra. El festival incluía sólidas enseñanzas bíblicas, talleres apologéticos y bíblicos, adoración, juegos, un parque de patinaje, castillos hinchables, programas para niños y acampada.

Una vez más Sarah demostró excelencia en su trabajo. Se desempeñó como directora de comunicaciones de la iglesia hasta 2014, cuando se requirieron sus servicios en Inglaterra debido a que Phil Pechonis estaba gravemente enfermo de cáncer. Aunque parecía que se estaba recuperando, necesitaba ayuda. Entonces, la mañana después que Sarah aterrizara en Inglaterra, se enteró de que Phil estaba en la presencia de Jesús. Se necesitaba que Sarah interviniera y se hiciera cargo.

Nadie podría imaginarse el *Creation Fest* sin Phil. Era una de esas personas increíbles que podían ir a cualquier parte, hacer prácticamente cualquier cosa y hacer que las cosas sucedieran. Tenía una fe inquebrantable en Dios y una pasión por el evangelio. Se decidió de manera discreta que después de 2014, se le pondría fin al *Creation Fest*, pero 2014 resultó ser el mejor año que se experimentara jamás. Asistieron más personas y más niños que en cualquiera de los años anteriores. También se hicieron más compromisos con Jesús que en años anteriores. Era como si el festival por fin hubiera ganado credibilidad con la comunidad, y parecía que no era apropiado detener el festival ahora. Era obvio que la unción de Dios estaba en ese evento.

Alguien le sugirió a Sarah que podría ocupar el puesto de Phil para que el festival continuara. El pensamiento era desalentador, pero cuanto más Sarah intentaba alejarlo, más fuerte se hacía. Todavía en Inglaterra, encontró un salón de té en Plymouth, donde podía estar sola y leer su Biblia. El Señor llamó su atención a Isaías 49:1-10. Mientras leía, parecía que cada versículo la dirigía a las costas de Inglaterra para servir al Señor en la función especial para la que Él la creó. Sarah quería estar segura de que esto venía de Dios. Garabateó una fecha y una breve anotación en su Biblia, y luego decidió guardar esta idea en su corazón y esperar la confirmación. La confirmación llegó al día siguiente cuando una pareja que no había visto en seis años se le acercó. Le preguntaron si podían orar por ella. Mientras lo hacían, era como si estuvieran orando directamente Isaías 49 sobre ella. No podían haber sabido que estos eran los mismos versículos con los que Sarah sintió que el Señor le hablaba a su corazón.

Sarah se acercó indecisa a mi esposo, Brian, que también estaba en Inglaterra, y le dijo: «Creo que quizá deba quedarme aquí y dirigir el *Creation Fest*». Más tarde recordó que la cara de Brian parecía inexpresiva. Esperó una respuesta, pero él se dio la vuelta y se marchó. *Bueno, eso se acabó*, pensó.

Para ser sincera, *Creation Fest* estaba buscando a un hombre para que supervisara el festival, pensando que sería mejor que un hombre se hiciera cargo de una tarea tan grande. Sin embargo, ningún hombre que conocían, ni británico ni estadounidense, estaba en posición de arriesgarse.

Al día siguiente, Brian buscó a Sarah. «¿Estarías dispuesta a quedarte y supervisar los preparativos para el próximo *Creation Fest*? Solo planificaremos para el año que viene y veremos qué pasa». Hoy en día, *Creation Fest* se celebra cada agosto en el recinto ferial de Cornualles. Sigue creciendo cada año en tamaño y fama.

El festival es un evento que atrae a más de diez mil visitantes y más de dos mil campistas. Casi ochocientos niños asisten al programa infantil. Alrededor de sesenta mil personas lo ven en vivo por internet. Como dirían en Inglaterra: «¡Es descomunal!».

Detrás de toda la actividad se encuentra esta dinámica joven llamada Sarah. Hace poco, pude pasar unos minutos con ella tomando una taza de café. Le pregunté si podía usar su historia para resaltar la gracia de Dios. Su vida es muy sorprendente para mí. Es una joven soltera que vive en un país extranjero. Trabaja en la oficina de *Creation Fest* en Wadebridge, Cornualles, cerca de la estación de autobuses. La mayoría de las personas que viven en la ciudad de Cornualles la conocen. A lo largo del año, ella y su equipo organizan clubes infantiles, eventos deportivos y reuniones de oración. También trabaja con iglesias locales y de toda Inglaterra a fin de coordinar campañas de evangelización y reuniones de oración. Es una oradora solicitada con frecuencia en todo el país y en todo el mundo, hablando en clubes sociales, retiros, almuerzos, iglesias y en cualquier otro lugar donde Dios le abra una puerta para testificar del glorioso evangelio de Jesús.

Le pregunté a Sarah cómo mantiene el suministro de gracia que necesita para administrar todas las actividades de su vida. Me dijo que su mayor suministro de gracia proviene de su tiempo devocional diario. Durante esa hora solitaria, ora, lee su Biblia y luego medita en la Palabra de Dios. Además, dedica tiempo en comunión con sus dos compañeras de cuarto sudafricanas, que también son sus amigas y compañeras de trabajo. Me dijo que busca de manera intencional a personas piadosas que caminen cerca de Jesús y permite que estas personas derramen la gracia de Dios en ella.

Para una persona de fuera, la vida de Sarah parece abrumadora, y lo es. Esta vida solo es posible para ella cuando recurre siempre a la gracia de Dios.

Gracia hasta la muerte

Durante años, había oído hablar de Ian Squires. Asistía a una iglesia en Inglaterra de la que era pastor un amigo nuestro, quien lo quería mucho, y a menudo nos contaba acerca de la obra de Ian en África.

Ian era oculista. Tenía su propia consulta en una bulliciosa esquina de Shepperton, Surrey, en el Reino Unido. En su tiempo libre, creó un molinillo de lentes portátil que funciona con energía solar. Dado que estas máquinas no requerían electricidad, funcionaron bien para los miembros de la tribu en Nigeria a los que Ian había estado ministrando. En 2003, creó su propia organización benéfica cristiana: *Mission for Vision*. Recaudó dinero, recolectó anteojos viejos y usó los fondos reunidos para fabricar sus molinillos de lentes y llevárselos a las regiones empobrecidas de Nigeria. Allí instaló clínicas donde capacitó a hombres y mujeres para realizar exámenes de la vista, fabricar lentes y adaptarlos para adultos y niños.

En 2013, Ian comenzó a trabajar con la organización misionera *New Foundations* [Nuevos cimientos]. Viajó con ellos a menudo a un complejo en Enekorogha, Nigeria. Allí trabajaba en su clínica con médicos y enfermeras, examinando pacientes desde la mañana hasta la puesta del sol. Ian realizaba exámenes oftalmológicos, fabricaba lentes y les colocaba los lentes adecuados a los pacientes que atendía, a la vez que capacitaba a otros para que tomaran el relevo cuando se marchara. Junto a su equipo de cuatro miembros pasaban las noches en alojamientos cercanos a la clínica.

A principios de octubre 2017, Ian salió de Inglaterra con los otros tres miembros de *New Foundations* y voló a Nigeria para ministrar una vez más en el complejo de Enekorogha. Como las remotas instalaciones estaban en Nigeria del Sur, no estaban muy preocupados por la violencia. Además, se habían ganado el respeto de la gente gracias a la ayuda y los servicios que les daban. Sin embargo, en la madrugada del 3 de octubre, poco después de la medianoche, los militantes despertaron con brusquedad al equipo de *New Foundations*. La pandilla saqueó con violencia el recinto y recogió las posesiones del equipo. Luego, los agarraron a todos y los tomaron como rehenes.

A Ian y a los demás los llevaron a un lugar no revelado y los vigilaban con sumo cuidado. Los militantes estaban armados y nerviosos. Ian trató de mantener esperanzados los espíritus de los otros tres rehenes. Jugaron el juego *The Unbelievable Truth* [La increíble verdad], donde tratas de discernir la realidad de la ficción. Mientras jugaban, uno de los militantes les trajo una guitarra que se llevaron durante la violenta irrupción. Ian tomó la guitarra y comenzó a tocar y cantar el himno «Sublime Gracia». Los otros tres se unieron y, mientras cantaban, sintieron que se les levantaba el ánimo. Ian acababa de terminar la última estrofa cuando de repente una ronda de balas atravesó su cuerpo. Murió al instante. Los otros tres intentaron protegerse en la jungla y solo regresaron cuando los militantes los capturaron y los trajeron de vuelta. Al agresor de Ian nunca lo identificaron. Unos días después se negoció un acuerdo entre el gobierno y los militantes, y a los demás miembros del equipo los pusieron en libertad.

En medio de las peores circunstancias que se puedan imaginar, Ian Squires eligió cantar acerca de la gracia de Dios. Fue el recuerdo y la contemplación de esta gracia lo que elevó el espíritu de sus compañeros de cautiverio. Ian Squires entró por las puertas del cielo con un canto a la gracia de Dios en sus labios.

Tú tienes una historia de gracia

Tú tienes una historia de gracia. Todavía no se ha grabado, pero está en ti. Solo tienes que mirar hacia atrás a través de los años de tu vida para reconocer la gracia de Dios hacia ti. Recuerdo que una vez le pregunté a un hombre de noventa años que conocía, cuándo se había salvado. Me señaló con el dedo y dijo: «Ah, no. No podemos empezar por ahí. Aunque por fin me rendí cuando tenía cuarenta y tantos años, la gracia de Dios en mi vida se remonta a mi infancia». Entonces, empezó con la bondadosa providencia de Dios que incluso antes de que naciera comenzó a dirigir los acontecimientos de su vida.

Lo mismo sucede contigo. La gracia de Dios hacia ti comenzó incluso antes de que nacieras o te concibieran. Él ha estado ejerciendo su gracia hacia ti de muchas maneras. Por su gracia vives. Por su gracia eres salva. Por su gracia te sostienes. Por su gracia te fortaleces. Por su gracia te capacita. Por su gracia te santifica. Por su gracia, Dios obra su carácter, su bondad y sus dones en tu vida.

No sé cuáles son las circunstancias de tu vida, pero sé que la gracia de Dios es más de lo que esperabas. Sé que la gracia de Dios es todo lo que necesitarás para cualquier cosa que te depare la vida. A medida que comiences a explorar y abrazar la gracia de Dios para ti, tu propia historia de gracia se hará realidad.

La gracia de Dios espera por ti. ¡La gracia de Dios es más de lo que esperabas y todo lo que necesitarás!

....

Querido Padre Dios:
Gracias por la gracia que has provisto de forma tan espléndida.
Ayúdame a continuar buscando esta gracia. Muéstrame una
y otra vez cómo apreciar esta gracia en mi vida. Lléname de
tu gracia hasta que se desborde en mí. Haz que otros vean tu
gracia en mí. Usa mi vida para escribir una historia de gracia
que atraiga a otros a ti. Ayúdame a bendecir a otros con la
gracia que de manera tan abundante tú has derramado sobre
mí. En el nombre lleno de gracia de Jesús, amén.

Para tu consideración:

1. Dedica un momento para investigar la gracia de Dios en tu vida. ¿Dónde comenzó?

2. ¿En qué aspecto de tu vida ha sido más evidente la gracia de Dios?

3. Si fueras a escribir tu propia historia de gracia, ¿cuál sería el título?

4. Lee Zacarías 4:6-10 y contesta estas preguntas:

   - ¿A qué obstáculos u oposición te enfrentas en la actualidad?

   - ¿Qué inspiración recibes del hecho de que Dios prometió que Zorobabel terminaría el templo?

   - ¿Qué significa para ti saber que Dios se regocija hasta con las cosas más pequeñas en nuestra vida?

- ¿Cómo te ministra el hecho de saber que la piedra clave del templo se sacó con aclamaciones de «¡Gracia, gracia a ella!"»?

- ¿Cómo puedes aplicar Zacarías 4:6 a tu vida hoy?

5. ¿Por qué la gracia de Dios va más allá de tus expectativas?

6. ¿Cómo es que la gracia de Dios es todo lo que necesitamos? (Consulta también 2 Corintios 9:8 y 12:9).

Reconocimientos

Cuando se trata de la gracia, la primera y más importante persona a reconocer es el Señor Jesucristo, quien en su gracia dio su vida por mí a fin de que pudiera ser salva, fortalecida y bendecida a través de su magnífica gracia. Estoy agradecida por la gracia que me prodigó al darme a mis padres llenos de gracia, Chuck y Kay Smith, quienes fueron los primeros en mostrarme y ser ejemplos de la gracia de Dios. También estoy muy agradecida por el regalo que Dios me hizo en mi maravilloso esposo, quien sin cesar me ha deleitado con su generosa bondad, amor, perdón y humor durante treinta y ocho años de matrimonio. En su sabiduría, Dios también me dio a Kristyn, Chad, Kelsey y Braden. Estos cuatro dinámicos hijos fueron implacables en su búsqueda de llevar a su madre al pleno reconocimiento y dependencia de la gracia de Dios. ¡No creo que hubiera podido entender de veras las riquezas de la gracia de Dios sin ellos! También están mis preciosos amigos que oraron, me enviaron sus historias, me ayudaron en el orden y creyeron en este libro. Su aliento constante me impulsó a profundizar en las riquezas de la gracia de Dios. Mi agradecimiento se extiende también a Harvest House, en especial a Bob Hawkins por su entusiasmo y su insistencia para escribir este libro, y por unirme a la brillante y llena de gracia Kathleen Kerr. Su ánimo elevó mi corazón. Además, me alegraron en grande las correcciones de Betty Fletcher y Jean Bloom. En realidad, ponen todo su entusiasmo.

Notas

Capítulo dos: ¿Qué es lo más maravilloso de la gracia?

1. Michael E. Ruane, «How Julia Ward Howe Wrote "The Battle Hymn of the Republic"—Despite Her Husband», *The Washington Post*, 18 de noviembre de 2011.

Capítulo tres: La batalla

1. Anuncio «Because I'm a Woman» [Porque soy una mujer] del perfume Enjoli, https://www.youtube.com/watch?v=_Q0P94wyBYk.

Capítulo cuatro: Los enemigos de la gracia

1. Jill Canon, *Civil War Heroines*, Bellerophon Books, Santa Bárbara, CA, 1995, p. 52.

Capítulo cinco: Calificadas por la gracia

1. *National Institute of Justice*, «Recidivism», https://www.nij.gov/topics/corrections/recidivism/Pages/welcome.aspx.

2. Jonathan Aitken, *John Newton: From Disgrace to Amazing Grace*, Cosswan, Wheaton, IL, 2007.

Capítulo seis: La armonía de la gracia

1. Para conocer los antecedentes y otros detalles de la historia de Hubert Mitchell y su familia, lee el libro de su sobrina Arlita Morken Winston *Heart Cry* (Trafford Publishing, Victoria, BC, pp. 145-49). Arlita y sus padres, David y Helen Morken, también fueron misioneros con Hubert y Helen Mitchell en las selvas de Sumatra.

2. Para más información, visita www.homemekerscorner/com/ajf-annie.htm.

Capítulo ocho: Alistadas en la gracia

1. Hudson Taylor, *China*, James Nisbet and Company, Londres, 1865, p. 14.

Capítulo nueve: La usas o la pierdes

1. Christine Hunter, *La pequeña gran mujer en la China*, Editorial Portavoz, Grand Rapids, MI, 1974.

Capítulo diez: Las minas terrestres

1. Unicef, «Children and Landmines», https://www.unicef.org/french/protection/files/Landmines_Factsheet_04_LTR_HD.pdf.

Capítulo doce: Historias de gracia

1. Healthline, «Multiple Sclerosis by the Numbers», https://www.healthline.com/health/multiple-sclerosis/facts-statistics-infographic.

Notas

Notas

....
....
....
....
....
....
....
....
....
....
....
....
....
....
....
....
....
....

Notas

Notas

Notas

Notas

Acerca de la Autora

Cheryl Brodersen, la hija del pastor Chuck y Kay Smith, es una popular conferenciante y autora de *Cuando una mujer se libera de la mentira* y *Cuando una mujer se libera del temor*, y coautora con su esposo de *Crezcan juntos como pareja*. Además, es presentadora de *Living Grace* en CalvaryChapel.com, y cada viernes es copresentadora del programa de radio *Pastor's Perspective* con su esposo, el pastor Brian Brodersen. En la actualidad, Cheryl y Brian sirven en la iglesia *Calvary Chapel*, en Costa Mesa, California.

Otros libros de Cheryl Brodersen

• 9780789924803   • 9780789924810

www.editorialunilit.com